U0945144

国家交通重大工程档案

云南省武倘寻高速公路

工程档案

《国家交通重大工程档案》编辑部　编著

人民交通出版社股份有限公司
北　京

编纂说明

改革开放特别是党的十八大以来，我国综合交通事业发展突飞猛进、成就举世瞩目，已成为门类齐全、设施发达、设备先进、基数庞大、网络完备的交通大国，一大批交通重大工程建设项目不仅在中国乃至在世界交通发展史上都书写了辉煌、创造了奇迹。

为全面系统记录我国综合交通重大工程建设发展历程和现状，客观展示中国交通重大工程建设取得的巨大成就，深刻诠释“交通强国”的发展理念，生动反映我国交通建设者继往开来、砥砺奋进，朝着“交通强国”宏伟蓝图，朝着中华民族伟大复兴的中国梦，踏石留印，一路前行，经国家发展和改革委员会基础产业司（现为基础设施发展司，下同）批准，由《中国交通年鉴》社启动编纂《国家交通重大工程档案》（以下简称《重大工程档案》）。

《重大工程档案》分为综合卷和系列卷，系列卷由铁路卷、公路卷、水路卷、民航卷、管道运输卷、城市交通卷、企业卷、地方交通卷等组成；采取纪实性大型资料工具书形式，以文字、图片、数据表格、效果图等方式，简要、系统、直观、立体地呈现我国交通重大工程建设取得的巨大成果。

《重大工程档案》记述对象从1978年改革开放开始，以国家综合交通“五年规划”为主线，筛选各建设时期具有重大社会效益、经济效益和具有代表性、标志性及科技创新性的重大交通工程项目为收录对象，重点以“十二五”规划接转项目和“十三五”规划在建、竣工的重大工程项目为主。编纂内容主要包括项目基本情况、审批依据、建设意义、投资主体、工程进度、新技术应用和项目评估等。

《重大工程档案》全套丛书彩色印刷，图文并茂，设计装帧精美，由国家级出版社公开出版发行。同时，呈送党中央、国务院、全国人大、全国政协领导和相关机构及国家有关部、委、局、署。

《重大工程档案》主要发行对象为各省区市发展改革委、交通运输部门及相关建设单位等。编纂《重大工程档案》对于建立综合、权威的国家交通重大工程数据库，为政府决策机构提供翔实的参考数据并存史资政，宣传推广我国综合交通行业取得的重大成就和科技成果，具有重要的历史价值和现实意义。

《重大工程档案》指导单位为国家发展和改革委员会基础产业司，组织单位为《中国交通年鉴》社《国家交通重大工程档案》编委会，编纂单位为《中国交通年鉴》社《国家交通重大工程档案》编辑部。

编纂《重大工程档案》得到了国家有关部委，中央国有大型企业，各省、自治区、直辖市有关厅、局、委及交通重大工程建设指挥部、项目部和项目管理单位、建设单位、设计单位、施工单位、监理单位等有关领导、专家、学者、交通建设者的大力支持和帮助，在此一并表示感谢！

《国家交通重大工程档案》编委会

2021 年 11 月

卷首语

彩云之南，昆明之北。1 万多名参建者通过 1 千多个日夜的努力而建成的 1 百多公里的武倘寻高速公路，终于在 2021 年 1 月 10 日正式通车。

武倘寻高速公路以它的雄奇壮美之姿，在云贵高原的南侧，自西向东横贯滇中经济圈北部的武定、禄劝、富民、寻甸 4 县；以 69.73% 的桥隧比，一路穿越风景如画的青山秀水红土地，把这里的彝族、回族、傣族、苗族等 20 多个民族的 150 多万人民群众联结起来，把京昆高速公路、武昆高速公路和渝昆高速公路、嵩待高速公路连接起来，把云南省最后一个未通高速公路的禄劝彝族苗族自治县接入到中国高速公路网之中，实现了云南省“县县通高速”的目标，也为滇中城市经济圈高速公路环线增添了一段最美丽的弧线。

云南省地处中国西南边陲，北上连接丝绸之路经济带，南下连接海上丝绸之路，东向连接长江经济带，是丝绸之路经济带和长江经济带的交汇点和战略支点，也是中国经济圈、东南亚经济圈和南亚经济圈的接合部。云南省拥有面向“三亚 (东南亚、南亚、西亚)”，肩挑“两洋 (太平洋、印度洋)”，通江、达海、沿边的独特区位优势。

为把云南从中国的边陲地区转变为对外开放的前沿地区，构建中国面向南亚、东南亚的辐射中心。云南省积极推进“七出省、五出境”公路通道建设，着力构建“互联互通”交通运输支撑体系，同时努力打造滇中城市经济圈，使滇中地区成为“辐射中心之核”。

滇中城市经济圈是指云南省中部地区以昆明为核心，半径 150 ~ 200km，包括楚雄彝族自治州、曲靖市和玉溪市等 4 个州市组成的城市集群。其总面积约占云南全省的四分之一，人口约占全省的三分之一，经济总量则占全省的一半以上。滇中经济圈的打造，是我国西部大开发的战略重点。

滇中经济圈将构筑“一核、两轴、三圈、四极、五通道”的空间格局。其中的五通道，即以昆明为核心，呈放射状的五大通道：一是滇东北通道，以昆明经曲靖至上海的沪昆铁路和沪昆高速公路为基础，连川、渝、黔，直接与成渝经济带相接；二是滇西北通道，以昆明至成都的成昆铁路和昆永高速公路为基础，面向川、藏和金沙江上游，与关中城市群呼应；三是滇西南国际通道，以昆明经楚雄至大理，并延伸至瑞丽和缅甸的第三亚欧大陆桥西南通道（泛亚铁路西线重要部分）为基础，是中国走向南亚、印度洋最便捷的陆路通道；四是滇南国际通道，以昆明经玉溪至河口、磨憨的泛亚铁路东、中线和昆河、昆曼高速公路为基础，并延伸至越南河内、海防和泰国曼谷；五是滇东南通道，以昆明至南宁的云桂铁路、昆衡高速公路为基础，经过泛亚铁路可直达越南、泰国、缅甸等国家。

滇中城市经济圈高速公路环线就在西部大开发战略之下，在集结滇中城市群经济发展优势的进程中应运而生，这个环线，对发挥滇中地区北部的资源优势及本区域的扶贫脱贫，改善滇中地区经济的南重北轻，促进滇中经济圈的平衡发展，无疑具有重大意义。

规划中的滇中高速公路环线，是以昆明市为中心的滇中城市经济圈各绕城环线中最外、最长的一条环线，其线路为：曲靖—陆良—泸西—弥勒—华宁—通海—峨山—易门—武定—禄劝—寻甸—沾益—曲靖，规划总里程为654km，将在昆明外围连接滇中经济圈的五大通道，并连接云南“七出省、五出境”立体交通网。

武倘寻高速公路作为滇中城市经济圈高速公路环线的重要组成部分，位于环线北端，是环线中海拔最高、地质环境最复杂、沿途风景最美丽的一条高速公路，也是昆明之北的一条脱贫致富的高速公路。这条美丽公路，将助力沿线各县的经济社会发展从此驶上快车道，特别是将使禄劝县的国家AAAA级旅游区轿子雪山风景区成为云南旅游的最新热点之一。

武倘寻高速公路的业主单位是云南武倘寻高速公路有限责任公司（简称“武倘寻公司”）。该公司由云南省交通投资集团主导并联合其他5家股东单位于2015年10月成立。该公司的建立，标志着武倘寻高速公路建设的开始。武倘寻公司负责武倘寻高速公路的建设与运营。

武倘寻高速公路于2017年5月24日启动土建、监理、检测施工招标工作，至2021年1月10日建成通车。全线采用双向六车道高速公路标准建设，设计速度

100km/h，路基宽33.5m。主线共有特大、大、中桥梁90座，隧道28座，桥隧比为69.73%。全线设禄劝、东村、鸡街、九龙、倘甸、治租、甸沙、天生桥、寻甸互通式立交9处，按一、二级公路标准建设禄劝、东村、鸡街、倘甸、天生桥互通式立交连接线5条，共计22.34km，设服务区2处、停车区1处、监控分中心1处，总投资232.73亿元。

逢山开隧道，遇水架桥梁，心里怀家国，肩头共担当。建设者们把武倘寻高速公路作为对接国家"一带一路"倡议的重要工程来建设，充分发挥党员和党组织的引领作用，充分运用科技创新手段，从规划设计到建设管理，都体现了中国公路建设者的政治格局和坚定信念，从施工建设到环境保护，都展示了他们的高超本领和责任担当。他们以"生态优先、绿色发展"的理念为指导，紧紧围绕"创建美丽公路，打造品质工程"的目标，克服了沿线群山连绵、地表崎岖、地形起伏、河流密布等各种困难，加强项目质量安全环保管理，不仅创造一条"美丽的品质之路"、创造了人员伤亡零记录，还涌现出一批诸如云南省五一劳动奖状、云南省劳动模范等先进模范人物，让沿线各族人民对这条高速公路叹为观止，并引以为自豪和光荣。

武倘寻高速公路的建成通车，对云南的经济社会发展，对滇中城市经济圈，特别是昆明北部地区的经济腾飞必将发挥巨大作用；武倘寻高速公路的建设者，用青春和汗水画出的这浓墨重彩的一笔，必将写入云南交通建设发展史。

本书根据《国家交通重大工程档案》的体例和编纂要求，对武倘寻高速公路建设的全过程进行分篇章的客观、翔实的记述，为中国交通建设留下重要史料和经验。

目录

第一篇 概览篇

概 述

武倘寻高速公路是滇中城市经济圈高速公路环线的重要组成部分，位于滇中城市经济圈北部地区。全长106.123km，其中，昆明市境内100.023km，楚雄州境内6.1km。全线采用双向六车道高速公路标准建设，设计速度100km/h，路基宽33.5m，总投资232.73亿元。

武倘寻高速公路起点位于楚雄州武定县杨柳河村，终点位于昆明市寻甸县天生桥。在起点武定县，与京昆（G5）高速公路交叉，并接滇中高速公路环线之西线的武易（武定至易门）高速公路；在终点寻甸县，与嵩待高速公路交叉，并接滇中高速公路环线之北线的寻沾（寻甸至沾益）高速公路。此线同时是京昆（G5）高速公路和银昆（G85）高速公路的横向连接线。

武倘寻高速公路的建成通车，将进一步助力滇中城市经济圈高速公路网实现内畅外联，密切滇中城市经济圈中心城市的联系，对于带动高速公路沿线4县的经济社会发展和滇中城市经济圈构建功能完善、布局合理、覆盖广泛的高速公路网，具有重要意义。

本篇对武倘寻高速公路的地位、作用、意义，及其特点、重点、难点，进行概括性记述。

第一章 项目简介

武定至倘甸至寻甸高速公路起于武定县杨柳河村，对接已建成通车的武定至易门高速公路，与京昆（G5）高速公路交叉，通过武易高速公路的武定枢纽互通进行交通转换，止于寻甸县天生桥，与嵩待高速公路交叉，接在建的寻甸至沾益高速公路。项目同时作为京昆（G5）高速公路和银昆（G85）高速公路的横向连接线。项目主线全长 106.123km，其中，昆明市境内有 100.023km，楚雄州境内有 6.1km。项目全线采用双向六车道高速公路标准建设，设计速度 100km/h，路基宽 33.5m，批复概算总金额 232.73 亿元。项目主线共有特大、大、中桥梁 90 座，隧道 28 座，桥隧比为 69.73%，设禄劝、东村、鸡街、九龙、倘甸、治租、甸沙、天生桥、寻甸互通式立交 9 处，按一级、二级公路标准建设禄劝、东村、鸡街、倘甸、天生桥互通式立交连接线 5 条，共计 22.34km，设服务区 2 处、停车区 1 处、监控分中心 1 处，参见图 1-1-1。

图 1-1-1 武定至倘甸至寻甸高速公路路线平纵面图

第二章 建设意义

一、该项目建设是落实把云南建成中国面向南亚、东南亚辐射中心的战略部署的需要

2015年1月，习近平总书记考察云南时提出，希望云南努力成为面向南亚东南亚辐射中心。云南省地处中国经济圈、东南亚经济圈和南亚经济圈的接合部，是中国连接南亚、东南亚的国际大通道，拥有面向三亚（东南亚、南亚、西亚），肩挑两洋（太平洋、印度洋），通江、达海、沿边的独特区位优势。近年来，在党中央、国务院的正确领导下，云南省全力夯实对外开放的基础和平台，综合立体交通骨架网络初步形成、区域交流合作机制不断加强、开放合作平台体系日臻完善，为主动服务和融入国家发展战略打下基础、创造条件。随着国家“一带一路”倡议和长江经济带发展战略的实施，云南省正从对外开放的边缘地区和末梢变为开放前沿和辐射中心，成为国家倡议和战略实施的连接交汇的支点。背靠中国西南腹地，北上连接丝绸之路经济带，南下连接海上丝绸之路，东向连接长江经济带，是云南独特的地理位置，是云南面向南亚、东南亚地区和印度洋周边经济圈开放的基础条件。因此，项目的建设是落实把云南建成面向南亚、东南亚辐射中心战略需要，对进一步提升云南在国家发展和对外开放大局中的地位和作用，对云南和昆明市的发展具有重要的现实意义。

二、该项目建设是滇中城市经济圈发展建设的需要

滇中城市经济圈是我国面向西南开放重要桥头堡建设的核心区、长江上游的重要经济增长极、我国新型城镇化战略格局的重要组成部分，是云南省全面建成小康社会的强大引擎。按照滇中城市圈“一区、两带、四城、多点”的空间发展格局，滇中城市经济圈高速公路网围绕建设区域性国际交通枢纽的总体目标，为满足滇中城市经济圈未来城镇化发展和产业布局对交通运输的需求，扩大高速公路网规模，优化交通运输结构，强化与其他运输方式的有效衔接，建成功能完善、布局合理、覆盖广泛的高速公路网，为滇中城市经济圈一体化发展提供了有力保障和支撑。

滇中城市经济圈高速公路网总里程 3792km。在武倘寻高速公路开工前，已建成通车里程 1828km；“十三五”期间，新增高速公路 1200km，占规划总里程的 31.6%。根据滇中城市经济圈高速公路网规划，截至 2020 年，新增高速公路 1200km，高速公路网总里程达 3784km。其中：新增高速公路环线 553km、放射线 337km、联络线 310km。至此，滇中城市经济圈高速公路网基本建成。

滇中城市经济圈高速公路网的建成，将加强昆明、曲靖、玉溪、红河、楚雄滇中五城和滇中新区之间互联互通，实现与周边省份间、与周边国家间的高速公路连接，完善东西向和南北向国际国内大通道，连接长三角、成渝和珠三角区，主动融入和服务“一带一路”发展倡议。完善滇中城市经济圈快速交通网络，提高运输系统整体效率，引领区域城市化和新兴产业布局，有利于区域一体化发展的体制机制全面建立和基本形成与省内其他地区经济联动发展的格局。

该项目是规划中的滇中城市经济圈高速公路环线曲靖—陆良—泸西—弥勒—华宁—通海—峨山—易门—武定—禄劝—寻甸—沾益—曲靖的重要组成路段。滇中城市经济圈高速公路环线规划总里程 654km，已建成沾益至曲靖至陆良（召夸）高速公路 101km，在“十三五”期间，新建 7 段 553km。因此，该项目是实现滇中城市经济圈高速公路网规划，形成滇中城市经济圈高速公路环线重要工程。

三、该项目建设是对接国家“一带一路”倡议，建设“七出省、五出境”公路通道的重要组成部分（图 1–2–1）

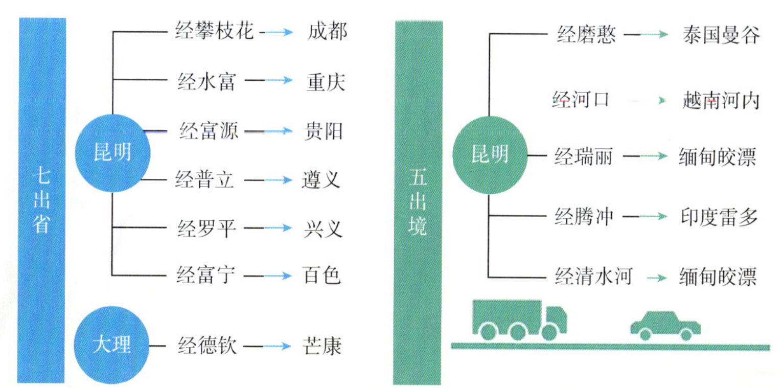

图 1–2–1 七出省、五出境

云南东连黔桂通沿海，北经川渝进中原，南下越（南）老（挝），达泰（国）新（加坡），西接缅甸连印（度）孟（加拉），是我国唯一可同时与三亚（东亚、东南亚、南亚）、两洋（太平洋、印度洋）相通相连的关键省份。同时，云南北上连接丝绸之路经济带，南下连接海上丝绸之路，西进可复兴南方丝绸之路，是中国唯一可以同时从陆上沟通南亚、东南亚，融入三大丝绸之路的省区。为主动融入和服务国家“一带一路”倡议，将云南建成面向南亚、东南亚辐射中心，云南省正积极推进“七出省、五出境”公路通道建设，着力构建“互联互通”交通运输支撑体系。

“七出省”通道分别是昆明经攀枝花至成都通道、昆明经水富至重庆通道、昆明经富源至贵阳通道、昆明经普立至遵义通道、昆明经罗平至兴义通道、昆明经富宁至百色通道、大理经德钦至芒康通道。“五出境”通道则分别是昆明经磨憨至泰国曼谷公路通道、昆明经河口至越南河内公路通道、昆明经瑞丽至缅甸皎漂公路通道、昆明经腾冲至印度雷多公路通道、昆明经清水河至缅甸皎漂公路通道。

云南省在“十三五”期间，以“七出省、五出境”通道和滇中城市经济圈高速公路建设为重点，加快推进高速公路建设，在2020年基本形成了“内联、外通、省内成网”的高速公路网布局，为云南主动融入和服务国家“一带一路”倡议提供支撑，为建成云南面向南亚、东南亚辐射中心提供保障。

该项目是云南省域内外以曲靖为交汇点的曲靖→安顺→贵阳通道和曲靖→六盘水→遵义通道、云南省域内曲靖→元谋→攀枝花→丽江→德钦通道、曲靖→元谋→大理→保山→腾冲通道的组成路段。因此，该项目是实现云南省公路交通“七出省、五出境”通道规划，对接国家“一带一路”倡议的重要工程。

四、该项目建设是昆明市北部发展规划的需要

昆明市作为云南省政治、经济、文化、科技、教育中心和交通枢纽，是云南省唯一的特大城市，布局均集中于南部。昆明市北部的东川、寻甸、嵩明、富民、禄劝五县区土地面积 12490km^2，占昆明市总面积的 57.87%，人口 173 万人，占全市总人口的 28%。昆明市南部与北部社会经济发展极不平衡。为了昆明的全面协调发展，加快北部区域经济发展速度是未来面临的重要任务。

未来昆明为滇池流域内外并举发展的“轴向、多组团”发展模式。北部区域规划发展：南北向发展主轴和东西向发展次轴、拱王山系地带和梁王山系地带的开放式网络城市空间结构。根据昆明市北部禄劝、东川、寻甸的城镇布局。规划未来北部主要形成三大组团，即：轿子雪山风景旅游区组团，东川行政、居住、旅游中心组团，以及倘甸工业园区组团。通过三大组团带动周围区域经济发展（寻甸县、禄劝县及金沙江经济带），推动昆明市全面均衡发展。落后的交通基础设施现状制约了北部区域发展战略目标的顺利推进，迫切需要完善区域路网布局，加快项目实施步伐。

五、该项目建设是优化路网结构，完善区域内公路网的需要

由于地形条件限制，长期以来，该项目区域内无干线公路通过，路网布局以低等级乡村公路为主，路网布局和等级结构不合理，服务水平低，运输效益低下，制约着区域社会经济的快速发展。该项目既是“五纵五横两环”高速公路骨架路网布局中的第三条横线，即：云南省胜境关—富源—沾益—武定—元谋—大姚—宾川—大理—保山—猴桥的重要路段，也是滇中城市经济圈环线高速公路的重要路段。该项目的建设既是补充、完善了云南干线公路网的布局，也是滇中城市经济圈环线高速公路闭合成环的重要保证。同时，该项目的建设也极大地提升了项目沿线区域的路网品质。该项目的建设还与嵩待高速公路、武昆高速公路配合，优化了昆明市路网结构，将昆明市区、嵩明、禄劝、寻甸、东川等地通过路网连接成一体。

六、该项目建设是促进“两区”建设，促进扶贫开发，促进昆明北部县区社会经济发展的需要

长期以来，昆明市倘甸片区（东川、寻甸、禄劝交界地带）一直处于昆明主城区、三县区县城辐射带的边缘地带，资源优势未能转化为产业优势和竞争优势，是昆

明市最偏远、最落后、最贫穷的地区。据统计，2009 年“两区”居民人均收入仅为全市城镇居民人均可支配收入的 10.4%、农民人均纯收入的 33.8%。三县区凭借自身力量已经难以辐射带动辖区内边缘地区的发展，影响和制约了昆明市经济社会发展和全面建设小康社会进程。

经济社会发展严重滞后根本原因在于这一区域难以受到昆明主城的有效辐射带动，且缺乏能够拉动发展的区域性增长极。为了推动北部地区加速发展，昆明市委、市政府于 2010 年 8 月作出组建昆明倘甸产业园区和昆明轿子雪山旅游开发区的决定，整建制托管东川、禄劝、寻甸 3 个国家级扶贫开发工作重点县（区）交界区域的发展，需要确定一个中心，从地理位置和路网地位上看，倘甸是北部区域的中心，其周围有凤仪乡、联合乡、金源乡、甸沙乡、六哨乡、柯渡镇、鸡街乡、九龙乡、转龙镇 9 个乡镇，通过倘甸工业区组团的发展，可辐射带动周围的发展，同时联合其他两大组团带动整个北部区域发展。

为了促进昆明市北部区县的 9 个乡镇的发展，2012 年 5 月，云南省工信委向省政府上报了《关于请求认定倘甸产业园区、越州工业园区为省级工业园区的请示》，省政府同意认定“两区”为省级工业园区。

要实现“两区”和昆明市北部区县的经济社会跨越发展，基础设施建设是关键。特别是地处三县区边缘地带的两区，突破基础设施建设严重滞后的瓶颈，营造良好的投资环境是跨越发展的关键。

该项目建成后，将极大促进“两区”和昆明市寻甸县、禄劝县及东川区等北部县区社会经济的发展。项目区域属县区边远地区，经济发展相对落后，是昆明市有待开发和发展的地区，该项目服务范围十分广泛，有利于沿线地区发展经济，改变经济落后的面貌。

项目建成后对昆明市开发北部沿线地区的自然资源十分重要，该项目位于昆明市北部郊县区，随着昆明市城市的发展和“两区建设”，城市重心的转移将对沿线地区的自然资源、矿产资源实施有效开发，形成旅游支柱产业，带动沿线地区社会经济的发展。通过改善交通条件，创造良好的投资环境，充分发挥其资源优势，从而带动社会经济整体以较快速度发展。

七、该项目建设是创建轿子雪山国家 AAAA 级旅游区旅游环线公路的需要

轿子雪山地处云南省昆明市北部，位于禄劝县境东北角乌蒙乡，属乌蒙山系拱

王山余脉，因主峰形体似轿子而得名。山顶主峰在禄劝县和东川区交界处，主景区在禄劝县境内。轿子雪山砥柱千仞，立体气候明显，地质地貌景观具有较高的观赏和科考价值，动植物资源丰富，冬季冰雪覆盖，是距昆明市最近的一座极具开发潜力的雪山，以其独特的自然景观吸引了越来越多的旅游爱好者。

省市领导十分重视轿子雪山的旅游开发，1993 年省人民政府审批定为云南省省级名胜风景区。省市有关部门领导对轿子雪山旅游开发做过专题调研，并作出指示，要求把轿子雪山开发建设成世界旅游精品，建成以东南亚及昆明地区游客的生态康体旅游区，省市政府旅游部门将把轿子雪山旅游列为省市旅游重点项目开发，但旅游开发的重要基础条件之一需要交通保障。

为贯彻落实昆明市委、市政府将轿子雪山创建为国家 AAAA 级旅游区的部署，该项目建成后，将形成轿子雪山国家 AAAA 级旅游区旅游环线公路重要干道之一。加快轿子雪山旅游区的开发规划，交通基础设施必须先行。

第三章　项目建设重点和特点

一、项目建设重点

1. 迎难而上推征迁

武倘寻高速公路途经昆明市、楚雄州四县的多个居民区，其中还涉及汉、彝、回、苗等多个民族村庄，路地沟通难度极大，项目同时经过了云南省种羊场、清水海水源保护区等多个保护区，施工协调十分困难。面对纷繁复杂的征迁工作局面，为坚决打赢这场“攻坚战”，扫清项目建设最大的“拦路虎”，云南武倘寻高速公路有限责任公司（简称“武倘寻公司”）选派得力干将，以最快的速度、最好的服务迅速投入到征迁工作中，在地方政府及有关职能部门的大力支持和配合下，发扬求真务实、敢于担当、勇于作为的工作作风，深入一线、深入农户，进村访户、协调各方、上山下坝、越沟迈壑，本着抓铁留痕、踏石留印的工作态度和只争朝夕、舍我其谁的精神，坚持再大的困难也要顶上去、再硬的骨头也要啃下来的决心和勇气，以“110”式的响应和“120”式的服务理念拔钉子、割瘤子，逐一扫清了施工障碍，及时为项目建设提供了土地，保障了项目良好的施工建设环境。

2. 以人为本抓安全

武倘寻高速公路桥隧比高，途经区域山高谷深，安全生产风险高、责任重、压力大。武倘寻公司高度重视安全生产工作，严格落实国家、省市等上级行业主管部门及上级公司对安全生产的安排和部署，始终坚持“安全第一，预防为主，综合治理”的方针，按照安全生产“一岗双责”和“三个必须”的要求，以落实责任为核心，突出“双重预防体系”重点，以桥梁、隧道施工安全管控作为工作的重心，加大对隧道开挖与支护、梁板运输与吊装、高大墩柱翻模施工、现浇支架模板安拆、连续刚构桥挂篮锚固与行走等重点工序的现场管理。切实开展好“坚守公路水运工程质量安全红线”“查隐患、抓整改、反三违”“安全工程三年行动”“六月安全生产月”“平安工地”建设等专项活动，统筹处理好安全生产和“能通全通”工程建设目标的关系，对安全生产隐患坚持“零容忍”的高压态势，对问题隐患严格落实“闭环”管理要求，严格按照问题隐患违约处理不少于1/2的要求，惩处安全责任不落实、管理不到位的单位和个人。项目建设过程中，未发生安全责任事故。

3. 严控质量创精品

武倘寻公司始终坚持质量是项目建设“生命线”的理念，全面推进质量管理工作。2020年以来，一是以“品质工程”创建、科研课题研究工作为抓手，扎实“品质工程”创建工作基础，有效推进5个省级科研课题与质量管控工作的融合，提升项目质量管理水平。二是坚持标准化建设，全过程实行“规范化、标准化、精细化、制度化、程序化”管理，规范施工工艺和质量管理行为。三是持续推行首件工程示范制、三检制、模板进场准入制等管理举措，确保各分项工程质量符合相关规范要求；四是通过完善制度、严格执行设计和施工规范、推广新设备新工艺、举行观摩交流和质量技能比武、强化现场管控等措施提升项目质量管控水平；五是严格日常监管，项目公司高度重视现场质量管控，通过技术交底，旁站监督、日常巡查等措施，在保证关键工序和重点环节施工质量的同时规范各项隐蔽工程及一般性工程的施工行为，确保各项工程均满足相关施工设计和相关规范要求，坚决整治和消除工程质量隐患，确保项目总体质量始终处于优良水平。六是严把材料入场关，对主要材料供应商进行调研比选，相关材料进行报备，材料使用前进行严格的试验检测。开工至项目竣工，项目工程质量管控措施科学合理，各项检测指标优良。其中，全线混凝土外观质量、防撞护墙及边坡防护线形、钢筋保护层合格率均比以往工程有较大提升，全线28座隧道防

排水措施到位，未发现渗漏水点。

4. 科技创新提品质

武倘寻公司共成功申报了5个省级科研课题，其中，依托《高烈度区中等跨径钢 - 混组合桥梁设计、施工及养护关键技术研究和示范》课题，项目在天生桥特大桥等6座桥梁成功进行了钢 - 混组合梁的设计和施工，“高地震烈度区钢板组合桥梁”被交通运输部列为公路钢结构桥梁典型示范工程，并积极响应了国家“去库存”“去产能”的发展要求；《环氧沥青超薄罩面成套关键技术研究》为减薄沥青路面结构层、延长沥青路面使用寿命提供了科技支撑；《基于行车安全的隧道入口减光构造物与减速标线设计方法及工程应用》对项目隧道群洞口的安全行车起到了良好的保障作用。依托科研课题，现已在核心期刊发表论文6篇，编制完成了云南省推荐性地方标准一部，申报成功专利3项。

以云南省劳动模范孙武云命名的“孙武云劳模创新工作室”被命名为省级劳模创新工作室，为武倘寻高速公路项目科技创新、技术攻坚、青年技术人才培养等提供了良好的平台。

5. 美丽公路增色彩

为扎实推进美丽公路建设，武倘寻公司紧紧围绕“造景、增色、添彩”工作思路，委托省公路设计院为项目打造美丽公路提供设计和咨询服务，以绿化工程和景观

设计为重点，不断完善和优化设计方案，特别是把服务区、立交区、视角焦点区、隧道洞门三角区等区域作为重点，着力打造色彩强烈、层次丰富、视觉冲击力强的绿化景观，结合项目沿线的地质土质、自然资源等特点，在不大幅增加原绿化工程投资的基础上，因地制宜地打造美丽公路。

武倘寻公司结合红军长征等红色教育主题，通过景观塑造、人文再现等不同手法，将服务区、隧道、立交等进行场景融合打造，讲述武倘寻红色美丽之路的自然、历史及人文故事，将武倘寻高速公路打造成一条特色鲜明的红色文化之旅。

6. 工程建设加速度

2020 年初，因受新冠肺炎疫情影响，项目全面复工时间比原计划晚近 2 个月，在上级公司的坚强领导下，武倘寻公司团结一致，全体建设者夜以继日、攻坚克难，圆满完成建设任务，实现了项目通车目标。

摩洛河大桥施工进度滞后，武倘寻公司、项目部组织专班现场跟踪，施工计划落实到每一天，专班人员一天一跟进、一天一总结；为圆满完成路面铺筑任务，倒排工期，进度一天一上报、两天一考核；倘甸 1 号隧道出口，10 余台挖掘机火力全开，50 多辆大车来来往往，川流不息，40 余万 m^3 的土堆逐渐被清运出去；治租河特大桥墩高 100 多米，为节省工人上下桥面时间，施工单位将午饭送到桥面，一同送上来的还有现金奖励和工资……“白加黑”“两班倒”的模式在许多个施工点被采用，使命在肩、奋斗有我，武倘寻公司全体参建人员只争朝夕、全力以赴，把疫情耽误的时间追回来，项目建设跑出了加速度，最终圆满完成了项目建设任务。

二、项目建设特点

1. 影响因素多，设计难度大

该项目沿线地形条件复杂，路线所经地段山高谷深，沟谷纵横，设计阶段路线布局主要考虑沿线地形地貌、地质、文物、公路、铁路、高压线、河流、水库、电站、沿线城镇规划及重要环境敏感点等多种因素，在广泛论证的基础上，共拟定了 12 条比较线（设计 1 标为 7 条、设计 2 标为 5 条）与贯通 K 线进行同深度比选。该项目工程艰巨，工程多以特大桥、大桥，特长、长隧道及桥隧群通过，特大桥和特长隧道是该项目设计及建设的关键控制性工程，工程设计阶段应加强地质勘察工作，摸清沿线地质情况，强化总体设计，合理利用地形，尽可能绕避不良地质病害，减少工程施工量，降低工程造价。

2. 桥隧工程多，工程规模大

该项目沿线所经路段，地表崎岖，群山连绵，山地、丘陵、谷地、河谷平原和山间盆地相互交错，河谷深切，山势陡峻，建设条件复杂，桥隧群密集，桥隧比为68.9%，河谷地段地面横坡陡峻，路基工程量较大。主要跨越的河流有：崇德河、掌鸠河、普渡河、木板河、耻格河、鸡街河、倘甸河、治租河、鲁六河、响水河。全线共有特大桥16座，长19174m（单幅），大桥123座，长42452m（单幅），特长隧道10座，长40199m（单洞），长隧道20座，长34494m（单洞），中、短隧道26座，长12854m（单洞），路基土石方工程约3662万m^3。

3. 不良地质多，施工难度大

该项目路线较长，地形起伏较大，且跨越不同的地貌单元，地质条件较为复杂，路线沿线不良地质发育，主要表现有不稳定斜坡、危岩（危石）、岩溶；特殊岩土主要表现为可塑或软塑状态粉质黏土、软弱土、高液限黏土及松散的卵石土，易出现沉降、裂缝、滑坡、坍塌等不良现象，区域内发育有4处滑坡、3处崩塌、4处不稳定斜坡，建设工程遭受已有现状地质灾害危害的可能性中等至大、危害及危险性中等至大。施工过程中对挖填路基可能诱发的坍塌、滑坡等地质灾害采用抗滑桩、桩板墙、挡土墙等加强了支挡，对边坡采用锚索（杆）框格梁、钢筋混凝土拱形格等加固措施进行加固；针对隧道穿越断层、洞口不稳定边坡情况，施工前应深化超前地质预报、

监控量测方案，加强穿越断层、滑坡等不良地质地段的防护措施，完善应急预案，制定有针对性的施工措施，严格工序控制，确保施工安全。

4. 枢纽立交多，服务范围大

武定至倘甸至寻甸高速公路起于武定县狮山镇杨柳河村，对接已建成通车的武定至易门高速公路，与京昆（G5）高速公路交叉，通过武易高速公路的武定枢纽互通进行交通转换，止于寻甸县金所乡雀吃沟村，与嵩待高速公路交叉，接已建成的寻甸至沾益高速公路。武倘寻高速公路主线全长106.123km，其中，昆明市境内有100.023km，楚雄州境内有6.1km。全线设禄劝、东村、鸡街、九龙、倘甸、治租、甸沙、天生桥、寻甸互通式立交9处，设服务区2处、停车区1处，按一级、二级公路标准建设禄劝、东村、鸡街、倘甸、天生桥互通式立交连接线5条，共计22.34km。武倘寻高速公路枢纽立交多、服务范围大，该项目的建设与嵩待高速公路、武昆高速公路配合，优化了昆明市路网结构，将昆明市区、嵩明、禄劝、寻甸、武定、东川等地通过路网连接成一体，项目沿线经过的9个乡镇均设置了互通立交用于地方交通上下该项目，从而加快区域间的连接和沟通。

5. 干扰路段多，保通压力大

武倘寻高速公路主线全长106.123km，项目全线施工便道与武定、禄劝、富民、寻甸等四个县的50余条地方道路相交，涉及村庄较多。因与地方道路相交较多，在施工过程中大量社会车辆、人员共同使用施工便道，沿线村民交通安全意识不强，极易发生交通事故，安全保通压力较大。同时，项目沿线山高谷深，沟谷纵横，地质较差，极易因气候及地质灾害等原因导致交通受阻、中断，保通压力增大。

6. 生态敏感多，环保压力大

该项目所在区域属金沙江流域，沿线的地表水体包括库塘与河流。库塘主要有石碑河水库、大箐水库、白龙箐水库、邓家村水库、木戛利水库、清水海水源保护区等；河流主要有掌鸠河、普渡河、崇德小河、木板河、鸡街河、倘甸河、戛利河、治租河、恩甲河、鲁六河、小清河、摩洛河、海冲河、武定河、东村河等；路线在K19+060处与掌鸠河引水供水工程交叉。该项目生态敏感点多，环保压力大，项目设计、施工、运营阶段必须采取有效的工程及管理措施，减少工程施工和项目运营对水环境的不利影响。

7. 建设资金多，融资难度大

该项目概算批复总投资为232.73亿元，项目资本金约81.46亿元占概算总投资的35%，项目贷款约151.27亿元占概算总投资的65%。根据运营协议有关内容，项目资本金主要由昆明市人民政府及其指定出资人、楚雄州人民政府及其指定出资人、云南省交通投资建设集团有限公司（原云南省公路开发投资有限责任公司，简称“云南交投集团公司”）的省补资金等构成。同时，由于项目投资规模大，资金需求紧，为满足项目建设需要，由云南交投集团公司牵头并提供担保，分别向中国农业银行、交通银行、中国银行、国家开发银行、中国工商银行、中国建设银行、广发银行、招商银行、光大银行、邮储银行、平安银行等多家金融机构申请项目贷款，经多次协调，项目最终取得了累计额度220亿元的银行授信贷款；基本能满足项目建设资金的需求。

8. 区域协调多，征迁难度大

该项目建设里程长，投资规模大，共完成征用土地10268亩，拆迁房屋371户，搬迁坟冢1807冢，迁改三线101km。项目途经武定、禄劝、富民和寻甸四个县区，涉及汉族、彝族、苗族和回族等多个民族聚集区，协调工作难度极大。同时涉及的自治州、县有各自制定的补偿标准，在征地拆迁费用方面，因政策发生变化项目初步设计需缴纳的补充耕地造地费增加近一倍，征迁数量有错漏，实际征用补偿情况远远大于初步设计征迁数量，征迁费用控制难度较大。

第四章 参建单位

该项目共涉及路基、路面、交通安全、绿化、房建等9个专业，分为31个合同标段，见表1-4-1。

31个项目合同段　　表1-4-1

序号	项目名称	标段名称	单位名称	负责段落
1	勘察设计	勘察设计1标	云南省交通规划设计研究院有限公司	K0+000~K66+000
2		勘察设计2标	中交第二公路勘察设计研究院有限公司	K66+000~K107+000
3	勘察设计监理	勘察设计监理1标	中国公路工程咨询集团有限公司	K0+000~K66+000
4		勘察设计监理2标	浙江省交通规划设计研究院	K66+000~K107+000
5	检测	桩基、隧道、监控检测1标	云南云路工程检测有限公司	K0+000~K105+239
6		T形刚构桥监控检测2标	招商局重庆交通科研设计院有限公司	K0+000~K105+239
7		中心试验室	云南省公路科学技术研究院	K0+000~K105+239
8	土建、路面	土建、路面1标	云南交投集团公路建设有限公司	K0+000~K50+500
9		土建、路面2标	云南交投集团云岭建设有限公司	K50+500~K105+278
10	土建监理	土建监理1标	云南省公路工程监理咨询有限公司/江西交通咨询公司/湖南湖大建设监理有限公司	K0+000~K50+500
11		土建监理2标	河北华达公路工程咨询监理有限公司/云南展旭公路工程咨询有限公司	K50+500~K105+278
12	交通安全	交安1标	云南云岭高速公路交通科技有限公司	K0+000~K38+800
13		交安2标	云南交投集团物资有限公司	K38+800~K80+000
14		交安3标	云南长江现代交通设施有限公司	K80+000~K105+239
15	绿化	绿化1标	云南云路景观装饰工程有限公司	K0+000~K26+700
16		绿化2标	云南交投市政园林工程有限公司	K26+700~K51+000
17		绿化3标	云南恒达市政园林工程有限公司	K51+000~K70+500
18		绿化4标	云南利鲁环境建设有限公司	K70+500~K90+500
19		绿化5标	云南今业生态建设集团有限公司	K90+500~K105+239
20	隧道机电三大系统	机电1标	云南省交通科学研究院有限公司	K0+000~K105+239
21		机电2标	云南云岭高速公路交通科技有限公司	K0+000~K105+239

续上表

序号	项目名称	标段名称	单位名称	负责段落
22	隧道消防	隧道消防 1 标	盛云科技有限公司	K0+000~K32+500
23		隧道消防 2 标	金工建设集团股份有限公司	K32+500~K62+000
24		隧道消防 3 标	昆明荣成天宇控制系统工程有限公司	K62+000~K105+239
25	机电监理	机电驻地办	云南省公路工程监理咨询有限公司	K0+000~K105+239
26	房建	房建 1 标	湖南望新建设集团股份有限公司	K0+000~K38+170
27		房建 2 标	昆明江南建筑工程有限公司	K42+960~K44+300
28		房建 3 标	山西二建集团有限公司	K38+170~K61+560
29		房建 4 标	云南建投安装股份有限公司	K61+560~K76+500
30		房建 5 标	云南景顺建设工程有限公司	K76+500~K105+239
31	房建监理	房建驻地办	云南省公路工程监理咨询有限公司	K0+000~K105+239

2015 年 10 月 15 日，云南武倘寻高速公路建设指挥部经云南省公路开发投资有限责任公司批准成立，设置有综合事务部、纪检监察部、资产财务部、合同管理部、工程技术部、安全保通部、征迁协调部、质量稽查部、监理工程师管理办公室共 9 个职能部门和倘甸办事处，在职职工 38 人，聘用人员 33 人。

第二篇　规划设计篇

概　述

规划设计是工程建设的灵魂，也是工程建设的起点。武倘寻高速公路全线按双向六车道高速公路标准设计，设计速度分段采用100km/h，路基宽度33.5m。全线分为两个设计标段，其勘测设计工作，分别由云南省交通规划设计研究院和中交第二公路规划勘察设计研究院有限公司两家单位完成。

在云南武倘寻高速公路建设指挥部的协调下，武倘寻高速公路的设计者，上山下坝，跋山涉水，用双脚一遍一遍地丈量和测算，不断优化线路规划和施工方案，充分关注工程建设与周围环境和自然景观之间的和谐，他们根据交通运输部提出的“六个坚持，六个树立”的公路勘察设计新理念，通过灵活设计和创作设计，体现了“安全、耐久、节约、和谐”的八字方针，实现了“安全、环境优美、节约资源、质量最优、系统最优”的设计目标。

本篇对武倘寻高速公路的勘测设计依据、标准、过程及其经验进行记述。

第一章　设计一标

一、设计依据

（1）本项目工程勘察设计招标文件和勘察设计合同。

（2）现行部颁标准、规范及规程及《公路工程基本建设项目设计文件编制办法》（2015）、《公路工程基本建设项目概预算编制办法》（JTG B06—2007）、《施工图设计图表示例》等。

（3）2016年4月14日，云南省交通运输厅云交规〔2016〕265号文《关于武定至倘甸至寻甸高速公路可行性研究报告的审查意见》及云南省交通规划设计研究院编写的《武定至倘甸至寻甸高速公路工程可行性研究报告》（简称工可报告）。

（4）2016年10月27日，《云南省发展和改革委员会关于武定至倘甸至寻甸高速公路可行性研究报告的批复》（云发改基础〔2016〕1606号文）。

（5）2017年2月9日，《云南省交通运输厅关于武定至倘甸至寻甸高速公路初步

设计的批复》(云基建〔2017〕29 号文);2016 年 11 月云南交通咨询有限公司的《武定至倘甸至寻甸高速公路两阶段初步设计的咨询审查报告》。

(6)前期相关的资料图表和批复意见(水土保持、环境影响评价、压覆矿产资源评估、地质灾害危险性评估、地震场地安全性评价、文物调查、林业、土地等)。

(7)建设指挥部以及上级主管部门的有关文件、函件、会议纪要等。

(8)云南省交通规划设计研究院 BEC/QS 质量体系程序文件、质量手册。

(9)云南省交通运输厅 2012 年 5 月发布的《云南省高速公路勘察设计指导意见》。

二、设计标准及项目概况

(一)设计标准

根据该项目工可及初步设计批复意见,该项目全线按双向六车道高速公路标准修建,设计速度分段采用 100km/h,路基宽度 33.5m。主要技术标准见表 2-1-1。其他各项技术指标按交通运输部颁布的《公路工程技术标准》(JTG B01—2014)和现行设计规范执行。

主要技术指标表　　表 2-1-1

序号	指标名称		单位	技术指标
1	公路等级			高速公路
2	设计速度		km/h	100
3	路基宽度(整体式/分离式)		m	33.5/16.75
4	平曲线一般(极限)最小半径		m	700(400)
5	不设超高的平曲线最小半径		m	4000
6	停车视距		m	160
7	最大纵坡		%	4
8	最短坡长		m	250
9	凸形竖曲线一般(极限)最小半径		m	10000(6500)
10	凹形竖曲线一般(极限)最小半径		m	4500(3000)
11	桥涵设计汽车荷载等级			公路 –I 级
12	设计洪水频率	特大桥		1/300
		其他桥梁及路基		1/100
13	地震动峰值加速度系数			0.15~0.2g

注:①根据云交基建〔2014〕404 号文的批复意见,禄劝连接线按双向四车道一级公路修建,设计速度为 60km/h,路基宽度 26m,桥涵汽车荷载等级采用公路 – I 级。

②根据工可报告结论,东村、鸡街连接线按双向双车道二级公路修建,设计速度为 60km/h,路基宽度 12m,桥涵汽车荷载等级采用公路 – I 级。

（二）项目概况

该标段路线全长 50.506774km（图 2-1-1），标段起讫里程 K0+000~K50+500，设计单位为云南省交通规划设计研究院（简称"研究院"）。

图 2-1-1　项目施工现场

三、测设经过

2016 年 2 月，研究院安排第三公路测设处为总体协调部门，桥梁设计处、地勘分院、建筑分院、隧道交通工程设计处为协作部门承担该项目的勘察设计任务。

按照研究院质量管理体系文件的要求，各测设单位接受任务后立即制订了详细的工作大纲，在充分研究工可报告路线走廊的基础上，按照研究院提供的《项目技术指导书》《勘察设计要点》以及部颁标准、规定、规范等，首先在 1∶1 万地形图上初拟了可行的、有价值的路线方案。然后结合实地调查，在 1∶2000 地形图上对路线进行了反复研究，拟定了多个路线方案。

2016 年 2 月，接到中标通知书后，研究院设计单位开展工作。

2016 年 5 月 12~13 日，云南省交通运输厅、云南省公路开发投资有限责任公司联合对该项目进行了初步设计路线方案评审。

2016 年 7 月，提交了初步设计送审文件，2016 年 11 月 15~16 日，云南省交通运输厅、云南省公路开发投资有限责任公司联合对该项目进行了初步设计审查。

2016 年 8 月，完成施工图定测及实地调查工作，并根据调查情况对不合理的局部路线进行了修改。

2016 年 9 月，通过了研究院技管处对施工图定测路线平、纵面图的评审。11 月底，根据初设审查意见及研究院技管处评审意见完成修改。9 月，地质勘察进场，2017 年 4 月完成详勘工作。

2017 年 1 月底，完成初步设计送审文件。

2017 年 5 月，云交基建〔2017〕88 号文对该项目进行了批复。

四、总体设计原则

该项目设计时严格遵守各相关设计标准和规范要求，保障交通系统的根本功能，充分体现环境保护设计的“三同时”制度，协调好环境保护工程设计与公路总体设计的关系。环境保护应该贯彻以防为主，防治结合、综合治理的原则，并结合工程设计开发利用环境，尽可能地改善和提高环境质量。

项目设计时充分注意了与周围环境和自然景观相协调，山岭路段应尽量减少高填深挖段落，避免对环境造成破坏；最大程度地保护和修复沿线自然生态环境，提高公路环境的可持续性；充分发掘和提取地方文化，农田路段在满足水位要求的前提下，尽量降低路堤高度，减少借方数量，同时设置相当数量的涵洞，满足周边群众通行及农田灌溉的需要。根据不同路段的环境特点，加强环保和景观设计，并尽量采用绿化防护措施。结合公路结构物设计，营造舒适、宜人且富有地方特色的公路景观，体现“路内精致，路外自然”。

（一）线形设计

（1）在满足相关标准的前提下，应尽量结合地形、地貌，减少对原有生态环境的破坏，保护现有的植被资源，着重考虑恢复和重建景观，减小公路对自然景观的破坏。

（2）注重优化平纵面的组合设计，使立体线形更符合汽车动力学的要求，减少汽车排气污染及噪声干扰。

（3）路线布设尽量避开人口密集的居民区，必须通过时，考虑采取有效的措施减小噪声、废气污染，将影响环境的因素降低到最低程度。

（4）构造物的设置注重保持原地貌景观、地方路网及排灌设施的完整性，并适当加以完善。

（5）尽量少占农田耕地和经济林，确定路线方案时充分征求当地政府和群众的意见，并考虑设置完善的排水、排灌系统，防止产生对地方农、林、水利布局的损坏。

（二）路基设计

路基设计中坚持“不破坏就是最大的保护”的设计理念。通过放缓边坡、设置可逾越的排水设施等手段，在路侧保留的无障碍和比较平坦的地带。尽量减小路基填挖高度，使土石方填挖数量基本平衡，尽量减少对自然景观的破坏。根据沿线气候、地质特点以及不同的填挖高度，合理设置路基边坡坡率和防护形式，最大程度减少因边坡开挖引起的水土流失。

对弃土场位置将统筹安排，尽可能选择支沟、荒地，并及时对弃土进行压实并辅以必要的防护，表面用植被覆盖，在条件许可的情况下，整平还田。临时占地尽可能选择在荒地上，工程完工后，及时恢复植被。

（三）桥梁设计

桥梁设计中除考虑桥梁几何尺寸外，设计还兼顾人们主要从两个角度对桥梁的美学欣赏。设计方案注重桥梁美学，特别是跨线桥注重美观，与自然景观协调。做到桥面行驶时，驾驶人可观桥面、护栏及两侧风景；桥侧可观桥梁及桥下的土地、水体景观等。

经河流路段桥梁设计考虑避免墩台落在河中压缩河道；跨掌鸠河引水管道设计考虑 40m 桥跨越，桥两侧设置防护网，净空、净宽均满足云南丰源水务股份有限公司云丰技字〔2016〕1 号文的要求。

（四）隧道设计

（1）隧道设计及施工场地和施工便道的布置注意减少对周边生态环境的破坏，降低对居民的生产、生活的影响。避免在隧道正面山体的坡脚切坡修建便道和临时设施；隧道施工的临时设施和施工便道在工程完工后要进行清理和恢复。

（2）隧道进、出口的设计追求自然，要提倡早进洞、晚出洞，与自然地形坡面平顺衔接。

（3）隧道洞口的设计，尤其是两端洞口的建设注重保护原有的自然生态环境，尽量减少破坏原有景观。本着“明暗交接、防尘降噪、丰富景观”的原则，将隧道口人工痕迹减弱并增加驾乘人员光反应的适应时间，使光线明暗过渡自然；结合洞门设计点缀景观小品并在三角区域种植高大树木引导视线，吸附灰尘降低噪声，实现植物功能化、景观协调化。

（五）环保工程设计

（1）生活污水应进行集中处理，严禁直接排入水体。公路施工所产生的垃圾和废弃物质，如清理场地的表层腐殖土、砍伐的荆棘丛林、工程剩余的废料，根据各自不同情况，分别处理。生活粪便、生活污水设化粪池简单处理后排放，生活垃圾选点集中处理。

（2）降低交通噪声，对于超过噪声标准的路段，设立声屏障、砖墙及植物等手段进行降噪处理。为保证公路建成后运营环境舒适、美观，与周围环境一致，边坡坡面、护坡道、碎落台等绿化植物的恢复生长会丰富沿线景观，减少公路建设引起的水土流失，也可对交通噪声的传播、机动车辆尾气的逸散起阻挡作用。

（3）绿化工程设计在满足道路交通功能的需要，改善行车条件，使高速公路更为安全、快捷、舒适的前提下进行。绿化工程设计采用突出当地人文景观及民俗特色，简单易行又节省投资的绿化方案。

绿地植物的选择在充分考虑沿线的气候、土壤的基础上，坚持适地适树的原则。植物配置上同时考虑其功能性和景观性，尽量做到常绿树与落叶树结合、快长树与慢长树结合，乔、灌、草相结合。注意选用季节不同的植物，利用叶、花、果、枝条形成色彩对比强烈、层次丰富的景观，提高生态效益和景观效益。

五、四新技术应用

（一）运用先进的勘测和设计方法，保证项目的测设质量

在该阶段的勘察设计中，全面应用全球卫星定位系统（GPS）、航测、公路CAD集成技术，具体包括以下几方面：

1. 测绘

该项目从地形图测量开始，就采用先进的GPS进行控制测量及航飞测量，并形成数字化地形图进行微机处理，外业中的测量数据全部利用GPS、全站仪和自动安平水准仪进行采集；控制点密度大、测量精度高，为勘察设计和实施打下了良好基础。

2. 计算机应用

项目组成员均配备台式计算机、笔记本电脑，计算出图率 100%；大大提高了工作效率和文件质量。

3. 软件使用

路线设计中，利用西安开道万软件有限公司的路线综合设计程序 CARD/1、西安纬地、东南大学 DICAD 等软件通过 1/2000 矢量地形图建立数字地面模型，在模型上进行路线的平、纵、横设计和优化，提高了定线速度、精度。地质勘察采用理正公路地质勘察综合程序，互通立交设计采用 DPX，路基设计采用理正路基综合计算系统，路面设计采用沥青和水泥路面结构计算程序，桥梁设计采用了平面杆系桥梁计算综合程序、BRCAD 桥梁设计综合程序、BSACS 桥梁结构分析综合软件系统、桥梁博士等程序。

4. 运行车速检验

在初始平面线形和纵坡设计的基础上，通过“运行车速测算模型”推算各路段运行车速，以“设计控制原则”为标准修正平、纵设计，根据路段线形和运行车速最终确定曲线的超高、加宽、视距等设计指标，有效地解决设计指标与实际行车所要求的指标脱节的问题，增加道路的安全性和协调性。

5. 道路安全审查技术

公路设计道路安全审查就是在公路设计的各个阶段，对各项工程中与道路使用者有安全影响或存在事故潜在隐患的各种因素进行鉴别，提出经过充分考虑的能消除安全问题的保证措施，使设计不仅技术经济合理，而且交通安全可靠。

（二）合理应用新技术，提高项目的安全性、舒适性和协调性

高填路堤采用冲击碾压技术提高路堤填方的压实性，减少路堤的工后沉降，增强路基的稳定性与抗变形能力；采用光面爆破技术控制岩石深挖边坡的开挖，避免因爆破对岩石结构构造面的破坏或危及岩层的完整性，增强路堑边坡的稳定性。

路基边坡结合土石方平衡情况，有条件的地段尽量采用较缓的坡比，采取以生态绿化为主的路基边坡防护形式，最大程度地恢复自然植被、掩盖人工痕迹；尽量减少采用沿线所缺乏的圬工材料，既节省工程数量，又能达到公路路容美观，环境优美及与沿线自然环境协调的目的。

路面设计针对该项目区域夏季高温、雨水丰富的气候特点，采用孔隙率小、透水性弱的连续级配密实型沥青混凝土 AC 型。基层顶面采用沥青同步碎石，以防路面水下渗；表面层采用 SBS 改性沥青 AC-13C，致使沥青高温黏度增大，软化点降低，提高路面的高温稳定性及耐久性，保证沥青路面抗车辙及抗水损的性能，延长路面使用寿命。

桥梁采用先简支后桥面连续的上部结构，既有预制装配、施工简单方便的优势，又避免桥梁上部负弯矩区的张拉，缩短施工工期、便于施工组织，有利于提高结构的抗震能力、耐久性，改善行车的舒适性。

第二章　设计二标

一、设计依据

（1）中交第二公路规划勘察设计研究院有限公司与云南省武倘寻高速公路建设指挥部签订的工程勘察设计合同。

（2）云南省交通规划设计研究院编写的《武定至倘甸至寻甸高速公路工程可行性研究报告》（简称工可报告）。

（3）交通运输部颁布的有关技术标准、规范、规程等。

（4）云南省发展和改革委员会《关于武定至倘甸至寻甸高速公路可行性研究报告的批复》（云发改基础〔2016〕1606号）。

（5）云南交通咨询有限公司编制的《云南省武定至倘甸至寻甸高速公路两阶段初步设计咨询审查报告》。

（6）咨询单位浙江省交通规划设计研究院编制的《云南省武定至倘甸至寻甸高速公路两阶段初步设计咨询审查报告》。

（7）云南省交通运输厅《关于武定至倘甸至寻甸高速公路初步设计的批复》（云交基建〔2017〕29号）。

（8）云南交通咨询有限公司编制的《云南省武定至倘甸至寻甸高速公路两阶段施工图设计咨询审查报告》。

二、设计标准及项目概况

（一）设计标准

根据该项目工可报告以及总体设计研究的相关结论，全线按双向六车道高速公路标准修建，设计速度分段采用100km/h，路基宽度33.5m。其他各项技术指标按交通运输部颁布的《公路工程技术标准》（JTG B01—2014）和现行设计规范执行。

该项目采用的主要技术指标见表2-2-1。

主要技术指标表　　表 2-2-1

<table>
<tr><th>序号</th><th colspan="2">指标名称</th><th>单位</th><th>规范值</th><th>主线采用值</th></tr>
<tr><td>1</td><td colspan="2">公路等级</td><td></td><td>高速公路</td><td>高速公路</td></tr>
<tr><td>2</td><td colspan="2">设计速度</td><td>km/h</td><td>100</td><td>100</td></tr>
<tr><td>3</td><td colspan="2">路基宽度（整体式 / 分离式）</td><td>m</td><td>33.5/16.75</td><td>33.5/16.75</td></tr>
<tr><td>4</td><td colspan="2">平曲线一般（极限）最小半径</td><td>m</td><td>700（400）</td><td>1300</td></tr>
<tr><td>5</td><td colspan="2">不设超高的平曲线最小半径</td><td>m</td><td>4000</td><td>4000</td></tr>
<tr><td>6</td><td colspan="2">停车视距</td><td>m</td><td>160</td><td>160</td></tr>
<tr><td>7</td><td colspan="2">最大纵坡</td><td>%</td><td>4</td><td>4</td></tr>
<tr><td>8</td><td colspan="2">最短坡长</td><td>m</td><td>250</td><td>500</td></tr>
<tr><td>9</td><td colspan="2">凸形竖曲线一般（极限）最小半径</td><td>m</td><td>10000（6500）</td><td>16000</td></tr>
<tr><td>10</td><td colspan="2">凹形竖曲线一般（极限）最小半径</td><td>m</td><td>4500（3000）</td><td>12000</td></tr>
<tr><td>11</td><td colspan="2">桥涵设计汽车荷载等级</td><td></td><td>公路 –I 级</td><td>公路 –I 级</td></tr>
<tr><td rowspan="2">12</td><td rowspan="2">设计洪水频率</td><td>特大桥</td><td></td><td>1/300</td><td>1/300</td></tr>
<tr><td>其他桥梁及路基</td><td></td><td>1/100</td><td>1/100</td></tr>
</table>

（二）项目概况

土建二标勘察设计由中交第二公路勘察设计研究院有限公司承担，路线设计里程桩号 K65+163.965~K105+956.206，全长约 41km，参见图 2-2-1。

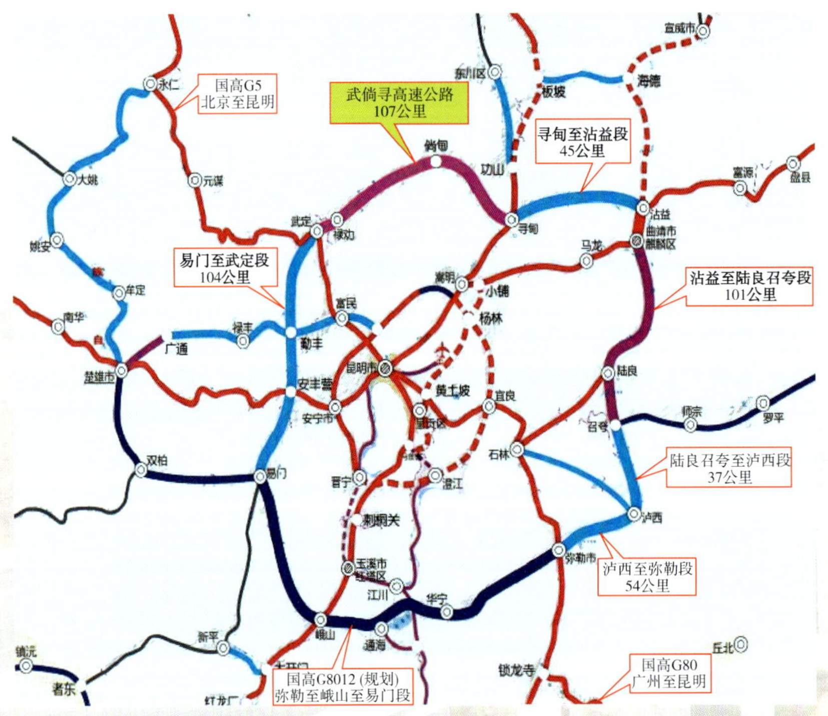

图 2-2-1　武倘寻高速公路路线设计图

三、测设经过

（一）事前指导

2016 年 9 月 8 日召开了该项目的事前指导会，根据计划任务书和公司经营的安排，项目部制定了《项目工作大纲》《施工图暂行规定》和《工程地质详勘暂行规定》，同时宣布项目部组织机构及参加人员名单；各专业组负责人及成员名单；该项目的进场时间，所需要准备的仪器和设备、工期要求等。

遵照初步设计咨询意见，项目组对路线方案进一步优化调整，并于 2016 年 9 月 11 日送公司总工办审查，总工办经过认真的研究讨论后，提出了具体的指导性意见。

（二）现场放线、沿线调查及资料收集

方案审查后，项目组对路线方案进一步优化调整。9 月 12 日，项目组路线、地质、桥涵、隧道、路线交叉、经济调查、地质勘察、测量等各专业技术人员进入现场，施工图勘测工作正式展开。

1. 控制测量

该项目的控制测量及 1：2000 地形图在初步设计阶段已经完成。平面坐标采用 1980 西安坐标系、中央子午线 103°、投影面高程为 2100m，高程系统采用 1985 国家高程基准。

2. 中桩测量

按照公路勘测规范的要求，根据调查需求，结合沿线构造物的分布状况敷设中桩。中桩放样采用 GPS-RTK 测量方法，精度满足规程。

3. 中平测量

根据沿线四等水准点网，采用 GPS-RTK 施测，对于重要的交叉点和接线控制高程采用水平仪施测，如银昆（G85）高速公路。

4. 控制联测

因该项目 SJ-1 标段和 SJ-2 标段采用不同的坐标系及高程投影面，根据 SJ-1 标段提供的控制测量成果表，对 SJ-1 标段的坐标系联测至 SJ-2 标段坐标系下，得出两套坐标系下相同导线点的坐标值，见表 2-2-2。

坐标值表　　表 2-2-2

投影面	点号	X 坐标	Y 坐标	高程（m）	高差（m）
SJ-1 投影面	D29	2846889.338	522130.133	2226.942	0.004
联测至 SJ-2 投影面	D29	2846964.061	488668.954	2226.946	
SJ-1 投影面	D30	2847113.960	522562.382	2272.679	0.004
联测至 SJ-2 投影面	D30	2847187.597	489101.782	2272.683	

5. 参数计算结果

D_X=-1215.034538，D_Y=40669.219180，T=-0.0025262361，K=0.999970122833。

6. 独立控制网

对沿线特大桥、特长隧道布设了独立控制网，该项目对倘甸6号隧道、治租河特大桥和甸沙隧道布设了独立控制网。

7. 桥位勘测

对沿线特大桥、大桥都进行了桥位测量。对沿线跨河桥梁都进行了河床断面的测量。

8. 控制性地物测点

外业阶段对沿线控制性地物进行了实地测量，进行了坐标高程采集。

对与主线交叉的重要道路，如银昆（G85）高速、县道XA80、轿子雪山旅游专线、中庆路等进行了现场测点，收集旧路实地平纵资料，保证旧路与主线的相对关系准确，以确定交叉方案的合理性。

对沿线重要的地物，如水渠、寺庙、高压电塔、老桥老涵、地下管道（线）等均进行了平面位置、高程或埋设深度测量调查；为主线绕避提供精确的定位和依据。

9. 水文调查

测量过程中，开展了水文勘察、水文计算等工作，对沿线洪痕点进行了调查，并进行水文分析。

10. 沿线筑路材料调查

（1）逐处核查初步设计的料场，并进一步补充调查。对高等级混凝土用碎石、路面上面层用碎石，均取样进行物理力学性质试验。

（2）补充料场调查的重点是高等级混凝土用砂和上面层用碎石；其次是桥涵、路面混凝土和水泥稳定级配碎石基层的施工、养生用水，以及绿化用的种植土。

（3）调查沿线材料供应、运输情况，收集地、市建设主管部门材料供应指导价格。

11. 施工场地调查

（1）核查、确定施工场地的位置、面积、地形条件，以及交通、供水、供电等条

件，核实临时电力线路的长度、平整场地与硬化工程数量。

（2）对初测的其他临时工程调查进行补充、实核。

12. 施工便道调查

根据初测成果，实地对每一条能够利用的地方道路进行沿线调查，调查其平面、纵面指标、路基强度状况、路面状况，路面宽度情况等，然后根据情况分维护使用、改造使用等分类统计记录，对重要工点，则设计新建便道。

该标段沿线地方道路较少，普遍等级偏低，路基宽度不足，为便于施工，施工图阶段进行了多条新建进场道路和改建现有道路的专项设计。

13. 征地拆迁等项调查

（1）根据设计确定的范围和用途，提供永久性和临时性占用各类土地的情况。

（2）调查沿线各类土地的常种作物，调查统计用地范围内的独立果树和价值较高

图 2-2-2 桥隧结合

的树木的株数、胸径等。

（3）拆迁建筑物调查其位置、范围尺寸、结构类型；查明房屋层数，区分其类别；屋侧场地丈量其面积、硬化处理的类型及厚度。

（4）需拆迁或加固保护的建筑设施（如管道、地下电缆、架空电力、电信线路），调查其位置、所属单位、拆迁（或保护）影响长度及与路线的交角等。

对小型输水管，一般以拆迁为主，改由公路涵洞或通道内通过；对地下电缆，征求其主管部门意见，予以拆迁、加固或改为公路建筑物内通过；对架空电力、电信线路，测量杆（塔）与路中线的距离，调查需拆迁的杆（塔）编号。图 2-2-2 为桥隧结合。

（5）预算资料的调查，在初测调查的基础上进行核实和补充完善。

14. 取、弃土场调查

对初测调查的取土坑、弃土场进行核查，无法再利用的进行补充调查。

根据沿线土石方大致用量，拟订取土地点，并与相关部门进行协商，取得同意，然后布设钻孔，进行样品采集与分析，获取相关资料。确定取土坑、弃土场的位置、上路桩号、可取（弃）土的数量、运输条件以及排水、防护、绿化等措施。

对于腐殖土应有专门的堆放场地，以供后期绿化工程使用。

全线以废方为主，全线共调查取土场 1 处、弃土场 22 处、分乡镇分别签订了用地协议。

15. 路线交叉调查

施工图全面收集了沿线与该项目交叉的铁路、公路、乡村道路等级、技术状况、规划，并根据预测的交通量，从路网布局、经济效益、社会效益、交通便捷等方面确定互通立交、分离式方案和规模，并充分征求了沿线地方政府和有关各方面的意见。

分离式立体交叉桥型注重造型美观、结构轻巧。主线下穿桥梁，采用建筑高度较小的钢筋混凝土连续箱梁、拱桥等形式，力求一桥一景；上部构造及下部构造可多样化选型。视距内的桥型尽可能不重复，以确保行驶安全，视野开阔的布设为原则，争取不在中央分隔带设置桥墩，以提高主线行车的舒适性、安全性。

根据现场调查情况，路线交叉尽量以改移方式，通过或涵兼通，或桥下通过。

16. 工作协调

加强与地方协调，在勘察外业阶段，就路线、互通、取弃土方案与地方政府进行多次沟通。

17. 资料收集

继续收集、核实项目地自然地理、地质、气象、水文等基础资料，以及沿线农林、水利、公路、航运、城建、电力、通信、旅游、文物、矿产等现状及规划资料。

18. 地方政府意见及采纳情况

拟定施工图时，充分尊重地方政府意见，每拟定一段路线方案后，都与地方政府（市县级、乡镇级）充分沟通，充分采纳其意见，对最终拟定的路线方案、构造物设置、取弃土场设置，都和沿线乡镇签订了相关协议。

19. 主要人员及设备

测量及专业调查人员共 51 人，下设 4 个 RTK 放线组、2 个全站仪放线组（机动）、5 个断面组、1 个路线组、1 个桥涵组、1 个隧道组、1 个路基路面组、1 个经济调查组、1 个内业组。主要设备有汽车 3 台、RTK 系统 4 套、全站仪 7 台、手持断面仪 4 台、简易钻杆 2 套、土样试验仪器 1 套、打印机 2 台、台式计算机 25 台、笔记本电脑 5 部、照相机 6 部，方向架、花秆、皮尺等测量仪器若干。

2016 年 10 月 27~28 日，分院进行中间自检，并形成分院级中间检查意见。

2016 年 11 月 1~5 日，院总工办对该项目施工图外业工作进行审查验收。

施工图的主要外业测量及专业调查工作于 2016 年 11 月 11 日结束。

四、地质勘察

地勘人员于 2016 年 11 月中旬陆续进入现场展开详勘工作。根据路线所处区域地质条件，在初勘报告的基础上，为进一步查明沿线地质情况，分别采用调绘、钻探、物探、静力触探、坑探、轻型螺纹钻等方法进行综合勘察。

该项目施工图阶段共布置钻孔 403 个、孔深 10748m，物探 12710m，探坑 78 个。

五、总体设计原则

（一）路线设计原则

（1）在平面设计时，合理运用技术标准，灵活使用曲线以适应地形，避免用直线

图 2-2-3 笔直的线形设计

硬切山梁。注意线形高、低指标的均匀变化，力求线形连续、顺适，加强“安全选线”的设计理念（图 2-2-3）。

（2）尽量避让顺层、岩溶、危岩、农田软土路基等不良地质地段，根据地质、地形选线，减少高边坡对自然环境的影响，设计时尽可能降低挖方路基边坡高度。

（3）切实贯彻“保护耕地、节约用地、少拆房屋、方便群众、依法保护环境”的原则，路线尽量布设在荒山、坡地上。

（4）充分考虑环保选线，首先应尽量避绕环境敏感点，难以避绕时应对路线平、纵、横进行综合考虑，降低路基填挖高度，必要时增加设置桥隧等构造物以减小对环境的影响。

（5）对于特殊构造物要充分进行多桥位或多隧址的比选，不遗漏任何有比较价值的方案，结合施工条件、工程造价、对环境或城镇规划的影响度等因素综合比选，择优选定路线方案。

（6）结合区域内路网布局及城镇规划，合理确定路线走向及规模，做到既有利于沿线城镇发展，同时尽量降低对城镇规划的干扰。

（7）尽量做到土石方平衡，追求零废方，以减少水土流失及对环境的破坏，设计中充分利用数字地面模型，反复进行平纵横综合设计。

（二）路基、路面及排水设计原则

1. 路基设计原则

（1）根据项目区的特点，灵活选用路基横断面形式及设计参数，因地制宜地采用分离式路基、半路半隧、半路半桥、两桥分离等多种分离式路基类型，避免过多开挖山体，减少高填深挖路基，控制工程规模，节省工程造价。

（2）防止地质灾害对路基、桥梁、隧道等构筑物的危害，以防为主、防治结合，处治方案安全经济、施工方便、顺应自然，并尽量与周边环境景观相协调。

（3）减少土石方工程量，寻求挖填方的平衡，降低造价、节约用地。

（4）切实做好边坡防护和路堤压实度控制，减少工后沉降变形，采用有效措施增加路基和边坡强度与稳定性。

（5）将动态设计理念贯穿于整个工程建设过程中，根据实际情况，及时调整和优化设计方案，以保证设计方案的合理性和可行性，保障工程建设顺利实施。

2. 路面设计原则

根据该项目交通量预测结果和公路等级对路面强度的要求，结合区域内地质、水文、气候及筑路材料特点，充分考虑工可报告中车辙病害、防渗抗水损害、路线长大纵坡、耐久等功能，遵循因地制宜、合理选材、方便施工、利于养护、节约投资的原则，通过技术经济比较，在结构方案选择、面层强度、厚度组合计算、混合料级配设计等方面，确定路面结构方案。

3. 路基、路面及排水设计原则

（1）公路排水设计防、排、疏相结合，并与桥涵、路基防护、地基处理以及特殊路基地区的其他处治措施相互协调、形成完善的排水系统。

（2）路基排水设计遵循总体规划、合理布局，并首先注意保护公路路基、农田水利排灌系统和水土保持工程，尽量考虑可供农田水利的利用，少占耕地。

（3）从排水目的和要求、当地自然条件、水文计算成果、主要材料来源、经济分析比较、施工习惯和业主要求等方面分析确定排水设施的类型，并使各类排水设施适当结合，形成排水系统。

（4）施工场地的临时排水设施，尽可能与永久性排水设施相结合。各类排水设施的设计满足使用功能的要求，结构安全可靠，便于施工、检查和养护维修。

（5）对于桥涵等过水建筑物的布置，与水文人员密切配合，切实遵循“一沟一涵”的原则，不勉强改沟或合并天然沟；天然沟槽不甚明显的漫流地段，注意布设足够的过水构造物，并在其上游设置必要的束流设施，以防发生水害。

（6）地下水埋深浅的路堑边沟下设置渗沟，用于降低地下水位和引排路面结构层积水。

（7）路堑坡顶上方分水岭较宽，汇水面积较大时，根据坡顶距分水岭宽度和流量分析，设置一道或多道截水沟，而且，路堑平台设置截水沟。一般路段截水沟距坡顶不小于5m。

（8）各种水沟的出口部分做妥善处理，不得使水流冲刷路基边坡，损害农田或不利于水土保持。

（9）公路排水设计，建立在沿线充分调查、收集有关地形、地貌、水文地质、气象资料和地质结构基础上。

（三）桥梁、涵洞设计原则

1. 桥梁设计原则

（1）桥梁方案设计依据桥位处的自然地理环境和地形条件，灵活合理地布设桥孔，追求与地形、环境的协调统一，体现“尊重自然，保护环境”的设计理念。

（2）遵循技术先进、经济合理、安全可靠、适用耐久、便于施工的原则进行综合考虑。对于中、小跨径桥梁，实行标准化、装配化设计。

（3）桥梁结构形式，力求造型新颖，布局合理，反映现代建桥新水平，体现“设计创作”的理念。注重造型设计，使治租河特大桥成为该项目的亮点工程。

（4）根据就地取材、节省投资、方便施工和养护的原则，桥梁孔径种类应归并减

少，结构类型宜尽量统一。

（5）该合同高墩桥梁较多，一般梁板桥墩高≤ 40m 时采用双柱墩，墩高 40~60m 且不是个别现象时可采用矩形实体方墩，墩高 60~80m 可采用空心薄壁墩。并注意地质、地形条件的影响，注意高墩的稳定性分析。位于较陡横坡上的桥墩，为减少基础间的干扰，可采用半幅独柱或整幅双柱式墩进行比选。双柱式墩的桩柱接合部设置底系梁。一座桥梁应尽量统一桥墩类型，以方便施工。

在总体设计上除了选好桥型外，桥梁跨度与墩高间有一个相对经济的比例关系，因此还要把握好最佳跨度与墩高的关系。对于高架桥的上部构造，根据勘察设计指导原则，采用装配式 T 形梁，通过调整现浇桥面板的悬臂和预制梁长度来适应曲线上桥梁的线形要求。桥型方案选择还充分注意造型与路线及地形的配合与协调，在立面和

平面上形成顺适、流畅的立体曲线。

高架桥下部结构形式的选择按照勘察设计指导原则，结合研究院在多条山区高速公路高架桥的设计经验，可采用柱式墩、方柱墩、空心墩，以适应不同的地形和桥墩高度。

中、小桥在选择方案时本着经济、合理和便于标准化施工的原则，做到结构标准化、统一集中预制，以便就地取材、降低造价、缩短工期，均采用装配式 T 形梁。下部构造桥墩采用柱式桥墩，墩、台基础根据桥位处的地质情况选用钻孔桩或扩大基础。

2. 涵洞设计原则

（1）根据涵位处地质情况及填土高度，采用钢筋混凝土盖板涵。在满足涵洞功能的情况下，涵位尽量避开软基和高填方。涵位尽量选择在沟谷边缘地质良好的地段。

（2）各涵洞孔径大小选取需根据汇水面积、降雨量等因素计算后确定。

（3）为贯彻环保设计理念，在土质沟渠、排洪涵洞进出水口及排水坡度较陡处，设置沉砂池或铺砌，以避免冲毁农田或使农田沙化、泥化。沉砂池大小应根据排洪流量合理设置。

（4）位于斜坡路段半填半挖断面上的涵洞，则以护坡，跌水井、竖井、急流槽等形式与路基填挖边坡和边沟相衔接。

（5）部分汇水面积较小的排水涵和流量较小的灌溉涵可与人行通道合并设置，人行通道进出口跨越边沟时，则盖以人行道板连通人行路。

（6）地质条件不良时，采用整体基础设计，防止开裂。

（四）隧道设计原则

（1）充分考虑隧道区地形、地质、水文、气象条件，结合隧道规模、隧道自身的结构特征以及施工方案，将隧道轴线尽可能布置在地质条件较好的地层中，且洞口段无不良地质现象，并有利于两端接线及洞外工程布置。

（2）隧道设置形式根据地形地质条件以及隧道两端接线条件，可在如下几种形式中综合选定：

①上下行分离式的隧道。两洞室净距根据地质情况参考《公路隧道设计规范》（JTG D70—2004）确定，长、特长隧道一般采用该种形式。

②小净距隧道。两洞室净距一般在 8~16m（测设线间距为 12~20m）。中短隧道一般可采用该种形式。

③双向六车道隧道原则上不采用连拱隧道形式。连拱隧道长度一般应控制在300m以内，特殊情况下不宜超过500m，小净距隧道长度一般应控制在400m以内，特殊情况下不应超过600m。长、特长隧道洞口段部分可采用小净距隧道形式，以降低洞外分线工程规模及减少占地。

（3）在高挖方地段宜设置小净距、连拱、棚洞或半路半隧等短隧道，避免深挖方、高切坡，以节约土地资源及保护自然环境。

（4）隧道在符合路线总体走向的前提下，依据地形、地质条件及施工条件合理确定隧址，尽量做到地质条件良好，进出口处轴线与等高线垂直或接近垂直通过，以减少洞口浅埋、偏压，依据纵断面设计合理确定隧道进出口高程及隧道长度。

（5）隧道的平纵线形尽量采用较高的指标，在保证行车安全的前提下，尽量提高行车质量和服务水平。隧道平面尽量采用不设超高的平曲线，如因路线要求不可避免设置超高，其超高比不宜大于3%；不要采用因停车视距的要求而需加宽隧道断面的平曲线；长隧道设计纵坡应结合隧道内排水、通风及隧道施工条件等因素综合比选确定，隧道设计纵坡不大于3%且不小于0.5%。

（6）长度超过1000m的隧道应设置车行横洞，长度超过500m的隧道应设置人行横洞。一般情况下，人行横洞间距可取250m，并不大于400m；车行横洞间距可取750m，一般不大于900m。

（7）隧道设计应确保隧道主体结构（如洞口边仰坡体、洞门、支护衬砌、路面等）稳定可靠，隧址应重视地质选线，尽量避开不良地质情况，以避免施工和运营期间隧道各类病害的发生。

（8）应特别重视隧道的地质勘探工作。

（9）应结合公路等级、隧道长度、施工方法、工期和营运要求，对隧道内外防排水系统、消防给水系统、辅助通道、弃渣处理、管理设施、交通工程设施、环境保护等做综合考虑。

（10）注重环境保护与洞口景观设计，坚持环境优先，尽量减少对自然环境的破坏，使隧道与自然景观融为一体。

（11）隧道土建设计应体现动态设计与信息化施工的思想，制定地质观察和监控量测的总体方案；地质条件复杂的隧道，应制定地质预测方案，以及时评判设计的合理性，调整支护参数和施工方案。通过动态设计使支护结构适应围岩实际情况，达到设计施工更加安全、经济之目的。

（12）在确保安全的前提下，积极采用新技术、新工艺、新设备。

（五）路线交叉设计原则

（1）立交的规模、形式、等级与沿线路网布局、相交道路建设条件以及转换交通量的分布相适应。

（2）立交的位置和形式与周围的地形、地质条件和相关道路布局相适应，且有利

于营运。

（3）立交布置形式紧凑，线形流畅，整体感强，利于行车安全。

（4）在满足使用功能保证行车安全的前提下，充分利用地形，合理运用技术指标，严格控制工程规模，降低工程造价。

（六）交通工程及沿线设施设计原则

该路段交通工程及沿线设施采用“保障安全、提供服务、利于管理”的总体原则，结合近几年国内的相关研究成果开展设计工作，为充分体现“安全、环保、舒适、和谐、耐久、经济”的设计思路在设计过程中遵循以下原则：

（1）严格遵循云南省总体规划，重视交通工程的系统性，从区域路网角度综合考虑交通工程的设计方案，从全局的角度系统考虑管理设施布局，符合路网整体的交通运营管理需求。

（2）结合项目沿线地理、气候、环境、路网规划等特点，采用的技术标准实施规模与水平同道路系统其他部分协调一致，设计方案经济、安全、实用、可靠、先进。

（3）借鉴行业内机电工程的经验，从建设成本和运营成本两方面考虑机电设施的设计规模，结合云南省的实际情况制定合理且满足需求的系统方案。

（4）考虑该项目交通流特性及其未来发展趋势，各子系统设计方案的选择必须与交通流发展相适应；各子系统之间相互配合、相互协调，达到系统组成的最优化，最大程度地发挥系统总体调控功能。

（5）结合云南省已建成高等级公路实际情况，在满足规范要求的前提下，应注意与其他等级公路标志、标线前后协调，风格尽可能保持一致，设计上从区域路网全局规划，充分考虑近路网，使之形成整体路网系统。

（6）设计内容全面完整，与主体工程协调一致；交通工程内部专业，安全设施、监控、收费等沿线设施布置协调配合。

（7）为了保证该项目交通工程及沿线设施的设计达到技术先进、经济合理、安全适用的目的，交通工程设计采取适应该项目交通量发展的规模和标准，适当应用新技术、新材料，而不应贪大求洋、不切实际。

（七）环保、景观及绿化设计原则

考虑到道路系统的线形布局，空间跨域范围大，周边环境差异大，因此环境和景观设计必须全盘考虑，统一规划，协调一致；突出主要功能，讲求实效设计有特色，景观艺术与实际效果并重。需严格遵守各相关设计标准和规范要求，保障交通系统的根本功能；落实该项目环境影响评价报告书的各项措施要求，充分体现环境保护设计的“三同时”制度，协调好环境保护工程设计与公路总体设计的关系。

1. 综合性原则

以高速公路景观为基本范围，同时考虑视线所及景观、相关风景旅游资源、城市社会经济发展与高速公路之间的关系，确保高速公路景观建设处于良性循环状态。

2. 安全舒适原则

高速公路景观规划首先应满足高速公路行车安全要求，通过景观规划改善行车视觉环境，减少驾驶员疲劳，创造舒适柔和的行车环境，提高安全标准。视觉安全是公路景观设计的特殊要求，公路景观设计可以结合和借鉴城市道路景观的设计理念，但要注重严格区分公路景观设计和城市园林设计的不同，公路景观要更加注重自然、宏伟、大气，在视觉要求上注重远景和宏观视觉，不能过分分散驾驶员的注意力，影响驾驶安全。

3. 因地制宜原则

高速公路景观选择应采取因地制宜的方法，充分结合自然地形、地物，利用自然条件创造景观。

4. 协调发展原则

沿线城镇、乡村发展与高速公路景观建设相协调，公路路线的改造应尽量适应自然地形，美观流畅，减少对山体地层的大规模破坏，减少对自然汇水面的影响，减少对周围生态环境的扰动。

5. 环境保护原则

景观工程必须与生态工程、环保工程同步协调，发挥工程投资的综合效益，在保护环境的同时发挥景观的社会效益和经济效益。

6. 生态优化原则

通过高速公路景观建设，改善沿线生态环境，保护居民有一个良好的生活、生产环境。

（八）房建工程设计原则

1. 结合地域特点

建筑规划布局依山就势，科学合理地确定建筑物朝向、平面形状、空间布局、外观形体、间距、层高等设计数据。结合当地常规的植物合理规划服务区绿化景观，以点、线、面，平面与立体相结合的手法进行设计。

2. 融合地方文化

该项目建筑风格与服务区所在区域的文化资源相统一，形成具有特色鲜明、生态环保、富有活力和民族内涵的建筑风格，充分体现地域特点，与地方旅游文化设施、商业设施有效融合。

3. 结合沿线地貌及主要材料分布

建筑外立面选用的材料均以当地建材为主，有利于保证施工进度，控制材料价格等，工程造价同时考虑材料的运距等因素。建筑设计中结合场区地形条件依山就势进行规划，避免大填大挖，新建建筑尽量布置于挖方区域，提高工程经济性。

4. 服务理念拓展

整体规划应满足高速公路服务设施系统设置要求，除了基本的停车、加油、休

息、餐饮、购物、卫生间等必要的设施外，还应有各项由此而生的附加功能需求，如驾驶员休息室、开水间、母婴室，兼顾警务救助、医疗急救、客运检查、宽带网络、信息查询，甚至儿童游乐、户外健身、文化科普展示等功能。

六、设计思想

交通运输部在全国公路勘察设计工作会议上提出“六个坚持，六个树立”的公路勘察设计新理念，通过灵活设计和创作设计，实现“安全、环境优美、节约资源、质量最优、系统最优”的目标，体现“安全、耐久、节约、和谐”八字方针。

安全：对不良地质地段，尽量予以绕避；对高边坡及高陡路堤，在摸清地质条件的前提下，进行稳定性分析；同时进行运行车速检验，加强交通工程措施，根据地形条件长大下坡路段增加紧急停车带（降温池）。达到运行安全及工程实体安全的双重目标。

耐久：桥梁结构计算严格按照新规范要求执行，适当增加普通钢筋提高结构耐久性。

节约：主要体现在节约土地资源及节约工程造价两个方面。为节约土地资源，在确保“安全、耐久”的前提下，将部分桥梁改为高填路堤，消化挖方段以及隧道弃渣，减少弃土场占地。四都路段沿坡脚布线，通过降低填土高度、设置路肩墙、优化八面山互通方案等方式达到保护耕地目的。通过路线平、纵面的反复优化，减小工程量，可适当降低造价。

和谐：为达到自然和谐和人文和谐的目标，本次初步设计采取了多种措施。路线布线尽量顺应山势，隧道尽量“早进洞，晚出洞”，以保护原生态环境。

七、设计亮点

老长箐大桥、海白冲大桥、海白冲中桥、天生桥特大桥、天生桥中桥和雀吃沟2号大桥钢-混组合梁设计。

1. 设计依据

云南省交通运输厅文件（云交科教〔2017〕17号）云南省交通运输厅《关于“高烈度区中等跨径钢-混组合梁式桥设计、施工及养护关键技术研究和示范”科技项目立项开展研究的批复》。

2. 设计背景

武定至倘甸至寻甸高速公路30m、40m中小跨径桥梁本次设计采用钢-混组合梁，替代常规预制 T 梁，主要基于下面 3 个方面因素的考虑：

1）钢材产能及钢结构桥梁应用情况

钢结构产量：2015 年我国钢材产量约为 7.8 亿吨，居世界第一。但是我国已建成桥梁中，其中钢结构桥梁和钢 - 混组合结构桥梁分别只有 584 座和 1293 座，数量占比分别仅为 0.08% 和 0.17%。远低于欧美、日本等发达国家，见图 2-2-4。

2）桥梁建设条件

武倘寻高速公路所在区域地震烈度大，峰值加速度达到 0.3~0.4g。钢 - 混组合结构与常规混凝土结构比较，上部结构自重轻，对结构抗震更有利，在不提高下部结构造价的前提下，保证结构安全。

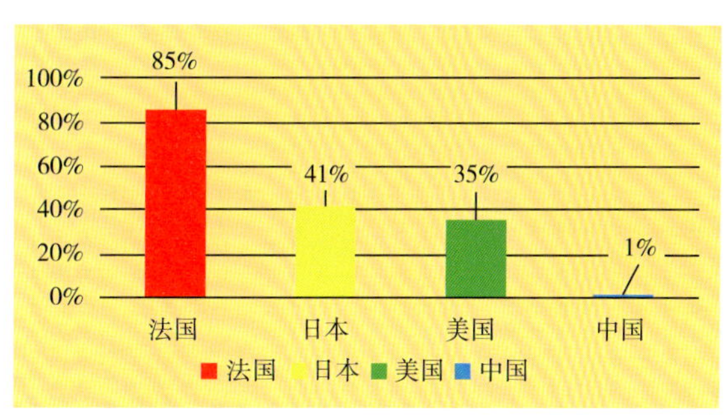

图 2-2-4　4 国钢结构桥占比

3）其他因素

山区地形条件复杂，预制场地条件有限。

施工周期短，对施工质量结构耐久性要求高。

交通运输部关于推进钢结构、去产能的相关文、函。

3. 项目概况

依据全线地质、地貌特征，结合构造物布置情况，云南武倘寻项目主要采用经济性较好的 30m、40m 跨径钢 - 混组合梁，单幅桥宽 16.5m。设计二标部分钢 - 混组合梁使用情况见表 2-2-3。

组合梁使用情况一览表　　表 2-2-3

桥　名	桥跨布置
海白冲大桥	30m 跨简支桥面连续
海白冲中桥	30m 跨简支桥面连续
天生桥特大桥	40m 跨简支桥面连续
天生桥中桥	30m 跨简支桥面连续
雀吃沟 2 号大桥	30m 跨简支桥面连续
老长箐大桥	40m 跨简支桥面连续

4. 技术指标

该项目钢 - 混组合梁采用主要技术指标如表 2-2-4 所示。

主要技术指标表 表 2-2-4

公路等级	高速公路、一级公路	
路基宽度（m）	整体式路基：33.5	分离式路基：16.75
汽车荷载等级	公路 – Ⅰ级	
行车道数	6	3
桥面宽度（m）	2×16.5	1×16.5
跨径（m）	30/40	
斜交角（°）	0	
单幅桥梁片数	6	
梁间距（m）	2.8	
预制梁高（m）	1.7/2.1	
设计安全等级	一级	
环境类别	Ⅰ类	

5. 主要材料

（1）钢 - 混组合梁采用主要钢材及执行标准见表 2–2–5。

主要钢材牌号及执行标准表 表 2-2-5

构 件 部 位	钢 材 牌 号	执 行 标 准
顶板	Q345qD	《桥梁用结构钢》（GB/T 714—2015）
腹板	Q345qD	《桥梁用结构钢》（GB/T 714—2015）
底板	Q345qD	《桥梁用结构钢》（GB/T 714—2015）
横隔板、加劲肋	Q345qD	《桥梁用结构钢》（GB/T 714—2015）
横撑角钢等其他构件	Q235C	《碳素结构钢》（GB/T 700—2006）
预埋钢配件	Q345C	《低合金高强度结构钢》（GB/T 1591—2008）

（2）焊钉采用 ML15AL《冷镦和冷挤压用钢》（GB/T 6478—2001），栓钉的形状、尺寸及质量要求等应符合《电弧螺柱焊用圆柱头焊钉》（GB/T 10433—2002）的要求。

（3）高强螺栓：采用摩擦型高强度螺栓连接副，其技术标准应满足《钢结构用高强度大六角头螺栓》（GB/T 1228—2006）、《钢结构用高强度大六角螺母》（GB/T 1229—2006）、《钢结构用高强度垫圈》（GB/T 1230—2006）、《钢结构用高强度大六角头螺栓、大六角螺母、垫圈技术条件》（GB/T 1231—2006）等的相关要求。

高强螺栓材质统一采用 35VB。

6. 设计要点

1）总体布置

主梁采用“开口钢板梁 + 混凝土桥面板”的钢 - 混组合梁，先简支后桥面连续。

横向每两片工字形钢主梁组成一榀吊装结构，两榀间横向采用湿接头连接。每两榀间钢横撑 10m 左右设一道。榀内横撑每 5m 左右设一道（图 2-2-5）。

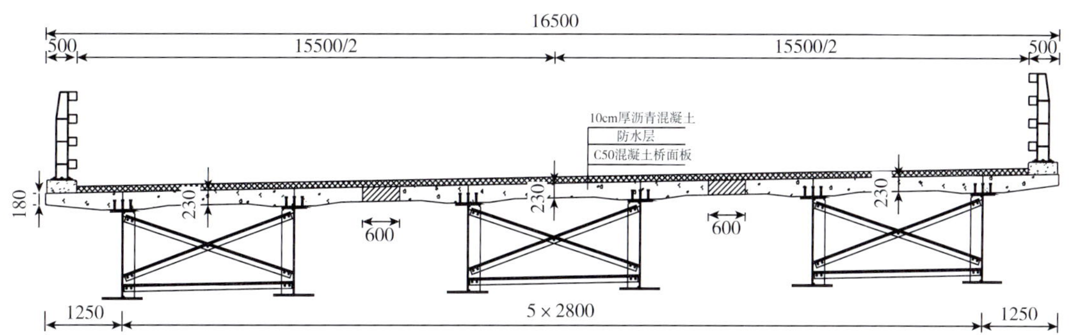

图 2-2-5 标准横断面图（尺寸单位：cm）

钢筋混凝土桥面板标准厚度 23cm，支点处厚度 28cm。榀间组合梁吊装就位后，通过现浇微膨胀混凝土湿接头形成整体，钢梁和钢筋混凝土桥面板通过布置在钢梁顶板处的焊钉剪力键形成组合梁，端横梁混凝土板设伸缩缝安装预留槽，桥面连续处预留槽在两联组合梁吊装就位后，浇筑 UHPC 超高性能混凝土（图 2-2-6）。

跨间及端横隔 X 横撑均采用双肢角钢或单肢角钢连接（图 2-2-7）。双肢角钢间与单肢角钢交叉处均加填板拴接。

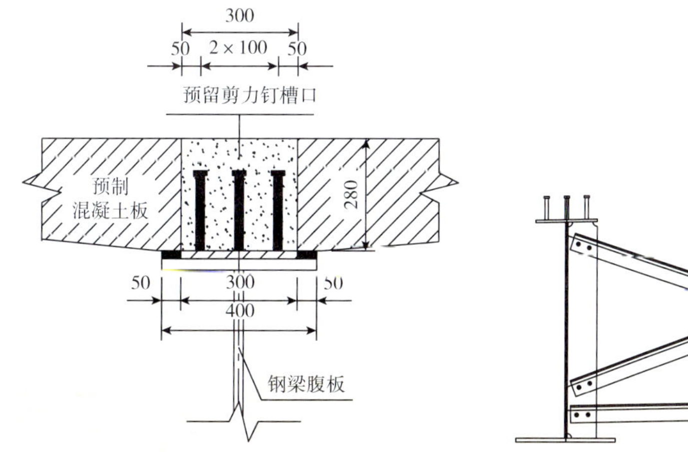

图 2-2-6 剪力钉槽口布置大样（30m 跨径）（尺寸单位：cm）

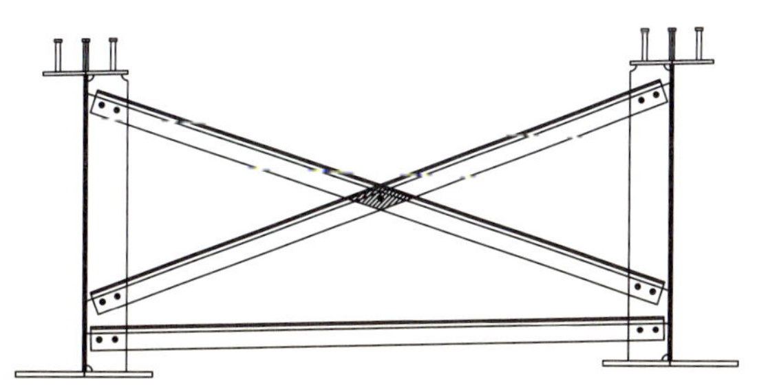

图 2-2-7 榀内剪力撑布置大样

2）预制混凝土板

桥面板纵、横桥向分块预制，预制桥面板需存放 3 个月以上，以减小混凝土收缩徐变的影响；预制桥面板在剪力钉所在的位置挖空形成预留槽（图 2-2-8）。

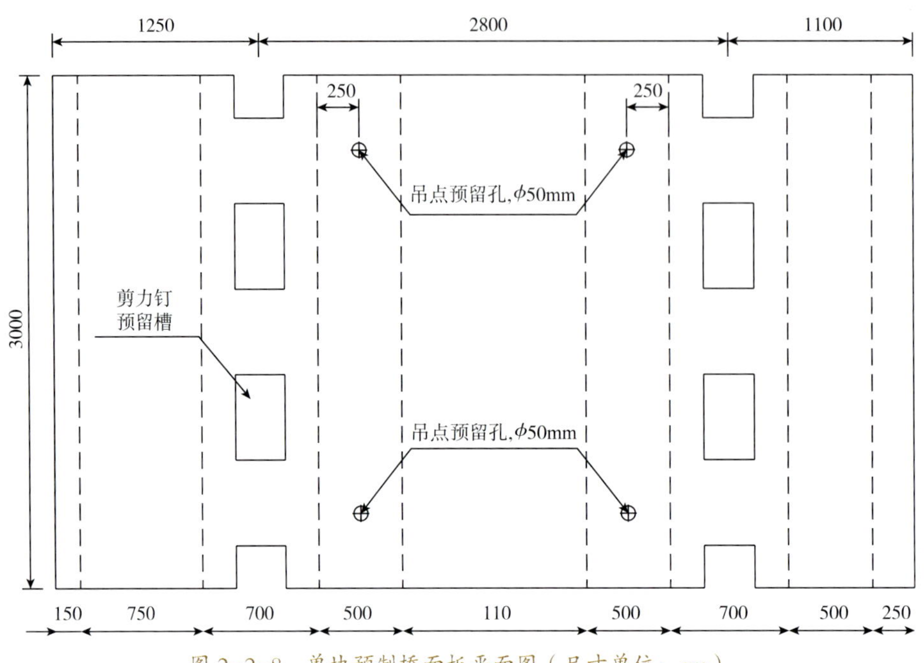

图 2-2-8 单块预制桥面板平面图（尺寸单位：cm）

3）桥面板与钢梁上翼缘板的结合

在钢梁上翼缘板两侧边缘顺桥向粘贴可压缩的防腐橡胶条，两侧橡胶条之间浇筑环氧砂浆，靠橡胶条的位置砂浆高度与橡胶条的初始高度相同，中部隆起 5mm，形成上拱的弧面。然后吊装和安放混凝土桥面板，在混凝土桥面板自重作用下，橡胶条完全压密封闭，环氧砂浆与上下接触面充分接触，从而实现了接合面的密封性。

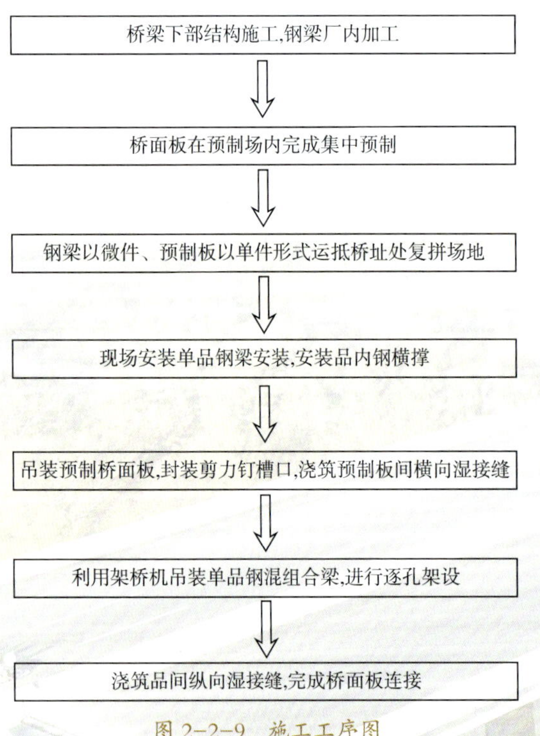

图 2-2-9 施工工序图

7. 主要施工工序

钢 - 混组合梁主要施工工序见图 2-2-9。

8. 设计总结

结合中小跨径结构施工特点，融合钢 - 混组合梁施工工艺进行创新设计，主要创新点如下：

（1）台座上形成联合截面，整体吊装。避免钢梁和混凝土面板桥上联合过程，有效降低钢纵梁钢板尺寸，提高结构的经济性。

（2）钢纵梁、预制桥面板厂内完成散件加工，运抵现场拼装场地完成结构复拼。提高结构对山区复杂地形的适应能力，工厂化制作构件有利于保证施工质量。

（3）依据常规 T 梁、预制箱梁单片架设思路，钢 - 混组合梁按单榀（2 片工字钢）利用架桥机进行架设。架设方法成熟可靠，对原工艺、设备利用率高。

（4）单榀组合梁按照标准宽度制作，调整榀间湿接缝宽度来适应桥宽，为组合梁结构的标准化打下基础。

（5）预制板和钢梁接触面采用环氧砂浆配合橡胶垫的连接方式，提高了钢梁顶板耐腐蚀性。

（6）横联采用角钢，形式简单，减少空中安装作业，方便后期进行维护涂装。

9. 注意事项

（1）桥面连续槽口内采用 UHPC 超高性能混凝土进行回灌，提高墩顶连续处桥面结构的耐久性和行车的平顺性。

（2）做好预制桥面板的存梁工作，存梁期不小于 3 个月。桥面板后浇筑部分均采用微膨胀混凝土。

（3）钢梁顶板顶面仅做表面预处理，提高钢梁和混凝土板的相互作用力，其他外表面做永久性涂装。

（4）钢梁上翼缘板两侧顺桥向贴防腐橡胶条，橡胶条之间浇筑环氧砂浆，提高接合面的密封性。

（5）健全养护管理制度，有针对性地加强养护、配备管理人员和设备、提升管理养护水平，保证桥梁安全运行和结构耐久性。

第三篇 管理篇

概　述

武倘寻高速公路的业主单位是云南武倘寻高速公路有限责任公司，该公司由云南交投集团投资有限公司等6家企业出资组建，于2015年10月成立，专门承担武定至倘甸至寻甸高速公路的建设与运营。同时，经云南省公路开发投资有限责任公司批准，成立了云南武倘寻高速公路建设指挥部，具体负责武倘寻高速公路的建设。

武倘寻高速公路建设指挥部面对项目建设工期紧、征迁工作阻力大、质量安全压力大、施工技术要求高、环水保敏感点多等实际情况，充分发挥集体力量，攻坚克难、砥砺奋战，以务实的工作态度、扎实的工作作风，克服重重困难，按时完成了项目建设任务。

在项目管理中，指挥部坚持工程施工标准化、管理手段信息化，并且以品质工程为抓手，使项目管理得到了大幅提升。在高质量完成项目，创造较大的社会效益、经济效益和人才效益的同时，培养和锻炼了一批领导干部和优秀工程技术管理人才，为高速公路建设积累了丰富的管理经验。

本篇对武倘寻高速公路建设的各项前期工作和项目管理的方方面面及其重要经验进行记述。

第一章 建设依据

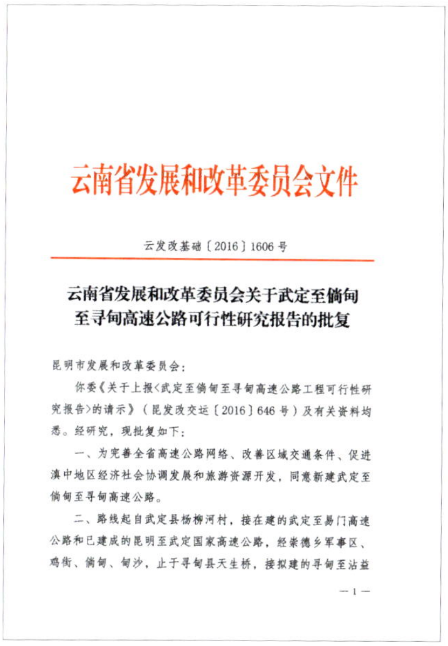

云南省发展和改革委员会文件

云发改基础〔2016〕1606号

云南省发展和改革委员会关于武定至倘甸至寻甸高速公路可行性研究报告的批复

昆明市发展和改革委员会：

你委《关于上报<武定至倘甸至寻甸高速公路工程可行性研究报告>的请示》（昆发改交运〔2016〕646号）及有关资料均悉。经研究，现批复如下：

一、为完善全省高速公路网络、改善区域交通条件、促进滇中地区经济社会协调发展和旅游资源开发，同意新建武定至倘甸至寻甸高速公路。

二、路线起自武定县杨柳河村，接在建的武定至易门高速公路和已建成的昆明至武定国家高速公路，经崇德乡军事区、鸡街、倘甸、甸沙，止于寻甸县天生桥，接拟建的寻甸至沾益

— 1 —

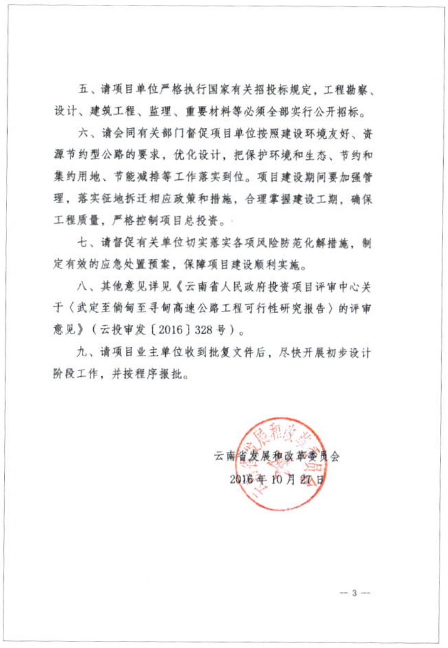

五、请项目单位严格执行国家有关招投标规定，工程勘察、设计、建筑工程、监理、重要材料等必须全部实行公开招标。

六、请会同有关部门督促项目单位按照建设环境友好、资源节约型公路的要求，优化设计，把保护环境和生态、节约和集约用地、节能减排等工作落实到位。项目建设期间要加强管理，落实征地拆迁相应政策和措施，合理掌握建设工期，确保工程质量，严格控制项目总投资。

七、请督促有关单位切实落实各项风险防范化解措施，制定有效的应急处置预案，保障项目建设顺利实施。

八、其他意见详见《云南省人民政府投资项目评审中心关于〈武定至倘甸至寻甸高速公路工程可行性研究报告〉的评审意见》（云投审发〔2016〕328号）。

九、请项目业主单位收到批复文件后，尽快开展初步设计阶段工作，并按程序报批。

云南省发展和改革委员会

2016年10月27日

— 3 —

图3-1-1 《云南省发展和改革委员会关于武定至倘甸至寻甸高速公路可行性研究报告的批复》

云南省交通运输厅文件

云交基建〔2017〕29号

云南省交通运输厅关于武定至倘甸至寻甸高速公路初步设计的批复

武倘寻高速公路公司：

所报《云南省武倘寻高速公路有限责任公司关于武定至倘甸至寻甸高速公路初步设计审批的请示》（武倘寻发〔2016〕3号）收悉。根据《云南省发展和改革委员会关于武定至倘甸至寻甸高速公路可行性研究报告的批复》（云发改基础〔2016〕1606号）确定的建设规模、技术标准和估算总投资，经审查，现批复如下：

一、建设规模与技术标准

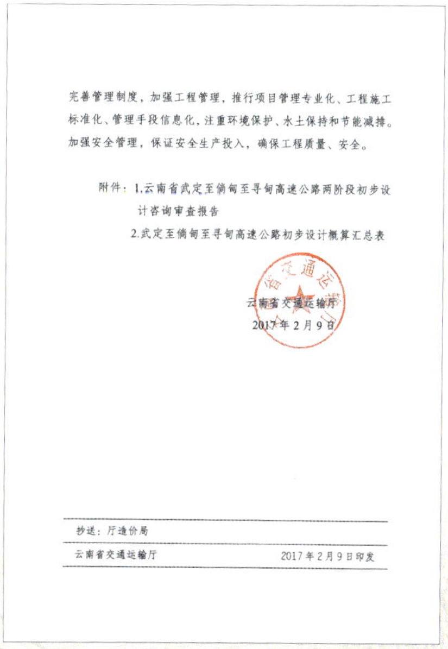

完善管理制度，加强工程管理，推行项目管理专业化、工程施工标准化、管理手段信息化，注重环境保护、水土保持和节能减排。加强安全管理，保证安全生产投入，确保工程质量、安全。

附件：1.云南省武定至倘甸至寻甸高速公路两阶段初步设计咨询审查报告

2.武定至倘甸至寻甸高速公路初步设计概算汇总表

云南省交通运输厅

2017年2月9日

抄送：厅造价局

云南省交通运输厅　　2017年2月9日印发

图3-1-2 《云南省交通运输厅武定至倘甸至寻甸高速公路初步设计的批复》

云南省交通运输厅文件

云交基建〔2017〕88 号

云南省交通运输厅关于武定至倘甸至寻甸高速公路两阶段施工图设计的批复

省公路开发投资公司：

所报《云南省公路开发投资有限责任公司关于武定至倘甸至寻甸高速公路两阶段施工图设计审批的请示》（云路投发〔2017〕133 号）及施工图设计文件收悉。根据《云南省交通运输厅关于武定至倘甸至寻甸高速公路初步设计的批复》（云交基建〔2017〕29 号）批复的建设规模、技术标准、主要工程及方案，经云南交通咨询有限公司审查，形成了《滇中城市经济圈高速公路环线

\- 1 -

请加强合同管理，采取切实有效措施，严格控制工程投资。动用预备费报厅批准。

建设单位应督促设计单位逐条对照本批复及咨询审查报告意见（见附件）完善施工图设计，并按程序及时提交施工。施工中，应严格执行基本建设程序，加强设计变更管理，防止人为变更设计。应作好项目施工组织，并加强工程监理，以确保建设项目质量、投资及工期目标的完成。

此复。

附件：1. 滇中城市经济圈高速公路环线武定至倘甸至寻甸高速公路两阶段施工图设计咨询审查报告

2. 武定至倘甸至寻甸高速公路施工图设计预算评审意见

3. 武定至倘甸至寻甸高速公路施工图设计预算审核表

云南省交通运输厅

2017 年 5 月 22 日

\- 29 -

图 3-1-3　《云南省交通运输厅关于武定至倘甸至寻甸高速公路两阶段施工图设计的批复》

中华人民共和国

建设项目选址意见书

选字第530000201600015号

根据《中华人民共和国城乡规划法》第三十六条和国家有关规定，经审核，本建设项目符合城乡规划要求，颁发此书。

核发机关　云南省住房和城乡建设厅

日　　期　二〇一六年[illegible]月[illegible]日

云选 №0077362

基本情况		
	建设项目名称	[illegible]
	建设单位名称	[illegible]
	建设项目依据	[illegible]
	建设项目拟选位置	[illegible]
	拟用地面积	[illegible]
	拟建设规模	[illegible]

附图及附件名称

[illegible]

遵守事项

一、建设项目基本情况一栏依据建设单位提供的有关材料填写。

二、本书是城乡规划主管部门依法审核建设项目选址的法定凭据。

三、未经核发机关审核同意，本书的各项内容不得随意变更。

四、本书所需附图与附件由核发机关依法确定，与本书具有同等法律效力。

图 3-1-4　建设项目选址意见书

云南省国土资源厅文件

云国土资预〔2016〕99号

云南省国土资源厅关于武定至倘甸至寻甸高速公路建设项目的用地预审意见

云南省公路开发投资有限责任公司、昆明市国土资源局、楚雄州国土资源局：

《云南省公路开发投资有限责任公司关于武定至倘甸至寻甸高速公路建设项目用地预审的请示》（云路投发〔2016〕618号）及《昆明市国土资源局关于武定至倘甸至寻甸高速公路建设项目用地预审的初审意见》（昆国土资初〔2016〕12号）、《楚雄州国土资源局关于武定至倘甸至寻甸高速公路建设项目用地预审的初审意见》（楚国土资预〔2016〕20号）收悉。经审查，意见如下：

\- 1 -

五、按照国家、省有关法律法规和国务院有关文件的规定，必须认真做好征地补偿安置的前期工作，采取有力措施保证被征地农民生活水平不因征地而降低，切实维护被征地农民的合法权益。

六、项目经批准后，要按照程序办理建设用地报批手续，若项目位于土地利用总体规划确定的城市和村庄、集镇建设用地范围内的，用地报批应按批次报批；位于范围以外的，用地报批应按独立选址报批。未办理建设用地报批手续不得开工建设。

七、用地预审前未办理地质灾害危险性评估与矿产资源压覆情况证明等手续的，项目单位应当依据相关法律法规的规定，在申请用地审批前，及时予以办理。并做好用地复垦工作。

八、依据《建设项目用地预审管理办法》的规定，本预审文件有效期为两年，自批准之日起计算。已经预审的项目，如需对土地用途、建设项目选址等进行重大调整的，应当重新申请预审。

云南省国土资源厅
2016年10月14日

\- 3 -

图3-1-5 《云南省国土资源厅关于武定至倘甸至寻甸高速公路建设项目的用地预审意见》

申请人

国家林业和草原局

准予行政许可决定书

林资许续〔2020〕22号

国家林业和草原局关于武定至倘甸至寻甸高速公路项目使用林地的行政许可续展决定

云南武倘寻高速公路有限责任公司：

《云南省林业和草原局关于武定至倘甸至寻甸高速公路建设项目使用林地审核同意书准予延期的请示》（云林审批〔2019〕1661号）及你单位提交的申请材料收悉。经审查，我局同意武定至倘甸至寻甸高速公路项目使用林地审核同意书延期2年，有效期至2021年8月15日。

项目在有效期内未取得建设用地批准文件的，本行政许可续展决定书自动失效。

1

（此页无正文）

国家林业和草原局
2020年1月10日

抄送：云南省林业和草原局，国家林业和草原局驻云南省森林资源监督专员办事处，国家林业和草原局行政许可办，有关县级林业主管部门。

2

图3-1-6 《国家林业和草原局关于武定至倘甸至寻甸高速公路项目使用林地的行政许可续展决定》

云南省水利厅文件

云水保许〔2016〕149号

云南省水利厅关于准予滇中城市经济圈高速公路环线武定至倘甸至寻甸高速公路项目水土保持方案的行政许可决定书

云南武倘寻高速公路建设指挥部：

你单位于2016年8月15日向本机关提出滇中城市经济圈高速公路环线武定至倘甸至寻甸高速公路项目水土保持方案审批的申请，本机关于2016年8月17日依法受理。经审查，符合法定条件、标准，根据《中华人民共和国行政许可法》第三十八条第一款、《中华人民共和国水土保持法》第二十五条第一款的规定，本机关决定准予你单位滇中城市经济圈高速公路环线武定至倘甸至寻甸高速公路项目水土保持方案的行政许可。

本机关将按有关规定向你单位送达《云南省水利厅关于滇中城市经济圈高速公路环线武定至倘甸至寻甸高速公路项目水土保持方案的批复》。

云南省水利厅

2016年8月25日

抄送：水利部水土保持司，省发展和改革委员会，省交通运输厅、省环境保护厅，省水土保持生态环境监测总站，昆明市水务局，楚雄州水务局，禄劝县水务局，富民县水务局，寻甸县水务局，武定县水务局，昆明龙慧工程设计咨询有限公司。

云南省水利厅办公室　　2016年8月29日印发

图3-1-7　《云南省水利厅关于准予滇中城市经济圈高速公路环线武定至倘甸至寻甸高速公路项目水土保持方案的行政许可决定书》

云南省环境保护厅文件

云环审〔2017〕10号

云南省环境保护厅关于武定至倘甸至寻甸高速公路环境影响报告书的批复

云南武倘寻高速公路建设指挥部：

你单位申请报批的《武定至倘甸至寻甸高速公路环境影响报告书》收悉。经研究，批复如下：

一、该项目位于楚雄州武定县、昆明市禄劝县、富民县、倘甸产业园区轿子山旅游开发区和寻甸县境内，包括主线、3条连接线和3条互通连接线。主线起于武定县杨柳河村，接武定至易门高速公路；止于寻甸县天生桥，接规划的寻甸至曲靖高速公路。主线长107千米，按双向六车道高速公路标准建设，其中，K0+000~K11+000、K46+000~K107+000路基宽33.5米，设计行车速度100千米/小时；K11+000~K46+000路基宽33米，设计行

……

划，不应在线路两侧噪声超标范围内新建学校、医院、居民住宅等声环境敏感建筑物。

四、禄劝连接线、寻甸连接线新增噪声污染防治措施纳入本项目管理，主动与昆明市交通运输局、禄劝县交通局对接，统筹做好相关工作。本项目若发生重大变动，须另行委托开展环境影响评价并依法重新报批。

五、严格执行环境保护设施与主体工程同时设计、同时施工、同时投入使用的环保"三同时"制度。施工期间每个季度应向我厅书面报告工程建设环境保护执行情况，每年报送年度总结报告并抄送项目涉及的州、市、县环境保护局和昆明倘甸产业园区轿子山旅游开发区管理委员会。项目竣工投入试运行须向我厅报告并及时申请竣工环境保护验收，经验收合格后方可正式投入运行。

请昆明市、楚雄州、禄劝县、富民县、寻甸县、武定县环境保护局和昆明倘甸产业园区轿子山旅游开发区管理委员会负责组织该项目的环境执法现场监察和日常监督管理，请省环境监察总队加强监督检查。

云南省环境保护厅

2017年2月22日

图3-1-8　《云南省环境保护厅关于武定至倘甸至寻甸高速公路环境影响报告书的批复》

第二章 建设单位及管理机构

一、建设单位

云南武倘寻高速公路有限责任公司（以下简称“公司”）成立于 2015 年 10 月，是由云南交投集团投资有限公司、昆明市高速公路建设开发股份有限公司、楚雄州交通投资开发有限责任公司、云南公投阳光公路投资合伙企业（有限合伙）、云南交农交通产业基金合伙企业（有限合伙）、云南云交壹号交通产业股权投资基金合伙企业（有限合伙）出资组建的有限责任公司，公司为武定至倘甸至寻甸高速公路建设运营主体单位，注册资本金为 17373.76 万元。

二、组织机构

根据公司法及公司章程，公司按照现代企业制度要求成立公司法人治理机构，包括：股东会、董事会、监事会和内设部门（图 3-2-1）。

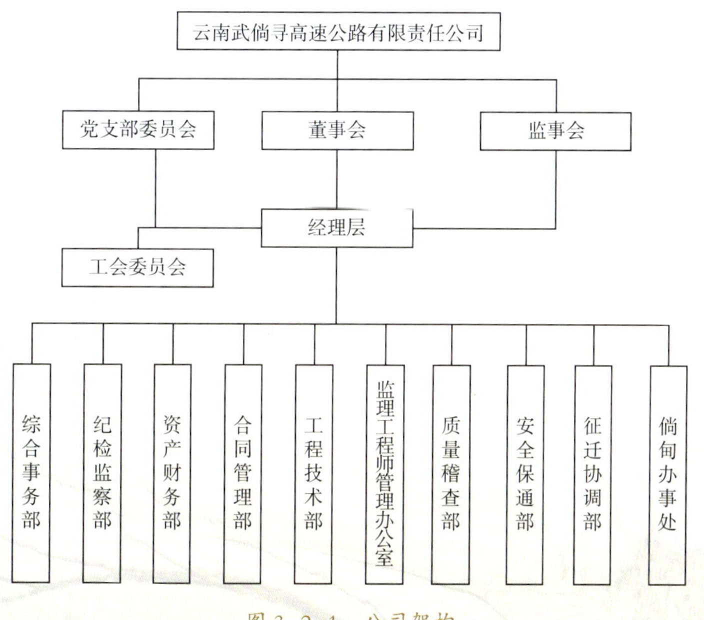

图 3-2-1 公司架构

（一）股东会

公司股东会由全体股东组成，股东会是公司的最高权力机构，见表 3-2-1。

公司股东及出资比例　　表 3-2-1

股东姓名或名称	认缴出资额（万元）	出资方式	持股比例（%）
云南交投集团投资有限公司	8400	货币	48.35
昆明市高速公路建设开发股份有限公司	2190.26	货币	12.61
楚雄州交通投资开发有限责任公司	158	货币	0.91
云南公投阳光公路投资合伙企业（有限合伙）	4836	货币	27.83
云南交农交通产业基金合伙企业（有限合伙）	1615.76	货币	9.30
云南云交壹号交通产业股权投资基金合伙企业（有限合伙）	173.74	货币	1.00

股东会行使下列职权：

（1）决定公司的经营方针和投资计划；

（2）选举和更换非职工代表担任的董事、监事，决定有关董事、监事的报酬事项；

（3）审议批准董事会的报告；

（4）审议批准监事会的报告；

（5）审议批准公司的年度财务预算方案、决算方案；

（6）审议批准公司的利润分配方案和弥补亏损方案；

（7）对公司增加或减少注册资本作出决议；

（8）对发行公司债券作出决议；

（9）对公司合并、分立、解散、清算或者变更公司形式作出决议；

（10）修改公司章程；

（11）超出云南省交通投资建设集团有限公司（原“云南省公路开发投资有限责任公司”）与昆明市人民政府及楚雄州人民政府于 2016 年 3 月共同签订的《武定至禄劝至倘甸至寻甸高速公路项目投资建设运营协议书》约定的合作、开发范围之外进行投资、对外举债、对外提供担保（含向公司股东或实际控制人提供担保）或有担保（包括但不限于回购、差额补足、连带责任等）和与项目建设无关的对外借款事项。

（二）董事会

公司设立董事会，成员 9 人：云南交投集团投资有限公司委派 5 人；昆明市高速公路建设开发股份有限公司委派 2 人、楚雄州交通投资开发有限责任公司委派 1 人；由公司职工通过职工代表大会选举产生职工董事 1 人。董事任期 3 年，经股东会同意后生效，任期届满，可连选连任。董事会设董事长 1 人，为公司法定代表人，由云南交投集团投资有限公司委派的董事担任；设副董事长 2 人，副董事长 1 人由昆明市高速公路建设开发股份有限公司委派的董事担任，副董事长 1 人由楚雄州交通投资开发有限责任公司委派的董事担任。董事长、副董事长任期皆为 3 年，经股东会同意后生效，任期届满，可连选连任。

董事会对股东会负责，行使下列职权：

（1）负责召集股东会会议，并向股东会报告工作；

（2）执行股东会的决议；

（3）决定公司的经营计划和投资方案；

（4）制订公司的年度财务预算方案、决算方案；

（5）制订公司的利润分配方案和弥补亏损方案；

（6）制订公司增加或者减少注册资本以及发行公司债券的方案；

（7）制订合并、分立、变更公司形式以及公司解散的方案；

（8）决定公司内部管理机构的设置；

（9）决定聘任或者解聘公司总经理及其报酬事项，并根据总经理的提名决定聘任或者解聘公司副总经理、总工程师等经理层高级管理人员及其报酬事项；

（10）制订公司章程的修改方案；

（11）制订公司的基本管理制度。

（三）党组织

设立中国共产党云南武倘寻高速公路有限责任公司支部委员会。同时，根据有关规定，设立纪律检查委员。公司党支部委员会由党员大会选举产生，委员 3 名，设党支部书记 1 人，必要时设党支部副书记 1 人，每届任期 3 年。任期届满应当按期进行换届选举。坚持和完善“双向进入、交叉任职”领导体制，符合条件的党支部班子成员可以通过法定程序进入董事会、监事会、经理层，董事会、监事会、经理层成员中符合条件的党员可以依照有关规定和程序进入党支部。

党支部对公司重大事项进行集体研究把关，围绕生产经营开展工作，发挥战斗堡垒作用。主要职责是：

（1）学习宣传和贯彻落实党的理论和路线方针政策，宣传和执行党中央、上级党组织和本组织的决议，团结带领职工群众完成本单位各项任务；

（2）按照规定参与本单位重大问题的决策，支持本单位负责人开展工作；

（3）做好党员教育、管理、监督、服务和发展党员工作，严格党的组织生活，组织党员创先争优，充分发挥党员先锋模范作用；

（4）密切联系职工群众，推动解决职工群众合理诉求，认真做好思想政治工作。领导本单位工会、共青团、妇女组织等群团组织，支持它们依照各自章程独立负责地开展工作；

（5）监督党员、干部和公司其他工作人员严格遵守国家法律法规、公司财经人事制度，维护国家、集体和群众的利益；

（6）实事求是地对党的建设、党的工作提出意见建议，及时向上级党组织报告重要情况。按照规定向党员、群众通报党

组织的工作情况；

（7）对公司重大事项进行集体研究把关。

（四）经理层

公司设总经理 1 名，副总经理 3 名，总工程师 1 名。总经理由董事会决定聘任或解聘。

经理层对董事会负责，行使下列职权：

（1）主持公司的生产经营管理工作，组织实施董事会决议；

（2）组织实施公司年度经营计划和投资方案；

（3）拟订公司内部管理机构设置方案；

（4）拟订公司的基本管理制度；

（5）制订公司的具体规章；

（6）提请聘任或者解聘公司副总经理、总工程师等经理层及其他高级管理人员；

（7）决定聘任或者解聘除应由董事会决定聘任或者解聘以外的其他管理人员；

（8）董事会授予的其他职权；

（9）总经理列席董事会会议。

（五）监事会

公司设立监事会，成员5人：云南交投集团投资有限公司委派1人；昆明市高速公路建设开发股份有限公司委派或楚雄州交通投资开发有限责任公司委派1人；云南交农交通产业基金合伙企业（有限合伙）委派1人；职工监事2人。监事会设主席1人，监事会主席由全体监事过半数选举产生。

监事会行使下列职权：

（1）检查公司财务；

（2）对董事、高级管理人员执行公司职务的行为进行监督，对违反法律、行政法规、公司章程或者股东会决议的董事、高级管理人员提出罢免的建议；

（3）当董事、高级管理人员的行为损害公司的利益时，要求董事、高级管理人员予以纠正；

（4）提议召开临时股东会，在董事会不履行本章程规定的召集和主持股东会会议职责时召集和主持股东会会议；

（5）向股东会会议提出提案；

（6）依照《中华人民共和国公司法》的规定，对董事、高级管理人员提起诉讼；

（7）监事列席董事会会议。

（六）公司部门设置

根据有关文件对公司机构设置的要求，同时，结合项目建设营运的实际情况，为便于各项工作开展，公司设置的主要部门有：工程技术部、合同管理部、安全保通部、质量稽查部、监理工程师管理办公室、征迁协调部、资产财务部、综合事务部和纪检监察部。

1. 工程技术部

主要职责：参与制订施工组织计划，开展工程技术管理，对变更设计、优化设计进行全过程控制和指导，审核工程数量及工程台账的收集、整理、归档，组织技术交底工作，对重大技术问题、重点工程技术方案提出审查意见，与设计单位协调联系，妥善解决重大技术变更优化和补充完善设计等工作，抓好工程建设中的水保、环保和节能减排等工作。

2. 合同管理部

主要职责：合同管理是项目建设管理的主要工作之一，贯穿项目建设始终，在项目建设管理过程中，合同管理部主要工作职责是贯彻执行党和国家、上级主管部门及公司有关方针政策、法律法规、规章制度。负责公司招标投标、合同管理、计量支付、造价管理、计划统计、变更审批、索赔事项、合同争议、法律事务、廉政建设等工作，负责项目机电、消防工程施工管理工作。

3. 安全保通部

主要职责：负责项目公司安全生产管理工作。负责项目公司安全宣传教育培训、安全标准化建设、隐患检查与整治、安全生产费投入管理、事故防范、风险评估与管控、应急处突、消防安全及道路保通等工作，完成公司领导及上级公司安排的其他工作。

4. 质量稽查部

主要职责：制订和落实稽查工作计划和管理制度，督促参建单位对现场出现的工程质量、标准化施工、环境保护、安全生产等问题进行整改，督促参建单位落实项目公司制订的质量管控、工期计划等工作目标。收集审核质量稽查资料，评估质量控制状态，为质量管理决策提供真实、全面的材料。

5. 监理工程师管理办公室

主要职责：负责工程建设过程中项目建设程序及监理、试验检测的管理协调等工作。

6. 征迁协调部

主要职责：负责项目建设过程中征地拆迁协调工作。负责项目建设土地征用、房屋拆迁、三线迁改、地上附着物拆除补偿及资料的整理归档，负责项目土地、林业、矿产压覆等手续办理，积极对接处理工程建设中发生的阻工、堵路、上访等矛盾纠纷，及时妥善处理工程建设涉及的各类路地关系。

7. 资产财务部

主要职责：负责公司的日常财务管理、投资成本管理、预算管理、资金与融资管理、资产管理、税务筹划、财务信息化建设等方面的工作；参与制定、维护、改进公

司财务管理制度，掌握公司财务状况、经营状况及资金变动情况，是武倘寻公司的财务核算及财务监督部门。

8. 综合事务部

主要职责：负责公司综合行政、党群及后勤服务工作。负责公司行政管理、文书文秘、党群事务、人事薪酬、宣传报道、综合协调、车辆管理、后勤管理等工作，协助公司领导班子开展其他工作，完成公司领导及上级公司安排的其他工作。

9. 纪检监察部

主要职责：协助公司党支部加强党风廉政建设工作，组织开展党风廉政教育，教育和引导干部职工遵规守纪，推进和落实廉洁文化建设，对公司相关岗位及工作进行监督，协助党支部合理运用“四种形态”，收集、调查有关举报信访情况。

第三章　前期工作情况

一、工程招标

武倘寻高速公路建设项目于2016年1月启动招标，截至2020年5月，全线共9个专业的招标全部完成。

1. 勘察设计及勘察设计监理咨询单位招标

武倘寻高速公路建设项目通过公开招标的方式选定勘察设计及勘察设计监理咨询单位，合同金额为14486.8514万元，见表3-3-1。

勘察设计单位招标　　表3-3-1

序号	招标内容	单位名称	合同价（万元）
1	武倘寻高速公路勘察设计合同协议（第1合同）	云南省交通规划设计研究院	8759.9841
2	武倘寻高速公路勘察设计合同协议（第2合同）	中交第二公路勘察设计研究院有限公司	5361.8772
3	武倘寻高速公路勘察设计监理咨询合同协议（第1合同）	中国公路工程咨询集团有限公司	228
4	武倘寻高速公路勘察设计监理咨询合同协议（第2合同）	浙江省交通规划设计研究院	136.9901

2. 施工单位招标

武倘寻高速公路建设项目土建、路面、机电、消防、交通安全、绿化、房建、伸缩缝采购安装施工工程，均采用公开招标资格后审的方式进行招标。土建、路面工程合同金额为1639202.1503万元，隧道机电、三大系统工程合同金额为60968.2868万元，隧道消防工程合同金额为28396.9186万元，交通安全工程合同金额为12204.0095万元，景观绿化工程合同金额为12209.4267万元，沿线建筑设施工程合同金额为33234.0336万元，伸缩缝采购安装施工工程合同金额为2907.3876万元，见表3-3-2。

施工单位招标　　表3-3-2

序号	标段号	单位名称	合同价（万元）	备注
1	土建、路面1标	云南交投集团公路建设有限公司	838191.4924	
2	土建、路面2标	云南交投集团云岭建设有限公司	801010.6579	

续上表

序号	标 段 号	单 位 名 称	合同价（万元）	备注
3	机电 1 标	云南省交通科学研究院有限公司	35933.8696	
4	机电 2 标	云南云岭高速公路交通科技有限公司	25034.4172	
5	消防 1 标	盛云科技有限公司	9519.0144	
6	消防 2 标	金工建设集团股份有限公司	9398.8950	
7	消防 3 标	昆明荣成天宇控制系统工程有限公司	9479.0092	
8	交通安全 1 标	云南云岭高速公路交通科技有限公司	3897.8299	
9	交通安全 2 标	云南交投集团物资有限公司	4226.1807	
10	交通安全 3 标	云南长江现代交通设施有限公司	4079.9989	
11	绿化 1 标	云南云路景观装饰工程有限公司	2328.6420	
12	绿化 2 标	云南交投市政园林工程有限公司	1758.5560	
13	绿化 3 标	云南恒达市政园林工程有限公司	2354.3499	
14	绿化 4 标	云南利鲁环境建设有限公司	2707.5822	
15	绿化 5 标	云南今业生态建设集团有限公司	3060.2966	
16	房建 1 标	湖南望新建设集团股份有限公司	4313.6517	
17	房建 2 标	昆明江南建筑工程有限公司	6021.1455	
18	房建 3 标	山西二建集团有限公司	7065.1793	
19	房建 4 标	云南建投安装股份有限公司	8255.7080	
20	房建 5 标	云南景顺建设工程有限公司	7578.3491	
21	伸缩缝 1 标	云南金路捷新材料科技有限公司	2266.7850	
22	伸缩缝 2 标	宁波路宝科技实业集团有限公司	640.6026	

3. 检测单位招标

武倘寻高速公路建设项目桩基检测、隧道检测、T 形刚构桥监控量测、中心试验室、交工质量检测单位的选定，采用公开招标、资格后审的方式进行招标，合同金额为 9134.4254 万元，见表 3–3–3。

检测单位招标　　表 3–3–3

序号	标 段 号	单 位 名 称	合同价（万元）	备注
1	检测 1 标	云南云路工程检测有限公司	4735.0697	
2	检测 2 标	招商局重庆交通科研设计院有限公司	730.66	
3	中心试验室	云南省公路科学技术研究院	2330.1458	
4	交工检测 1 标	中路高科交通检测检验认证有限公司	540.8084	
5	交工检测 2 标	中设设计集团股份有限公司	451.3628	
6	交工检测 3 标	湖南省交通建设质量监督检测有限公司	169.285	
7	交工检测 4 标	重庆天眼工程质量检测有限公司	177.0937	

4. 监理单位招标

武倘寻高速公路建设项目施工监理单位的选定，采用公开招标、资格后审的方式进行招标，土建路面监理合同金额为 17759.92 万元。房建监理、机电监理合同金额为 1038.9057 万元，见表 3-3-4。

监理单位招标　　表 3-3-4

序号	标 段 号	单 位 名 称	合同价（万元）	备注
1	施工监理 1 标	联合体：云南省公路工程监理咨询有限公司 / 江西交通咨询公司 / 湖南湖大建设监理有限公司	8968.72	
2	施工监理 2 标	联合体：河北华达公路工程咨询监理有限公司 / 云南展旭公路工程咨询有限公司	8791.2	
3	机电监理	云南省公路工程监理咨询有限公司	603.7999	
4	房建监理	云南省公路工程监理咨询有限公司	435.1058	

二、征地拆迁工作

根据《武定至禄劝至倘甸至寻甸高速公路项目投资建设运营协议书》，昆明市人民政府和楚雄彝族自治州人民政府负责组建项目征地拆迁工作机构，负责项目征地拆迁及施工环境保障工作的协调，武倘寻高速公路为政企合作建设项目，征地拆迁资金由昆明市人民政府和楚雄彝族自治州人民政府指定出资人（昆明市高速公路建设开发股份有限公司、楚雄州交通投资开发有限责任公司）负责筹集，并将征地拆迁资金拨入云南武倘寻高速公路有限责任公司（云南武倘寻高速公路建设指挥部）账户，昆明段征地拆迁资金由云南武倘寻高速公路有限责任公司（云南武倘寻高速公路建设指挥部）按征迁工作进度将征地拆迁等费用拨付至昆明市征地管理处专户，由昆明市征地管理处负责资金的拨付和监管，楚雄段由云南武倘寻高速公路有限责任公司（云南武倘寻高速公路建设指挥部）按征迁工作进度直接拨付武倘寻高速公路武定段征地拆迁协调办公室。昆明市人民政府和楚雄彝族自治州人民政府按县区分别成立武定、禄劝、富民和寻甸段征地拆迁指挥部，由各县区征地拆迁指挥部负责实施，开展征地拆迁工作。

其中武倘寻高速公路建设项目 10kV 以下（含 10kV）管线迁改工作由各县（区）组织实施，10kV 以上高压及军事管网迁改工作由指挥部组织实施，县区征迁部门做好土地征迁工作。

（一）征地拆迁总体工作

武倘寻高速公路建设项目征迁费用于 2017 年 2 月 9 日概算批复为 12.0114 亿元，根据《武定至禄劝至倘甸至寻甸高速公路项目投资建设运营协议书》规定，武倘寻高速公路建设项目征地拆迁资金实际发生的金额超过批复概算中的金额，由昆明市高速公路建设开发股份有限公司、楚雄州交通投资开发有限责任公司负责筹措，超出部分经审计认可后列支于项目总投资，昆明市高速公路建设开发股份有限公司、楚雄州交通投资开发有限责任公司出资。

武倘寻高速公路建设项目共征用土地约 10268 亩，涉及武定、禄劝、富民和寻甸四个县区，共拆除房屋 371 户，其中拆迁养殖场 13 个，搬迁坟冢 1807 冢，搬迁苗圃 8 个，迁改电力线、通信线 101km，完成 2 个矿权的补偿。该项目共征用临时用地约 6745 亩，其中提供弃土场 42 个。

（二）征地拆迁工作机制

1. 努力践行“坚韧不拔、砥砺奋进、团结奉献、精细严实、追求完美”的武倘寻精神

武倘寻高速公路作为县域高速公路“能通全通”项目之一，为确保按期完成省委省政府及集团公司“能通全通”工程收官决战的任务，征迁协调处积极发扬坚韧不

拔、砥砺奋进的武倘寻精神，多次到各大厅局办理林业手续、建设用地手续，并于2017年8月15日取得国家林业局使用林地批复，四县区的林木采伐证于2017年9月中旬全部办理完毕，于2020年4月1日取得自然资源部武倘寻高速公路工程建设用地的批复，为项目依法依规建设打下了坚实的基础；多次到地方各级政府及征地拆迁相关部门协调土地提交、拆房子事宜，在前期征地拆迁资金不到位的情况下，积极协调四县区征地拆迁指挥部优先提供控制性工程的建设用地，有针对性地提供土地，为能顺利进场开展施工创造基本条件。

2.“一线工作法”机制

武倘寻高速公路途经昆明市、楚雄州四县的多个居民区，其中还涉及彝、回、苗等多个非汉民族村庄，路地沟通难度极大，项目同时经过了云南省种羊场、清水海水源保护区等多个保护区，施工协调十分困难，面对纷繁复杂的征迁工作局面，为坚决打赢这场“攻坚战”，扫清项目建设最大的“拦路虎”，该项目征迁协调处践行“一线工作法”工作机制，征迁人员常驻一线，将还在初期化、简单化的矛盾，用最短最快的时间解决。转变以往指挥部“等”“靠”“发号施令”的工作作风，深入基层、深入村寨、深入农户，向下看、弯下腰，了解掌握最新和最真实的征迁情况，让许多征迁“老、大、难”的问题在前期易处理阶段得到解决，大大节约征迁成本的同时又确保了工程的顺利推进。

3. 迎难而上推征迁

发扬求真务实、敢于担当、勇于作为的工作作风，深入一线、深入乡村，进村入户、协调各方、上山下坝、越沟迈壑，本着抓铁留痕、踏石留印的工作态度和只争朝夕、舍我其谁，坚持再大的困难也要顶上去、再硬的骨头也要啃下来的决心和勇气，“拔钉子”“割瘤子”，逐一扫清了施工障碍，及时为项目建设提供了土地，保障了项目良好的施工建设环境。

第四章 项目管理情况

一、质量管理

（一）质量控制效果

武倘寻高速公路自开工以来积极推进施工标准化建设和平安工地建设，工程建设质量安全控制效果明显，有效推动了项目平稳快速发展（图 3-4-1）。认真贯彻云南省交通运输厅的“五个提升”目标，建立完善质量管理和保障体系，坚持全面质量管理，确保整体工程等级达到优良的目标。以工程质量控制为核心，实行监理工作责任制，约束监理的不良行为，对重点工程、重点部位、重要工序，监理工程师必须全过程旁站监理。监管办、稽查处定期、不定期对监理工程师进行考核，根据考核结果，对一些不称职、业务低下、能力差的监理工程师，要求总监办及驻地办坚决清退，从而使工程质量能在过程中严格控制。为能更有效地开展质量工作，及时解决处理工地问题，对工地每个开工点、作业面进行不间断巡查，查处纠正违规的施工行为，保证工程质量管理工作规范有序地进行，稽查人员通过口头警告、下发稽查指令、召开稽查现场会议，采取返工、支付违约金、停工整改等措施及时处理现场质量问题，同时通过采用《稽查月报》《稽查快讯》的宣传方式把能规范施工的，质量做得好的工程以及违规施工的工程图片传递到各个参建单位，发挥了很好的示范和警示作用，有效地控制了武倘寻高速公路的工程实体质量。

图 3-4-1　项目初期工程

（二）质量管理措施

项目质量管理采用主要构件首件制、关键工程部位联检制、主要建材报备认可制三个制度进行保障。

1. 实行工程“首件制”

一是路基方面。在路基填筑前，要求各施工单位清除表土进行填前压实，并按不同的压实度及填料变化较大时进行路基填方的试验路段。按试验路段的工艺、工序组织施工，分层填筑及辗压，在路基填筑工程中有部分路基填筑填料粒径偏大，平整度较差，厚度超厚，在质量稽查过程中都进行了返工处理及处罚。由于武倘寻高速公路路基工程工期紧，路基填筑完工后的沉降期，指挥部按招投标合同文件的要求，下发通知要求所有高填方区域填筑 2m 进行强夯一次。施工期间武倘寻高速公路共有 15 吨以上落锤式强夯机 4 台，液压式强夯机 8 台，经过试验液压式强夯机每点夯击次数 12~16 次就起到了明显效果，路基填筑质量得到有效控制。

二是桥梁方面。加强对桥梁主要构件的首件工程的控制，图 3-4-2 为穿山越岭的工程项目。在桥梁施工过程中，要求各施工单位严格执行指挥部《质量管理办法》及武倘寻指〔2017〕16 号文《关于实行施工工程首件制有关规定的通知》，特别是对墩柱、盖梁、梁板、支座、垫石、防撞护栏、桥面铺装施工都必须实行“首件制”。墩柱采用自动“淋水”及包裹养生，预制梁板采用自动喷淋及冬季养生施工。加大对预制梁板的张拉、压浆及钢筋保护层的控制。武倘寻高速公路预制梁场严格按照“标准化”建设的要求进行组建，指挥部严格按照相关要求进行验收，对达不到“标准化”建设要求的限期整改到位。在施工过程中，梁板张拉采用双控，一是混凝土张拉强度达到 100%，二是张拉时间必须在混凝土浇筑后 7 天进行张拉，且张拉工艺全部采用智能张拉。目前梁板的张拉及压浆都得到有效控制。对梁板的钢筋安装，所有预制梁场全部使用钢筋胎架，钢筋保护层的合格率要求达到 90% 以上，经过指挥部中心试验室对梁板的保护层检查，合格率已达到 90%。加强对垫石的浇筑及支座安装工艺的监控。垫石的浇筑质量直接影响支座的安装，支座安装不平整会产生支座脱空、偏压，最终成为“短命”支座。指挥部于 2019 年 6 月 20 日要求支座生产厂家组织在土建 1 标石卡拉 1 号大桥进行支座安装演示，由生产厂家讲述各种支座的安装及注意事项，并

图 3-4-2 穿山越岭

要求在垫石上标记井字线及支承中心线。指挥部于2019年8月19日组织在土建1标芭蕉箐1号大桥现场学习负弯矩张拉压浆的施工工艺。要求各施工单位对负弯矩张拉进行全过程监控，并要求采用智能、整束、对称张拉。

三是隧道方面。隧道首件工程按照武倘寻指〔2017〕16号文的规定，将初期支护、二衬混凝土、仰拱浇筑进行了“首件制”，指挥部组织相关单位及人员进行现场技术交流和学习，经第三方检测，初支、二衬、仰拱的厚度及强度均满足设计要求，无脱空现象。

2. 实行关键工程部位联检制

为确保武倘寻高速公路建设的整体施工质量，杜绝各种施工关键部位的质量通病，避免在重要工序转换中埋下质量隐患，指挥部下发了武倘寻指〔2017〕4号《关于实行关键工程部位联检制的通知》并要求各施工单位按照通知要求进行报检，由指挥部相关处室、监理、施工单位进行联检。

联检的工程部位有，路基工程：软基处理、填挖接合部、涵背回填、墙背回填；桥梁工程：桩柱接合部、桥背回填、梁板安装前支座垫石的检查、负弯矩压浆前的检查；隧道工程：二衬防排水系统，仰拱初支混凝土喷射前的检查。

3. 实行主要建材报备认可制

混凝土采用集中拌和。武倘寻高速公路所用混凝土采用集中拌和，按照标准化建设的要求并验收达标的混凝土拌和站共16个；经过指挥部每月组织对混凝土质量进行检查，混凝土强度均满足设计及规范要求。在支座、锚具、夹片、钢材的控制方便，指挥部中心试验室对两个项目部报备的支座、锚具、夹片、钢材进行材料抽样试验，所有材料试验均合格，确保了施工质量。

二、安全生产管理

云南武倘寻高速公路建设指挥部自成立后，认真贯彻落实省委、省政府、省交通运输厅、交投集团和投资公司等上级部门对安全生产工作的要求和部署，认真贯彻执行“安全第一，预防为主，综合治理”的方针和“管行业必须管安全、管业务必须管安全、管生产经营必须管安全”的安全生产工作原则，牢固树立安全生产红线意识、底线思维。本着对党和政府、公司、人民群众负责的态度，指挥部始终把安全作为首要任务来抓，紧紧围绕落实责任、宣传教育培训、隐患检查与整治、事故防范、风险管控等方面开展工作。武倘寻项目指挥部、监理、施工单位职责明确，各履其职形成安全生产齐抓共管的局面。武倘寻项目安全生产管理工作到位，安全生产形势平稳可控，项目建设全过程未发生重大安全生产事故。

（一）安全管理措施

1. 完善安全管理制度，落实安全生产责任

指挥部结合项目实际，修编完善《安全生产管理体系文件》和《综合应急预案汇编》等管理制度体系，以组织机构、规章制度、监督保障为三个支撑点，建立起纵向到底，横向到边的安全管理网络，形成党政、工、团、齐抓共管、各司其职、各尽其责的安全生产工作格局，体现“党政同责、一岗双责、齐抓共管”的要求，使安全生产管理行为真正做到组织有力、按章执行、监督到位。

2. 强化责任落实，全面落实安全责任

为使安全管理工作有序开展，做到明确职责，强化责任意识，全面落实安全生产责任制，指挥部结合项目各阶段工作安排，细化、分解责任目标，分别与指挥部各处室及各监理、施工单位党政第一责任人签订了《安全生产、消防安全和职业健康责任书》和《安全生产承诺书》，各监理、施工单位也逐层签订了责任书，在武倘寻项目建立起安全生产“层层负责、人人有责、各负其责”的工作体系，全面落实安全生产“一岗双责”制度。

3. 健全安全生产管理机构，配备安全生产管理人员

指挥部成立了安全生产委员会、安全消防领导小组、应急领导小组，设置了专职安全管理部门安全保通处，明确了各机构和部门的工作职责，组织机构及安全管理人员齐备，各监理、施工单位也成立了安全生产管理机构，依法依规配置专职安全管理人员，从上至下形成完备的安全生产管理机构体系。

4. 严格核查安全生产条件，落实开工达标工作

指挥部严格按照《交通运输部关于印发公路水运工程平安工地建设管理办法的通知》（交安监〔2018〕43 号）文件要求，在施工单位开工前和危险性较大分部分项工程施工前，认真核查各监理、施工单位的安全生产条件，对达到安全生产条件的单位，允许组织施工，并在施工过程中加强监督检查，不允许施工单位降低安全生产条件。

5. 落实事故防范工作，做好风险源管控

根据交通运输部颁布的《公路桥梁和隧道工程施工安全风险评估指南》，指挥部开展了桥梁、隧道、路堑高边坡工程的施工总体风险评估工作，对施工风险在Ⅲ级及以上的桥梁、隧道、高边坡开展专项风险评估，施工中严格落实安全管控措施。根据

项目施工进度，指挥部风险评估小组每年对项目建设中存在的主要风险源进行了全面识别，对事故风险源制订了针对性的控制措施，并建立了较大及以上安全风险清单，形成风险辨识手册，用于指导项目建设。同时为落实省交通运输厅对施工风险管控的要求，自2020年起开展月度风险辨识分析工作，结合风险辨识手册及月度定期安全检查情况对施工现场安全生产隐患进行辨识分析，确定当月及下月存在的较大及以上风险部位、风险级别、重点防控措施等，通过组织召开风险辨识月调度会，告知各单位风险辨识分析结论，最终形成月度风险辨识分析报告通报其母体单位，加大对事故风险源头的管控。

6. 开展安全隐患排查与整治，消除事故隐患

指挥部牢固树立“隐患就是事故”的理念，按照每年初制订的安全生产检查计划开展各项安全检查工作，坚持“零容忍、严执法、重实效”“纵向到底，横向到边”的要求对施工现场进行全覆盖检查，对排查中发现的突出问题和事故隐患做到立查立改。每次检查结束后，整理汇总、建立隐患清单台账，分析隐患问题，形成检查通报下发至各监理、施工单位，要求各单位对排查出的事故隐患按整改要求落实整改责任人、整改措施、限期整改，对事故隐患闭合管理，形成完备的长效治理机制。自开工

图 3-4-3　排查隐患后的隧道工程

以来，指挥部共开展 43 次定期检查，115 次专项检查，检查通报 52 份，发现安全生产隐患 2731 项，安全隐患整改率达 100%，通过安全隐患排查与整治工作，将事故隐患消灭在萌芽状态，有效保障了项目生产安全、从业人员人身安全（图 3-4-3）。

7. 开展安全生产教育培训，增强安全生产意识

指挥部高度重视职工的安全教育培训工作，成立了安全教育领导小组，制订年度安全教育方案和计划，并严格按照计划内容开展安全教育培训工作，项目建设期间组织各监理、施工单位相关负责人和部门开展“关键少数”安全教育培训和安全事故警示教育工作，不断强化安全生产意识。项目建设期间指挥部定期对各施工单位安全教育培训情况开展检查，督促各施工单位认真对一线作业人员开展安全教育培训、安全技术交底工作，特别对节后复工、新入场、转岗人员教育培训等环节加强监督检查，督促施工单位做实、做细安全教育培训工作。最终做到“三类人员”任职资格证的持证率达 100%；职工“三级教育”有健全的制度，年平均用工参训率达 100%；“特种作业人员”持证上岗率达 100%；用工前培训和技术交底达 100%。

8. 开展“平安工地”和安全标准化建设，规范安全管理工作

项目开后工，指挥部高度重视“平安工地”和安全标准化建设工作，制订印发了“平安工地”建设活动方案和标准化建设管理办法，始终按照“平安工地”和安全标准化建设要求督促监理单位、施工单位规范安全管理行为，规范设置施工现场安全设施、设备，全面推进“平安工地”建设和安全生产标准化的落实。项目建设期间，指挥部对各监理、施工单位“平安工地”建设情况开展了考核评价，通过考核查找各单位在安全生产管理中存在的问题隐患，及时指正存在的不足，并督促落实整改。武倘寻项目建设期内，指挥部及各监理、施工单位“平安工地”考核均合格。

9. 做好应急管理工作，提升应急处置能力

项目建设期间，指挥部始终把应急管理工作作为工作重点来抓，一是科学合理制定项目综合应急预案，并结合项目建设特点组织开展形式多样的应急演练，检验各层

级间应急分级响应能力和应急预案的适用性、科学性、针对性，2019 年 6 月指挥部委托国家隧道应急救援中铁二局昆明队组织开展了综合性的隧道坍塌应急救援演练。二是在项目重点隧道、桥梁等施工现场储备应急救援物资，随时应对突发事件。三是做好重大节假日期间应急值班值守工作。指挥部以应急预案为引导，扎实做好救援队伍、应急物资、重要装备等方面的应急准备工作，全面提升了武倘寻项目事故应急救援处置能力。

10. 接受属地及行业监管，积极配合检查

指挥部积极主动接受属地政府和行业的监管，按照法律要求主动备案《安全管理体系文件》《应急预案汇编》、应急资源调查报告、应急演练开展情况等资料，及时上报各类总结、隐患整改资料，并积极配合交通运输部、省安委办、省交通运输厅和市交运局、县应急管理局等部门开展安全生产督查、抽查。

11. 开展道路保通工作，严防交通安全事故

指挥部严格督促各监理、施工单位认真落实道路安全保通职责，做好地方道路和项目主线保通工作。一是积极配合交警、路政做好武倘寻高速公路与银昆（G85）高速公路交叉口施工保通工作；二是在重要节日期间做好施工便道与昆明轿子雪山旅游专线平交口的安全保通工作；三是对武倘寻高速公路主线上跨国县乡道等路段设置安全防护棚，确保过往车辆和行人安全；四是指挥部牵头成立保通小组，专职负责项目主线保通管理工作及道路保通工作，安排专人值班值守道路关口工作，严格卡控无通行证车辆驶入施工主线。

12. 加强消防安全管理，杜绝火灾事故

指挥部认真做好消防安全管理工作，一是加强从业人员消防安全“四个能力”的建设工作，防范电气火灾事故，组织人员开展消防演练，普及火灾事故时自救、互救和灭火知识，使职工掌握消防器材的使用；二是做好森林火灾防控工作，通过加强宣传教育、设置防火警戒区、配置灭火器材和火灾隐患排查等方式，严防森林火灾发生。

13. 做好职业健康工作，保障人身安全

指挥部制订职业健康管理制度、劳动防护用品管理办法，认真落实职业健康工作，结合开展的各类安全检查，对施工现场一线作业人员安全防护用品使用情况开展检查，督促施工单位对隧道开挖支护、焊接与切割等作业人员落实个人安全防护工作。

14. 重大安全事故情况

武倘寻高速公路项目自开工建设以来，未发生重大安全生产事故。

（二）安全管理经验

武倘寻高速公路桥隧比高达69.73%，途经区域山高谷深，工程地质复杂，存在偏压、岩溶及岩溶水、岩堆、滑坡等不良地质，隧道施工中，武倘寻指挥部为克服岩质不均、岩体破碎、节理裂隙较发育等施工难题，保障施工安全，通过采用台阶法分部进行开挖，严格执行“先探测、管超前、短进尺、强支护、快封闭、勤测量”的原则，施工过程中，指挥部通过组织施工、监理等单位对隧道开挖尺寸、拱架安装、混凝土浇筑等关键环节精细管控，确保了施工安全。

2019年5月，甸沙隧道右幅掘进至1000m时，隧道掌子面上方断面层突发异响，现场安全员在结合事前掌握的超前地质预报的基础上，立刻组织洞内施工的40余人撤离，人员全部安全撤离后，隧道突泥4000多m^3大量涌出，淹没了100多m已打通的隧道。2019年6月，正值武倘寻项目隧道施工的关键阶段，指挥部联合国家隧道救援中铁二局昆明队开展了隧道坍塌应急救援演练，200多名施工、监理等管理人员参加了演练，提升了隧道施工中各有关单位的安全生产管理和应急救援水平，演练结束后，武倘寻指挥部与国家隧道救援中铁二局昆明队达成了应急救援协议。武倘寻项目隧道里程长，工程地质条件复杂，隧道开挖施工以来，指挥部通过加强安全教育培训、加强风险源管控、强化应急管理、落实全员安全生产责任制，严把隧道施工安全生产关，28座隧道开挖至贯通未出现安全责任事故。

三、环保管理

1. 水土保持工作组织与管理情况

为贯彻执行《中华人民共和国水土保持法》《中华人民共和国水土保持法实施条例》（中华人民共和国国务院令第120号）、《公路建设项目水土保持工作规定》《开发建设项目水土保持设施验收管理办法》（中华人民共和国水利部令第16号）和《水利部关于加强事中事后监管规范生产建设项目水土保持设施自主验收的通知》（水保〔2017〕365号）等法律法规，切实做好武定至倘甸至寻甸高速公路工程建设过程中环境保护工作。指挥部编制了《云南武倘寻高速公路建设项目环境保护与水土保持管理实施办法》，明确参建各方责任，作出相关要求，建立相关工作领导小组，设置专门的环水保组织机构。

指挥部要求进场的参建单位，严格遵守相关法律法规及管理办法，认真开展环境保护、水土保持工作，提高环境保护意识，落实“三同时”制度。施工过程中切实做好现场管理，对施工作业区域、临时工程及临建设施进行严格管控，杜绝参建单位在施工中“随挖随倒、乱堆乱伐、侵占河道”等违法、违规的不文明施工行为发生。指挥部组织定期或不定期检查监督，及时发现问题并及时处理。

为建设资源节约型、环境友好型公路交通，切实加强环境保护、水土保持工作的组织领导，认真履行环境保护工作职能，促进环境保护工作的有效开展，指挥部成立云南武倘寻高速公路建设指挥部环境保护、水土保持工作领导小组及其办公室，领导小组组长由指挥长担任，组员由各部门负责人组成。指挥部环境保护、水土保持工作领导小组下设环境保护、水土保持工作办公室，办公室设在指挥部工程技术处，负责指挥部环境保护、水土保持日常管理工作，见图 3-4-4。

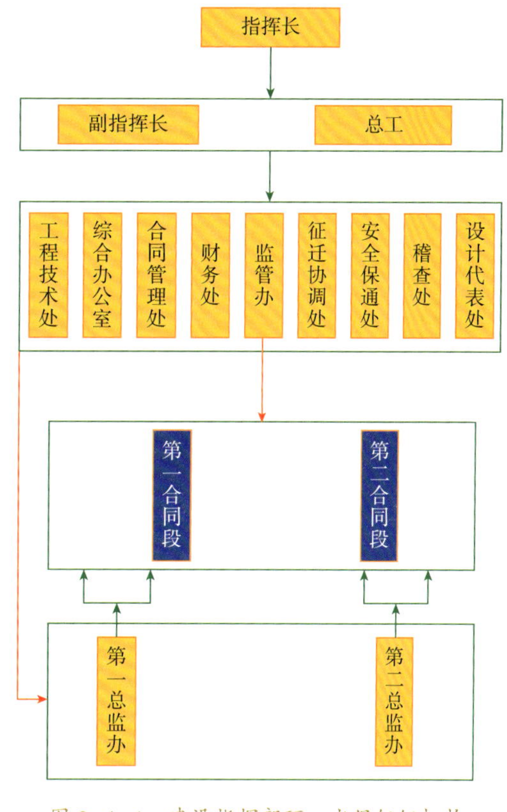

图 3-4-4 建设指挥部环、水保组织机构

2. 开展水土保持、环境保护相关工作

1）委托第三方咨询单位对该项目进行技术咨询和指导

水保监测单位：昆明龙慧工程设计咨询有限公司；水保变更单位：云南今禹生态工程咨询有限公司；环保监测单位：广西交通科学研究院；环保变更单位：重庆后科环保有限责任公司；清水海水源保护区弃土场水保设计单位：云南金禹生态工程咨询有限公司；清水海水源保护区弃土场设计单位：湖南葆华环保有限公司。

同时现场开工点开展现场监测工作，进行了 14 期的水土保持、环境保护监测，并出具了相关的监测简报和季报。

2）编制武倘寻高速公路环境保护变更环境影响报告书

通过指挥部和项目部的共同努力，武倘寻高速公路建设指挥部无严重污染环境及破坏水土保持事件的发生。

四、进度管理

指挥部与各土建项目部签订进度目标责任书，根据现场实际情况，及时组织指挥部、监理单位相关人员进行目标责任考核，督促各施工单位按照阶段目标任务按期完工。其中，根据阶段性施工目标任务，施工重点及难点工程分别有倘甸1号隧道出口端K61+920~K62+120段边坡塌方处治段、治租河特大桥及摩洛河大桥施工。

（1）K61+920~K62+120段左幅左侧边坡于2020年10月10日晚间11点半左右突发山体滑塌，塌方量约42万m^3。指挥部及时对接设计单位，确定处治方案后于2020年10月31日开始刷方作业。现场投入挖掘机15台、推土机3台、26t压路机2台、装载机4台、自卸汽车76辆，施工操作人员172人。截至2020年12月23日，边坡整形已全部完工。

（2）治租河特大桥为项目控制性工程之一，主桥为（88+160+88）m三跨预应力混凝土连续刚构箱梁，左、右幅共计158个现浇段，于2020年4月开始上部结构施工。由于工期紧、任务重，为顺利实现年底通车目标，指挥部要求项目部施工作业两班倒，每10天完成1段对称节段，督促项目部及劳务队制订了奖惩措施，并及时进行考核兑现。经过紧张有序的组织生产，主桥于2020年10月30日合龙，按既定计划圆满地完成了施工任务。

（3）摩洛河大桥左幅969.58m，右幅1009.58m，共343片40m预制T梁，结构为先简后支连续。由于上部结构施工较为滞后，已严重制约项目通车目标顺利实现。为加快施工进度，指挥部督促项目部设置3个梁板预制场，确保梁板预制提前完工。指挥部要求施工现场配备3台架桥机、4台发电机、9台炮车等梁板安装设备，梁板吊装实行两班倒，并制订了奖惩措施，确保每天每个班组完成一跨的节点目标，为后续专业施工创造了有利条件。

五、成本管理

1. 降本增效措施得当

指挥部严格落实投资公司“三控一增”目标，成立了项目公司降本增效领导小组，并制订降本增效管理制度，积极开展相关工作。

一是项目公司与施工、设计单位深入现场，结合详测地形、地物和详勘地质条件，以及综合技术、环保、投资等方面对两阶段施工设计图（送审稿）进行优化，严格控制工程数量及建设规模，为节约投资打下坚实的基础，项目公司对施工设计图纸的路基、桥梁、隧道工程进行逐一审核及逐点现场踏勘，在确保质量及安全的前提

下，对施工图纸做了进一步的优化设计。

二是项目建设过程中，项目公司树立工程节约是最大节约的原则，对施工方案反复研究，针对路基、桥梁工程不断优化施工方案，节约建设成本。项目至今，累计节约投资约27142.83万元。

三是大力推广新工艺、新工法，严格把控原材料使用，控制新增材料价格，为项目建设节约投资，积极开展试验检测和科研工作，积极开展环氧沥青超薄罩面研究等课题研究工作，为减薄沥青铺设厚度，延长使用周期做了积极探索。

四是通过加强财务审批管理、降低“三公经费”支出、执行工资总额等方式，降低项目建设管理费用支出，降低建设成本，增加投资收益。

2. 工程造价控制

（1）该项目自开工起就向云南省交通运输厅造价管理局申请进行监督，在整个项目实施期间严格执行造价局相关规定，并由造价局全过程监管及指导，及时将完成招标工作的招标情况、合同工程量清单及控制价报请昆明市交通运输局备案。

（2）该项目招标文件是按照中华人民共和国交通运输部《公路工程标准施工招标文件》（2009年版）（交公路发〔2009〕221号文发布施行）中使用说明的规定进行编制，并依据项目实际情况进行补充、细化，各项招标工作严格执行国家相关法律、法规和规章，依法依规按程序进行招标。

（3）严格履行基建程序，严格按照基本建设程序编报投资估算、设计概算、施工图预算、最高投标限价等各阶段造价文件；对工程投资进行动态管控，及时将已签订合同金额与最高投标限价、经批准的设计概算或者施工图预算进行对比分析，确保项目总投资不超概算。

（4）采取多项措施降低造价，勘察设计阶段项目公司委托了勘察设计监理咨询单位进行全过程勘察设计监理咨询，对施工图设计进行优化，效果显著，施工图预算较批复概算减少9355万元；施工阶段项目公司积极开展优化设计工作，严格执行变更设计管理办法及“四方会签”制度，控制工程变更设计和工程造价，有利于降低造价。

（5）项目实施过程中由于工程变更设计或新增工程产生的新增子目单价严格按照新增单价编制规定、管理办法、现行造价依据实行审批，采用三级审批制，即承包人申报、总监办审核，到合同管理部审核完成后，提交项目公司办公会讨论确定，实行层层把关，确保单价准确合理，切实做好造价管理，有效控制投资、节约成本。截至2020年11月底，共批复新增单价8期，共103个（其中，土建、路面工程共批复新增单价 88 个，交通安全设施工程共批复新增单价 15 个）。

六、变更管理

指挥部按照交通运输部 2005 年第 5 号令《公路工程设计变更管理办法》、云南省交通运输厅关于印发《云南省公路工程设计变更管理办法》的通知（云交规〔2019〕5 号）和《云南武倘寻高速公路建设项目工程设计变更管理实施办法》等有关要求，严格执行工程设计变更的有关规定，设计变更符合国家和省有关公路工程强制性标准和技术规范要求，符合公路工程质量、安全和使用功能的要求，秉承科学、合理、节约投资，能满足安全、质量、工期的要求，适应环境保护、水土保持需要等原则制订工程技术方案，做到变更理由依据充分，界面明确。严格按变更设计报批程序、权限进行审核和审批。

变更设计总数：截至 2020 年 12 月 20 日，共签订 4239 份工程变更现场处理卡，已批准 8.06 亿元 /2580 份。设计变更原因主要是：①路基工程：设计图纸与实际不符，水文、地形、地质情况与设计文件出入较大，因地方改移道路建设需要，涵洞、通道及挡土墙地基承载力不满足设计要求，软基处治，滑坡处治等；②桥梁工程：桩基、墩台的地形或地质情况与设计文件不符，对桩基及承台进行防护等情况。③隧道工程：因实际围岩级别和地质情况与设计不符，施工阶段以隧道地质超前预报确定的围岩级别为依据进行支护、衬砌形式的调整，隧道不良地质处治等。工程设计变更的及时审批，确保了及时计量和支付，有力保证了工程施工进度。

七、计量及合同管理

1. 计量支付管理

根据施工图设计文件，结合招标文件、工程计量规范的有关规定，及时、准确建立工程数量台账，为项目工程计量及资金支付提供有力保障。在建立工程数量台账时，要求系统台账与手工台账同步进行并及时更新，确保与工程实际保持一致。同时在工程数量台账核对时，要求承包人、监理单位、项目公司每月复核，核对无误后根据管理办法规定逐级上报，原则上每月均可计量支付一次。在计量支付期前，合同管理部相关人员联合监理方、承包方对施工现场完工情况进行复核，核实现场实际完成与相关质检试验资料的匹配情况，以确保计量工程量真实、准确，且质量符合规范要求、试验检测质量检验等资料齐全。鉴于该项目施工体量较大，设计项目及金额较多，计量

审核耗时较长，合同管理部采取集中办公加班审核等工作方式，及时准确完成计量资料审核，并及时出具计量支付报表，协助承包人完善计量支付手续。确保各单位当月计量次月得以资金支付，确保工程建设资金及时准确得以支付，施工进度持续可控。

2. 造价管理

为切实做好造价管理，有效控制投资、节约成本，新增单价要求承包人申报、监

理审核，项目公司合同管理部审核完成后，提交指挥长办公会讨论确定，实行逐级申报复核，层层把关质量，确保新增单价准确合理，同时有力确保已完工程能够得以及时准确计量支付合同。

3. 合同管理

（1）严控合同签订程序

合同管理部严格按照招投标法、合同法及投资公司合同管理规定，结合武倘寻项目实际情况，制定切实可行的《云南武倘寻高速公路有限责任公司合同管理实施办法》。项目合同签订均严格遵守以下步骤：一是依法竞争择单位，根据工程建设项目招标范围和规模标准规定，达到公开招标条件的项目按照相关法律法规进行公开招标，达不到公开招标条件的项目，按照公司“三重一大”和相关管理办法等决策程序自行决定采用竞争性谈判或合同谈判、询价等方式择优选择协作单位。二是市场调查询价控成本，积极开展市场调研工作，了解现行市场价格水平，对于竞争性谈判的项目设置合理的控制价，通过合同措施有效控制项目建设成本。三是法务咨询审查避风险，合同管理部认真拟制合同条款，通过合同会签收集听取项目公司各部门意见后将拟签的合同提交法律咨询单位审查，并根据律师审查意见修改后再签订合同，实现最大程度规避合同履行风险，减少合同纠纷，为项目建设提供强有力的法律保障。

（2）规范合同日常管理

设专人进行合同台账管理，项目公司所有合同签订时均按规定分类进行合同编号，及时登入合同管理台账，并将合同内容录入云南交投建设项目管理平台，以便投资公司及时掌握武倘寻项目合同的签订情况；纸质合同签订完成后分类入柜存档，并在电子台账中建立索引，以方便需要时能快速查找。定期对合同的签订情况、履约情况进行自检自查，发现问题及时整改，对存在不足的合同相关资料，及时进行补充和完善。

4. 计划统计

项目建设时间紧、资金投资集中，结合项目建设进度及上级管理部门的有关要求，定期不定期进行周报、月报的申报和汇总，准确掌握项目建设进展与投资情况。

第五章 项目管理经验

（1）云南省委省政府、云南省交通运输厅、昆明市委市政府、楚雄州委州政府及各级领导机关的高度重视、高位推进，云南交投集团、云南交投集团投资有限公司的坚强领导，是武倘寻高速公路建设全面完成各项任务的根本保证。各级领导亲临现场，关心、支持、帮助、指导项目建设，是项目建设良性发展的有力推手。

（2）事实证明，指挥部“先难后易，重点突破”的决策是行之有效的，没有重点控制性工程的率先推进，项目建设在体量大、任务重、环境复杂的条件下就没有按期建成通车的可能。

（3）工程施工标准化、管理手段信息化，尽量减少人为因素，是提升项目管理品质的必要途径。以标准化施工提高工程质量的同时，也增强了工作责任心、提高了工作质量、促进了精细化施工管理。

（4）项目成熟的管理体制和严格的管理措施是项目安全生产、质量管控取得良好成效的有力保障。武倘寻项目工程体量大、桥隧比高，施工难度大，依靠成熟的管理体制和严格的管理措施，项目建设全过程未发生安全生产责任事故，项目全线的钢筋保护层合格率、混凝土外观质量、防撞护墙及边坡防护线形等各项质量指标均与以往工程有较大提升。

（5）指挥部党政领导班子团结协作，是聚合团体合力、心往一处想、劲往一处使的组织保障。党政同责、一岗双责、齐抓共管，围绕建设抓党建、抓好党建促发展，是一种适应项目管理新机制的新常态。

（6）坚持签订《农民工工资支付保障责任书》，严格执行计量“二次支付”；指挥部领导和相关处室共同协调处理矛盾纠纷，是确保农民工工资支付、维护稳定的有效手段。

（7）支部建在工地，发挥党建引领助推项目建设。武倘寻项目公司通过不断增强党建“软实力”，以党建标准化建设为抓手，把支部建在项目上，党旗插在工地上，充分发挥党建引领作用，把握项目建设方向。在项目建设中，成立党员先锋队和突击队，党员干部认真履行职责，无论刮风下雨，还是酷暑严寒，坚持每天深入施工现场排查隐患、落实进度，狠抓质量管控，严控操作流程，对重点部位、关键工序进行动态管理。在项目建设工作最困难、通车压力最大、作业面最难打开的地方，冲在最前面、干在最前面，有效保障了“能通全通”工程建设目标。

（8）增色添彩造景，美丽公路建设亮点纷呈。武倘寻公司围绕“增色、添彩、造景”的工作思路，把立交区、路侧视线焦点区、隧道三角区、服务区等区域作为重点，着力打造色彩强烈、层次丰富、视觉冲击力强的绿化景观，同时，进一步完善灌溉体系，打造可持续发展的美丽公路。

服务区建设中增加绿化面积、设置景观小品、红色文化雕塑，结合服务区交通流线，设置景观组团，组团中大树小树交叉错落，颜色各异，与草地、景观物合为一体，产生了丰富的视觉层次，营造出休闲式、游园式服务区的体验

（9）设计施工讲科学，降本增效助力经济社会发展。项目建设过程中，武倘寻公司树立工程节约是最大节约的原则，对施工方案反复研究，多次组织施工、设计单位深入现场，结合详测地形、地物和详勘地质条件，综合技术、环保、投资等方面，对施工设计图纸的路基、桥梁、隧道工程进行逐一审核及逐点现场踏勘，在确保质量及安全的前提下，对施工图纸做了进一步的优化设计，仅在施工阶段累计节约投资约

2.72 亿元。

武倘寻高速公路穿越了横断山脉，途经地区山高谷深，绵延起伏的山川不仅阻碍了当地的经济社会发展，同样给高速公路的设计和建设带来难题。如何做到既服务好地方经济社会发展，又节约工程投资，线路规划和施工方案设计成为了一个重要的风向标，武倘寻公司协调相关领导部门及设计单位，邀请专家对线路方案反复认真论证和优化，圆满实现了避开起点军事设施及止点段水源保护区的环保要求，节约投资近10 亿元。

木板河特大桥是武倘寻高速公路项目的控制性工程之一，桥梁跨径大，工程投资大，武倘寻公司通过反复研究和比对，最终选定的方案节省投资 4000 多万元。

第六章 监 理

一、监理一标

武倘寻高速公路第一总监理工程师办公室监理范围为土建一标（TJ1）合同段，起止桩号为 K0+000~K50+500，土建一标（TJ1）合同段所经主要控制点为杨柳河村（与武易高速连接线点）、崇德、鸡街，其中楚雄州武定县狮山镇境（K0+000~K6+100）6.107km，昆明市禄劝县屏山镇境（K6+100~K17+240）11.14km，昆明市富民县境（K17+240~K37+045）19.805km，昆明市禄劝县翠华乡境（K37+045~K39+415）2.37km，昆明市寻甸县鸡街镇境（K39+415~K50+500）11.085km，止于大村与三合村之间，全长 50.50km，设崇德、东村、鸡街互通式立交。由云南交投集团公路建设有限公司承建，项目部下设一、二、三分部，见图 3-6-1。

（一）参建单位简介

云南省公路工程监理咨询公司成立于 1993 年，2018 年更名为云南省公路工程监理咨询有限公司，是云南省交投集团全资子公司，公司注册资本金 2 亿元，下辖 9 家子公司、1 家分公司，现有员工 2000 余人，专科及以上学历 1563 人；具有正高级职称 26 人，高级职称 114 人，中级职称 353 人；持各类执（职）业资格证 1000 余人。公司主要经营业务涵盖工程监理（公路、公路机电、市政公用、房建、人防）、试验检测、安全咨询、招标代理、工程造价、工程档案咨询、项目全过程管理咨询、物联网及信息技术（BIM+GIS、公路工程养护管理系统、构造物远程健康监测系统）、职业技能培训及认证、盘扣式脚手架生产

图 3-6-1 现场监理

和租赁等多个领域，是一家具有综合工程咨询能力的服务型企业，见图 3-6-1。

公司具有多个部委核发的 37 项资质证书，主要包括交通运输部核发的公路工程甲级监理资质、特殊独立大桥专项、特殊独立隧道专项、公路机电工程专项监理资质、公路工程综合甲级试验检测资质、公路工程桥梁隧道工程专项工程试验检测资质；住建部核发的房屋建筑工程监理甲级资质、市政公用工程监理甲级资质、公路工程监理甲级资质、公路行业（公路）专业甲级设计资质；中国工程咨询协会颁发的工程咨询单位甲级资信证书（公路专业资信甲级）；中国钢结构协会钢结构质量安全检测鉴定专业委员会核发的钢结构工程第三方检测机构综合特级资质；云南省交通运输厅颁发的交通运输工程建设、收费公路运营二级评价资质；云南省应急管理厅颁发的安全生产检测检验乙级资质；云南省测绘地理信息局颁发的测绘乙级资质等。

公司服务项目多次荣获“国家优质工程鲁班奖”“国家优质工程金奖”“国家优质工程银奖”“中国土木工程詹天佑奖”“公路交通优质工程李春奖”“公路水运建设平安工程”等国家级及省级各类奖项。

公司多次荣获住建部、交通运输部、人社部“全国先进建设监理单位”“全国交通系统先进监理单位”“全国交通系统先进集体”“交通建设优秀监理企业”“云南省优秀监理企业”等荣誉；同时荣获“云南省文明单位”“工人先锋号”、云南省建设厅“云南百强建筑企业监理第 1 强”、云南省建设监理协会“云南省建设监理事业创新发展 15 年突出贡献奖”、2011 年至 2016 年连续五年获云南省政府“重点骨干企业”和“走出去”战略企业。

（二）组织机构及工作模式

按照武定至倘甸至寻甸高速公路施工监理招标招标文件的要求和工程的实际情况，云南省公路工程监理咨询公司作为牵头人，与江西交通咨询公司、湖南湖大建设监理有限公司组成联合体，组建云南武倘寻高速现场监理机构，设置二级监理机构：总监理工程师办公室和驻地监理工程师办公室。总监理工程师办公室（简称“总监办”）由云南省公路工程监理咨询公司组建，总监办下设工程技术质量部、合同部、安全办公室、环水保办公室、竣工资料办公室、综合办公室、中心试验室；总监办下设第一、第二、第三驻地监理工程师办公室（以下简称“驻地办”），第一驻地办由湖南湖大建设监理有限公司组建（含工地试验室），管辖段落第一分部 K0+000~K14+900；第二驻地办由云南省公路工程监理咨询公司组建（含工地试验室），管辖段落第二分部 K14+900~K31+600；第三驻地办由江西交通咨询公司组建

（含工地试验室），管辖段落第三分部 K31+600~K50+500。每个驻地办内部设置合同、技术部门、驻地试验室和现场监理组。

总监办中心试验室由江西交通咨询试验检测中心授权组建，由总监办负责日常管理和业务指导，总监办中心试验室负责第一、二、三驻地办工地试验室的管理和业务指导。

武倘寻高速公路第一总监理办及各驻地办组织机构框架示意图（图 3-6-2）。

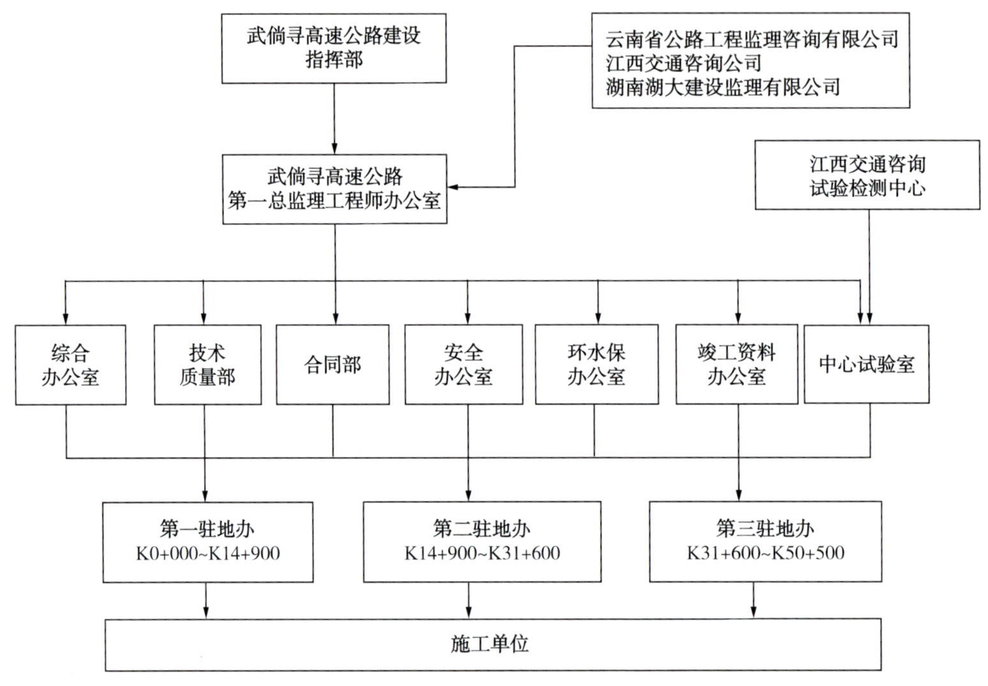

图 3-6-2　总监办组织机构图

（三）人员配备及岗位职责

总监办在建设单位的领导下开展工作，接受建设单位的业务管辖；总监办中心试验室、各专业监理工程师在总监办、驻地办领导下负责专业监理工作，总监办对各驻地办及监理人员进行业务指导、管理。监理组负责相应施工段落的现场监理工作。

总监办成立以总监理工程师为组长，副总监、总监办主任、中心试验室主任、驻地监理工程师为副组长，环水保专监为成员的环水保领导小组，负责指导监理人员开展环水保监理工作。

总监办成立以总监理工程师为组长，副总监、总监办主任、驻地监理工程师为副组长，驻地副高监、安全专监为成员的安全理领导小组，负责指导监理人员开展安全监理工作。

总监办隧道、桥梁、路基、试验、环水保、安全、合同、路面、交安、绿化、档案专业监理工程师为本专业的技术负责人。

项目的路基、桥梁、隧道、测量、路面、交安、绿化、环水保、安全等现场监理工作由驻地办负责（图 3–6–3）。

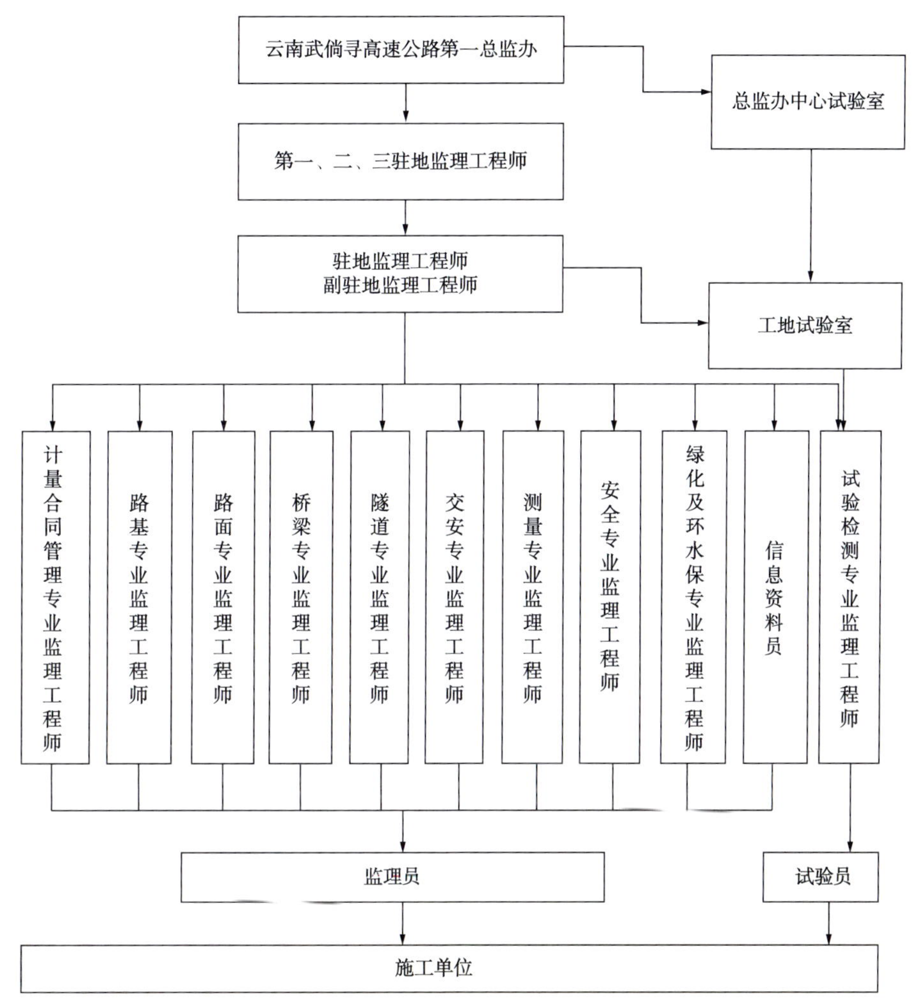

图 3–6–3 驻地办组织机构框图

总监办中心试验室负责项目的标准试验、原材料试验，重要试验项目的评估验收、验证试验、标准试验、工艺试验、抽检试验、验收试验，对驻地办、施工单位工地试验工作进行监管。

驻地办试验室负责常规的路基、路面、桥梁、隧道现场试验项目检测。钢材取样后送总监办工地试验室。

TJJL1 监理合同段按合同配备监理人员 150 人。其中：总监理工程师 1 人，副总监理工程师 1 人，总监办主任 1 人，驻地监理工程师 3 人，合同管理专业监理工程师 6 人，路基专业监理工程师 5 人，结构专业监理工程师 3 人，桥梁专业监理工程师 18 人，隧道专业监理工程师 24 人，测量专业监理工程师 5 人，安全专业监理工程师 5 人，环保专业监理工程师 5 人，路面专业监理工程师 5 人，交通工程专业监理工程师 5 人，中心试验室主任 1 人，试验专业监理工程师 7 人，试验员 15 人，监理员 40 人，信息资料管理员 4 人。配备人员数量、资历、证件、年龄结构等方面均满足合同文件要求。

（四）监理制度建设

为了保证本工程监理工作的顺利实施，首先要有一套完整的规章制度来规范监理人员的行为，确保各项工作有章可循、规章可究。为此总监办根据业主及公司下发的各项规章制度，结合本项目实际情况制订了具有可操作性的工作制度和职责。

1. 监理人员工作职责

制定了《总监理工程师职责》《副总监理工程师职责》《总监办主任职责》《驻地监理工程师职责》《副驻地监理工程师职责》《合同、计量监理工程师职责》《测量监理工程师职责》《安全监理工程师职责》《环保绿化监理工程师职责》《路基监理工程师职责》《桥梁监理工程师职责》《隧道监理工程师职责》《路面监理工程师职责》《交通安全监理工程师职责》《试验监理工程师职责》《试验员岗位职责》《监理员岗位职责》《资料员岗位职责》并要求各监理人员严格按职责遵守执行。

2. 管理制度

制定了《安全工作监管制度》《环、水保工作监管制度》《廉政建设工作制度》《监理人员岗位考核制度》《日常生活及车辆管理制度》《监理人员工作守则》《资料管理制度》《工作会议制度》等各项管理措施，要求各监理人员严格按制度遵守执行。

3. 廉政合同及监理责任书

各级监理人员签订《监理人员廉政责任书》《工程质量责任书》《安全生产责任书》。

（五）工程质量管理

在整个施工监理过程中，第一总监办严格按照制订的工程质量目标来控制和指导施工，并且强化对质量的教育，提高监理人员的质量意识。同时制订了各项相关制度，并根据工程质量、安全和进度等情况及时下发各项相关的监理工作文件、监理指令、监理通知单等，确保工程符合相关质量标准、安全生产标准、进度目标。总的来说，在施工中监理人员对施工质量的控制是比较到位的。试验室对原材料进行了抽检和试验，对施工项目按规范和合同要求的频率进行了检测，现场监理人员对每个施工项目进行了巡视和旁站、检查和验收，并做了原始记录，对整个施工过程进行了有效的控制，整体施工质量较好，符合设计和合同要求（图 3-6-4）。具体来说，在工程质量控制方面，我们重点开展了如下工作：

图 3-6-4　分段监理控制

1. 施工准备阶段的质量监理

在开工前，总监办组织监理人员熟悉合同文件的内容，核查设计图纸，复核定线数据，了解现场施工用地和临时用地的完善情况，按照监理程序，审查承包人的工程总体进度计划、年（月）度进度计划、临时用地计划、临时设施建设等，特别是要审查承包人的质量自检体系和质量保证体系是否切实可行。

2. 认真抓好和落实施工阶段的监理管理工作

质量是工程建设永恒的主题，更是公路建设的生命和灵魂，也是监理工作的重点。所以我们在实施监理过程中，以对国家对人民负责的高度责任感，高度重视公路建设的质量问题，把讲质量、抓质量贯穿于整个施工全过程。加强科学管理，严格按照“严格监理，优质服务，科学公正，廉洁自律”的监理准则进行各项监理工作。做到人人讲质量、个个抓质量，层层把好质量关。总监办所辖 TJ1 合同段的施工质量经过指挥部、集团公司、厅质监局及各级有关部门分阶段检查验收，最终交工验收都被评为合格工程，见图 3-6-4。

全体监理人员认真学习和钻研业务，不断提高自己的业务水平，不断提高质量和安全意识，不断提高职业道德水准。认真做到事前控制，事中检查，事后验收的监理格局。

3. 强化现场施工监理控制力度，抓重点、攻难点

我们根据合同条款、技术规范和设计文件，对工程中各个环节，每个工序进行严格、系统和全面的监理，以保证工程质量达到目标，特别是强调对关键工序、隐蔽工程，质量保证因素不稳定、施工质量隐患易发部位及质量通病等实行全面严格的监理（图 3-6-5）。

图 3-6-5 群策群力

4. 严格工地试验室管理工作

中心试验室及各驻地办负责人对试验检测工作高度重视，从项目建设开始，就着手抓好试验室的基础建设，建立健全了试验检测的各项管理制度，制定了《试验室管理制度》12 条，明确了试验检测人员职责；修建了高标准、规范化的工地试验室，配备了水泥、砂、碎石、钢材和路面工程等原材料全套检测设备，土工检测设备，砂浆、混凝土配合比检测设备等各种先进的试验仪器，从硬件上起到了保障作用。

工地试验室全体人员在高监和试验室主任的领导下分工协作，及时与现场专监、驻地办工地试验室、各施工单位试验室沟通和配合，保证了各项试验检测工作有序、有效的开展，各项试验检测工作基本上满足了施工的需要，同时满足规范及设计要求的抽检频率。

5. 严格施工管理，把好施工质量关

严格遵循监理工作准则的原则，全面熟悉和掌握设计文件、各种施工规范、各类工程验评标准等，在进行监理工作时要及时发现存在的问题、提出问题、分析问题、解决问题，直到督促施工单位整改落实，做到提出的问题要真实有据，处理方案要科学可靠，整改结果要彻底无患。对事前、事中、事后控制，要程序清楚、思路清晰、检查到位。

为了做好施工管理和监督，总监办要求驻地办落实了分工责任到人，人员到位。严格把住重点工程、隐蔽工程、关键部位、关键工序，甚至每一道工序的工程质量。

6. 加强品质工程创建，强化细节控制

通过创建“品质工程”目标的实施，使各项工程内在质量、外观质量、钢保质量得到大幅提升，主要表现在以下几方面：第一，仰拱、二衬通过使用定型堵头钢模板，有效提高了钢筋间距及层间距合格率，使二衬钢筋保护层厚度合格率整体达到 85% 以上；通过采用纵向定位钢筋及 U 形定位卡，使纵、横向排水管安装质量合格率达 100%。第二，桥梁墩柱通过采用钢筋定位胎架，等截面实心方墩钢筋骨架场内加工、现场安装等措施，工程质量得到大幅度提高，墩柱钢筋保护层合格率基本达到93%以上，回弹强度100%；梁板通过采用工厂化加工，钢筋定位胎架、液压模板等措施，使外观质量和钢保得到大幅提升，钢保合格率达到95%以上，外观达到无蜂窝、无气泡、无水纹。第三，针对混凝土护栏外观质量、线形顺畅度等采取严格控制顶面高程，强制使用定型模板，加强混凝土施工振捣，顶面收浆控制，固定施工队伍等措施，使得所有混凝土护栏外观质量及线形保持一致。第四，小型预制构件采用集中预制，工厂化施工，专业队伍安装等措施，使得水沟、电缆沟盖板及涵洞盖板色泽一致，轮廓一致。大大提升了感观效果及舒适度。第五，路基填方及三背回填首先通过试验段总结、画等高线控制层高等方法，有效防止了路基填方通病的发生。第六，对外观质量、竖直度及钢保达不到品质工程要求的项目，坚决进行返工处理。

7. 执行标准化施工管理及打造美丽公路建设

为了贯彻落实《云南省高速公路建设标准化施工实施要点》及交投集团三美三好三化建设相关要求，指挥部组织观摩学习8次，总监办管辖范围内组织学习10次，特别推出了木板河特大桥钢筋加工场、普渡河隧道出口端场站建设、大团田拌和站等标准化建设亮点工程。大力推行大面积钢模板浇筑混凝土、推行了箱梁出槽检测、箱梁钢筋骨架采用定位加绑扎、采用箱梁多节段端头模板、钢筋加工采用数控加工机、T梁预制和隧道洞口、冬季施工时对梁场预制箱梁混凝土采用篷罩法蒸汽养生、保护层合格率超过95%、路面平整度小于1等创精品亮点工程。并结合工程实际情况，制定监理实施细则，切实加强拌和站、预制场及钢筋加工场的建设及管理，严把混凝土质量关，加强混凝土结构施工质量的控制。对沿线不符合要求的钢筋加工场、拌和站进行整合，对整合不到位的进行经济处罚并给予通报，对投入使用的预制梁模板、二衬台车等模板平时进行检查，对存在的问题进行整修，以确保不影响工程实体质量。根据交投集团及云南省公路工程监理咨询有限公司的相关文件精神，总监办开展了“美丽公路”建设工作，总监办加强对绿化设施沿线施工现场管理及监督，切实提高高速公路沿线绿化设施施工规范化、标准化和常态化，提倡管理智能化、服务智慧化、公路数字化的理念，加强日常检查、巡查力度，确保沿线绿化设施按照美丽公路要求建设。

8. 内业资料整理督促和抽检情况

在结合项目完工施工建设实际的基础上，总监办将竣工资料的编制纳入后期监理工作的重要议事日程，并从人员配置、方式方法创新、多措并举、明确工作目标任务上着手，确保竣工资料编制的时效性，工程完工后及时进行竣工图表绘制，确保单位工程完工和单位工程竣工资料的归档。

二、监理二标

武倘寻高速公路共划分二个监理标段，其中第TJJL2合同段由河北华达公路工程咨询监理有限公司（联合体）承担，项目起止里程为K50+500~K105+956.206，总里程约55.456km。主要工程包括桥梁工程、隧道工程、路基工程、路面工程、绿化工程、交通安全设施等工程。主控桥梁工程为九龙立交特大桥（44×30+13×20+25+35+25装配式箱梁桥+现浇箱梁桥）、倘甸河特大桥（左幅11×40m+15×41m T形梁桥）、治租河特大桥（88m+160m+88m混凝土连续刚构桥）、大清河特大桥（27×40mT形梁桥）、天生桥特大桥（51×40m钢混组合梁桥），最大墩高108m（治租河特大桥3#墩）。隧道（按单幅计）共22座，分别为抓地龙隧道、倘甸1~6号隧道、白雾山隧道、甸沙隧道、寻甸1、2号隧道，隧道总长度约39.006km，其中倘甸1号隧道长4820m（左幅4840m），倘甸6号隧道长3271m（左幅3240m），甸沙隧道长3965m（左幅3977m），均属于特长隧道。互通立交共6处，分别为九龙互通、倘甸互通、治租互通、甸沙互通、天生桥互通和寻甸互通。

（一）参建单位简介

河北华达公路工程咨询监理有限公司，成立于1993年，注册资本500万元，现拥有交通部公路工程甲级监理资质、特殊独立大桥专项资质、特殊独立隧道专项资质、公路机电工程专项资质、公路工程综合乙级试验检测资质（具备CMA计量认证）、房屋建筑工程监理乙级、市政公用工程监理乙级资质。为中国交通建设监理协会理事单位；中华人民共和国行业标准《公路工程施工监理规范》（JTG G10—2016）主要参编单位；《公路工程质量检验评定标准　第一册　土建工程》（JTG F80/1—2017）难点解析与应用主要参编单位。

经过多年的发展及管理提升，公司形成了完善的管理制度及工作程序，通过了ISO9001：2000质量管理体系认证、通过了环境管理体系认证和职业健康安全管理体系认证，公司管理工作做到了规范化、制度化、标准化。

公司先后完成了各类大中型工程项目的监理任务200多个，建设里程达7000km。其中高速公路4500km，桥梁400km，特大桥70多座（四川巴中至南充至广安高速公路工程第JL1标段巴河特大桥最大跨径180m），隧道里程400km（广东韶关市翁源至新

图 3-6-6 总监办开展质量、安全、环保综合检查活动

丰高速 JL2 标段松山隧道单洞达 7980m）。在公路项目建设过程中，公司及派出的总监办（图 3-6-6）、驻地办多次立功受奖。其中：

（1）陕西蓝田至商州高速公路项目荣获 2010 年度国家优质工程银质奖；

（2）国道 112 线天津东段（二期）高速公路工程荣获 2011—2012 年度国家优质工程银质奖；

（3）天津海滨大道南段二期子牙新河特大桥工程获 2012—2013 年度国家优质工程奖；

（4）山西灵山高速抢风岭隧道获得 2014—2015 年度国家优质工程奖；

（5）山西灵山高速恒山隧道获得 2016—2017 年度国家优质工程奖；

（6）被中国交通建设监理协会评为 2016 年度交通建设优秀监理企业；

（7）被甘肃省交通工程质量安全监督管理局评为甘肃省交通运输行业 2017 年度优秀监理企业；

（8）2017 年度荣获中国公路学会颁发的科学技术奖三等奖；

（9）京港澳高速驻马店至信阳（豫鄂界）段改扩建项目荣获 2019 年度李春奖。

公司秉承“文化营造企业、稳健谋求发展、激情创造未来”的核心理念，以人才培养为抓手，重视人才的梯队建设，与哈尔滨工业大学、河北水利电力学院、甘肃林业职业技术学院、绥化学院签订了长期合作协议，相互作为对方的实践和培训基地。做到内强素质，外树形象，为建设单位提供高效、优质的监理服务，为祖国的交通事业贡献力量。

（二）组织机构及工作模式

河北华达公路工程咨询监理有限公司成立了武倘寻高速公路第二总监理工程师办公室作为授权派出常驻结构。本项目设置二级监理机构，即总监理工程师办公室（简称总监办）和驻地监理工程师办公室（简称驻地办）。总监办采用智能式组织机构，总监办设置综合部、技术质量部、安保部、环水保部、中心试验室，下设驻地监理工程师办公室，各驻地办依总监办机构设置各部、室，并配置各专业工程师。

总监办设置相应的智能机构对质量、安全、费用、环水保、试验检测及合同约定的相关事项进行监督管理（图 3-6-7）。总监办实行总监理工程师负责制。管理体系的运行依靠组织体系进行组织协调，实施监督，执行考核，开展监理过程的信息反馈，并通过体系审核实现监理工作内容。总监办办公机构选取通信顺畅，交通便利的倘甸镇作为现场监理机构办公地点，地点距离控制性工程较近，以便于对控制性工程进行重点监管。

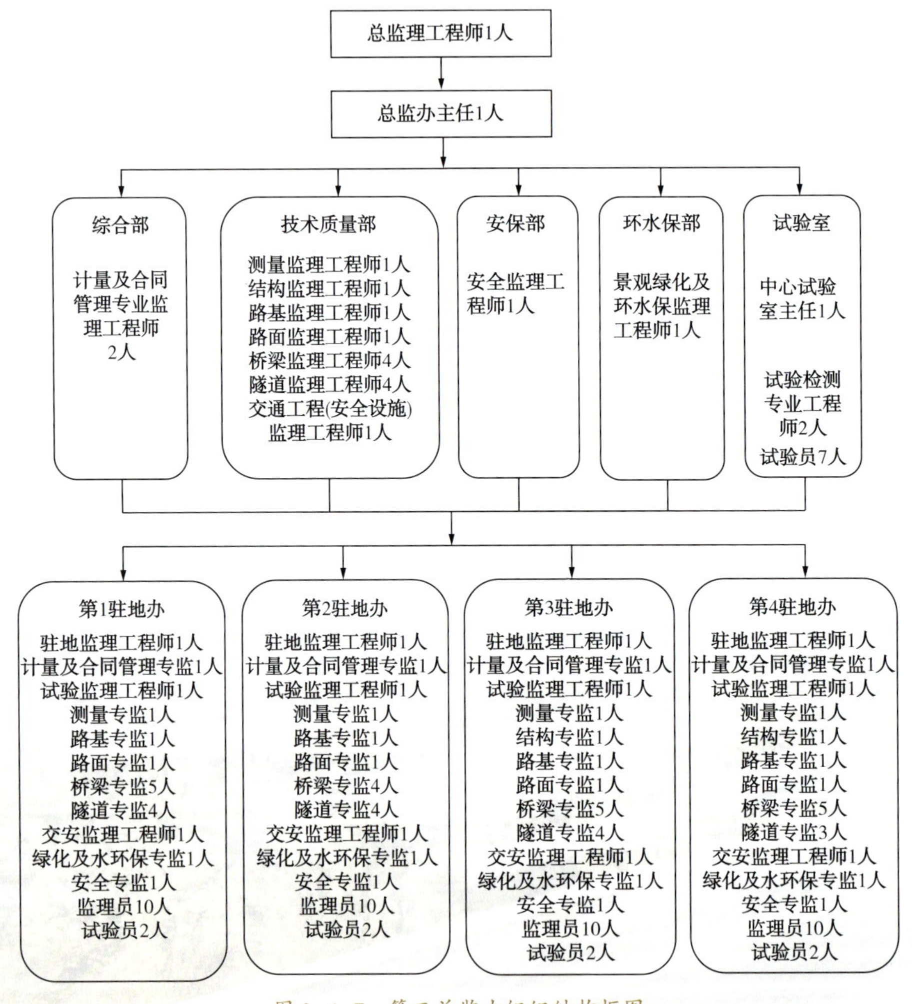

图 3-6-7　第二总监办组织结构框图

总监办设项目总监 1 人，总监办主任 1 人，驻地工程师 4 人，各项专业配备经验丰富、资质满足要求的专业工程师若干。总监办下设 4 个驻地办，第一驻地办负责土建 2 合同段一分部施工范围内的所有道路、桥梁、隧道、路面、绿化、交安监理工作，里程桩号为 K50+500~K71+596；第二驻地办负责土建 2 合同段二分部施工范围内的所有道路、桥梁、隧道、路面、绿化、交安监理工作，里程桩号为K71+596~K85+735，第三驻地办负责土建2合同段三分部施工范围内的所有道路、桥梁、隧道、路面、绿化、交安监理工作，里程桩号为K85+735~K96+430，第四驻地办负责土建2合同段四分部施工范围内的所有道路、桥梁、隧道、路面、绿化、交安监理工作，由联合体云南展旭监理公司承担，里程桩号为K96+430~K105+956.206，见图3-6-8。

图3-6-8　组织开展梁板预制等经验交流观摩活动

（三）人员配备及岗位职责

根据武倘寻高速工程具有建设规模大、施工难度大、安全风险高、施工技术要求高、工期要求紧等施工特点，为圆满完成武倘寻高速公路工程施工监理第二标段的施工监理任务，河北华达监理公司人事部、工程部会同公司领导层经过反复研究、精心选拔，决定选派业务精、能力强、踏实肯干的骨干监理人员，打造一支年龄结构合理、专业特长匹配、职称结构协调、领导有力、管理顺畅、工作严谨的项目总监办，组建了一套诚信、务实、创新、进取的监理班子。项目实行总监负责制，全面负责监理合同的履行，主持开展监理的各项监理工作。总监办主任经总监授权，并按照监理规范要求行使总监部分职责和权力。选派经验丰富、技术力量和业务能力强的4人任驻地办高监，履行各驻地办的职责和权力。另外选派具有相应资质、监理经验丰富、综合业务素质高、满足数量的专业监理工程师组成武倘寻高速项目监理组织机构，在总监的领导下，开展日常监理工作。总监办管理体系的有效运行，是依靠体系的组织机构进行组织协调，实施监督，执行考核，开展信息反馈，并通过体系审核实现的。

根据合同，实际进场总监1人，总监办主任1人，驻地工程师4人，各项专业及监理员，共计150人。各级专业人员资质、资历均满足合同要求。所配置的路、桥、隧、结构、合同、测量、试验、安全、环水保等专业监理的配备齐全，组成合理。总监及驻地技术职称和执业资格均满足合同和现场施工要求，具有高级工程师及交通运输部监理工程师资格，专业监理工程师具有中级及以上职称和交通运输部专业监理工程师资格，参建的监理员均持有监理上岗培训证。

总监理办公室的机构分工及职责主要是：

（1）确定监理机构岗位职责及人员，建立工地试验室。

（2）主持编制监理计划，审批监理细则。

（3）主持召开第一次工地会议、监理交底会。

（4）审批施工组织设计及总体进度计划，审验主要原材料和混合料。

（5）签发工程开工令、支付证书、单位工程和合同段的停工令及复工令。

（6）组织检查施工单位质量、安全和环保等管理体系的建立及运行情况。

（7）审查交工验收申请，评定工程质量，参加交、竣工验收。

（8）审核工程分包、工程变更、工程延期和费用索赔等。

（9）参与或配合工程质量、安全事故的调查和处理。

（10）组织编写监理月报和监理工作报告、编制监理竣工资料。

（11）提供建设单位委托的其他工程管理咨询服务。

驻地监理工程师办公室的机构分工及职责主要是：

（1）主持编制监理细则。

（2）主持召开工地会议。

（3）审批月进度计划，审查一般原材料和混合料。

（4）审批分布分项工程开工申请，签发分部分项工程停工令和复工令。

（5）核查施工单位测量、施工放线成果并进行复测。

（6）采取巡视、旁站、抽检和验收等方式，检查施工质量、安全和环保等情况（图 3-6-9）。

图 3-6-9　钢 - 混组合梁扭矩检测联检验收

（7）组织分项工程（中间）交工质量检验评定，进行分部工程质量评定。

（8）核算工程量清单，对已完工程进行计算。

（9）组织填写监理日志、编写监理工作报告、归档监理资料。

（四）监理计划及监理细则

1. 监理计划及服务目标

监理计划是项目监理机构组织全面开展监理工作，实施监理活动的行动纲领，它对监理活动作出了全面、系统地安排，是科学、规范地开展监理工作的依据。武倘寻高速公路工程第二总监办于2017年7月份进场，进场后立即按照合同、规范要求组建总监办，并顺利开展相关的业务工作，根据监理合同要求，按照业主的总体计划部署、统一安排，组织总监办各部室及各专业监理工程师，根据有关工程建设的法律、法规和政策，建设监理合同、施工承包合同、设计文件、公路工程建设的相关规范、规程、验收标准等文件要求，制定了本项目的监理工作规划，经公司审核后，报武倘寻高速公路项目指挥部批准实施，并在工程建设过程中得以实施和执行，指导全体监理人员圆满地完成了施工阶段的监理工作任务。

服务目标：符合国家有关法律、法规和标准规范，并满足发包人与第三方签订的合同中约定的内容和质量等要求。交工验收时工程质量等级达到合格，竣工验收时工程质量等级达到优良。

2. 监理细则

监理实施细则是在监理规划指导下，由专业监理工程师针对项目的具体情况制订的更具有实施性和可操作性的业务文件，指导专业性较强、危险性较大的工程监理业务的开展。依据批复的武倘寻高速公路第二总监办监理规划，驻地办组织各专业编制了对技术复杂、专业性较强的分部分项工程监理细则，并报总监办进行了审批。监理工作实施细则，进一步明确了监理工作的内容、验收质量标准和管理方法，并在监理实施过程中，根据工程实际变化情况进行了补充、完善和修改。

特别是针对技术复杂、工艺标准和质量标准要求高的分项工程编制了实施细则，如路基工程软基处理、高填方、高边坡、台背回填，桥梁工程桩基、现浇箱梁、钢混组合梁、预制T梁，隧道工程Ⅴ级围岩，沥青路面工程等。结合安全、环保工作编制了安全监理实施细则、环水保监理实施细则等。

（五）监理模式特点及亮点

武倘寻高速公路第二总监办施行联合体监理模式，根据其特性、组成形式、组织机构设置和实施过程的认识和实践，逐步锻炼和培育了新的监理队伍，在总监办的统一领导下，优质、高效地完成了监理工作任务，实施和打造了一些新的监理工作亮点。

（1）强化新材料新工艺控制。天生桥特大桥钢-混组合梁是本项目的抗震设计、钢-混组合梁的加工及安装标准规范编制的课题。为做好相关监理质量把控工作，总监办安排监理人员驻厂监造，督促做好刚构的制作工艺、焊接工艺、涂装工艺、吊装安装方案等建造工作，配合标准编制单位做好规范标准的编制工作。为把控好原材的检测工作，总监办对刚构原材料进行抽检检测，对涂装厚度、焊接工艺等进行了质量检测。驻厂监造过程中，加强了对半成品、成品的检查、检测工作，对关键性构件进行了分阶段检查、验收，跟踪相关问题处理结果，做好相关检查记录，及时进行分析，对数据进行总结，对钢-混组合梁工艺标准科学、合理、经济的编制奠定了坚实的基础。

（2）推行工艺标准化。依托首件为基准，先行试导，总结后由总监办制订施工作业指导书，全线推行。如规范台背回填施工，各分部先进行首件施工、进行总结，总监办召开研究讨论会、制订台背回填施工作业指导书，全线统一标准、统一执行。为确保隧道工程二衬钢筋保护层厚度，保障二衬钢筋保护层的厚度达到规范要求，且能达到和保持90%以上的合格率，总监办组织各隧道施工队伍，采用不同技术措施、工艺工法施工，总结出经验，制订了隧道工程二衬钢筋保护层厚度控制指导书，全线标准化执行。下发了钢筋加工厂设备标准化统一标准，梁板预制钢筋保护层厚度指导书等，通过上述统一标准和技术指导，科学、有效地提高了工程施工质量。

（3）完善制度，多举措并举，提高工程施工质量。制订了隐蔽验收制、联检制、首件验收制、模板验收制、标准化建设验收制等制度。如模板工程，特别是特殊结构、外观要求高的工程部位，模板加工质量是提高工程质量和外观质量的基础，为加强控制、统一标准，总监办制订了模板联合验收制度，对如隧道二衬模板、墩柱模板、混凝土防撞护栏模板、爬模等模板工程进行了统一标准和统一验收；如对梁板负弯矩张拉施行全过程录像和旁站等管理要求和多举措管理措施，对加强过程控制和施工管理，提升工程施工质量奠定了坚实的基础。

（4）积极开展季度检查，落实各分项工程观摩，对施工人员进行技术指导等活动。

总监办积极开展季度质量、安全、环保综合检查活动，通过发现问题、整改、总结，进一步增强和提升了参建人员的管理、质量和安全意识。积极组织开展各分项工程、重点工程经验交流观摩会，如桩基施工、墩柱钢筋保护层控制、梁板预制、混凝土护栏、隧道二衬钢筋保护层厚度控制等活动，更直观、更有效地提升了施工人员的技术水平，增强了施工技术人员的综合管理能力。

第四篇　施工建设篇

概　述

武倘寻高速公路的建设施工，由云南交投集团公路建设有限公司负责西段50.5km，此段跨越武定、禄劝、富民和寻甸等4县；由云南交投集团云岭建设有限公司负责东段55.456km，此段全部位于昆明市寻甸县境内。

武倘寻高速公路项目建设各方，把工程质量视为项目的“生命线”，以打造“品质工程”为目标，以“精细管理”为手段，以“安全生产”为保障，强化和提升项目质量管理水平。建设施工单位，在全线推行首件工程认可制，严格执行模板入场验收、关键工序联检制，加强试验检测、严格监控控制性工程、强化质量安全检查、推广新工艺新技能、引入第三方检测单位等现场管理措施，加大对隧道开挖与支护、梁板运输与吊装、高大墩柱翻模施工、现浇支架模板安拆、连续刚构桥挂篮锚固与行走等重点工序的现场管理，确保安全生产零伤亡。

本篇对建设施工和施工管理的过程、标准、方法、经验进行记述。

第一章 土建一标

一、公司简介

云南交投集团公路建设有限公司是云南大型国有企业——云南交通投资建设集团有限公司控股子公司，前身为成立于2006年的云南云岭高速公路养护绿化工程有限公司（后更名为“云南公投建设集团有限公司”），主要从事公路工程设计及施工、市政公用工程施工；高速公路养护、设计及施工；绿化工程设计、养护及施工；路用材料研发、销售及科研。公司具有公路工程施工总承包特级、桥梁工程专业承包一级、公路路面工程专业承包一级、路基工程专业承包一级、公路工程设计甲级、市政公用工程施工总承包二级、港口与航道工程施工总承包二级、土石方工程专业承包三级、建筑工程施工总承包三级、公路养护一类、二、三类甲乙级、云南省环境保护行业污染治理乙级等资质。

公司注册资本金50亿元，资产总额175．6亿元，机关设9部1室，下属10家子公司（含一个设计院）、50多个工程项目部，现有员工1671名，其中，具有大中专

及以上学历人员 1499 人：工程专业技术及经济管理人员 1040 人，教授级高工 7 人、高级职称 127 人、中级职称 339 人，注册一级建造师 58 人，注册和甲级造价工程师 21 人，注册安全工程师 8 人。各专业人才门类齐全，具有较高的施工水平和服务能力，特别是在公路桥梁、隧道、路面施工中积累了丰富的实践经验。

公司拥有能满足工程施工的各种现代化施工机械设备及一大批国际上先进的施工测量及监测设备，具备在各种环境及恶劣地质情况下修建各类型桥梁和隧道的能力。是云南省高速公路建设主力军，云南省公路养护龙头企业、国家高新技术企业、云南省交通系统重点科技攻关骨干企业，云南省百强企业。

二、工程概况

武倘寻一合同段起点为 K0+000，止点为 K50+500，里程长度为 50.5km，跨越武定县、禄劝县、富民县和寻甸县，武定县境内长度为 6000m，禄劝县境内长度为 15030m，富民县境内长度为 19770m，在富民县东村镇设置东村立交一座。寻甸县境内长度为 9700m，在寻甸县鸡街镇设置鸡街立交一座。路基长度 10639m，占路线的 21.1%；桥梁 53 座，其中特大桥 2 座，大桥 48 座，中小桥 3 座，总里程 15543.28m，占路线的 29.7%；隧道 18 座，连拱隧道 3 座，分离式隧道 15 座，总里程 24317.3m，占路线的 48.2%。主要工程量为：钢筋 247865.8t，钢绞线 11795.5t，型钢及钢材 72145t，混凝土 314.49 万 m^3，喷射混凝土 63.36 万 m^3，隧道开挖 759.86 万 m^3。

路基总挖方 5146919.08m^3，总填方 2549572.49m^3，一分部总挖方 427771.08m^3，总填方 206092.49m^3。

二分部总挖方 3223824m^3，总填方 596287m^3。

三分部总挖方 1495324m^3，总填方 1747193m^3。

桥梁 53 座，其中特大桥 2 座，大桥 48 座，中小桥 3 座。

一分部 18 座桥，其中大桥 17 座，中桥 1 座，ϕ140cm 基桩 21 颗，长 420m；ϕ160cm 基桩 325 颗，长 7140m；ϕ180cm 基桩 249 颗，长 5456m；ϕ200cm 基桩 10 颗，长 200m；ϕ220cm 基桩 206 颗，长 4550m；总共 811 颗，桩基总长 17766m；预制 40m T 梁 595 片；30m 箱梁 947 片；现浇 16m 箱梁 10 片；总共 1552 片梁板。

二分部 21 座桥，其中特大桥 1 座，大桥 20 座，ϕ160cm 基桩 625 颗，长 12960m，ϕ180cm 基桩 312 颗，长 6880m，ϕ200cm 基桩 184 颗，长 5120m，220cm 基桩 213 颗，长 4300m，共 1334 颗桩基，长 29270m。预制 30m 箱梁 1471 片，40m T 梁 504 片。

三分部 14 座桥，其中特大桥 1 座，大桥 11 座，中桥 2 座，ϕ160cm 基桩 132 颗，长 2700m，ϕ180cm 基桩 222 颗，长 4480m，ϕ200cm 基桩 22 颗，长 520m，220cm 基桩 60 颗，长 1240m，共 460 颗桩基，长 9420m。预制 30m 箱梁 735 片，40m T 梁 316 片。

隧道 18 座，连拱隧道 3 座，分离式隧道 15 座，总里程 24317.3m。

一分部完成隧道 4 座，掌鸠河隧道与二分部共同完成，共计 9358.4m；

二分部完成隧道 5 座，掌鸠河隧道和东村 3 号隧道分别与一、三分部共同完成，共计 5519.9m；

三分部完成隧道 7 座，东村 3 号隧道与二分部共同完成，共计 9439m。

三、标段特点、重难点

（一）标段特点

该项目工程桥隧比高，经过乡镇比较多，项目地处云南高原中北部，所在山区较多，地表崎岖，群山连绵，地形起伏较大；属北纬低纬度亚热带—高原山地季风气候，具有典型的温带气候特点；通过区域地表水体较发育。

路线起点：第 1 标段起点 K0+000 即该项目起点，位于武定县杨柳河村，接在建武定至易门高速公路起点 K0+000，在建武定至易门高速与北京至昆明高速公路（G5）交叉，设枢纽互通进行交通转换。

整个标段主要代表工程的主要特点：

（1）禄劝1号特长隧道设计为分离式隧道，右幅起点里程右K4+000，止点里程右K7+980，隧道全长3980m，最大埋深401.81m;左幅起点里程左K3+985，止点里程左K7+923，隧道全长3938m，最大埋深397.90m。隧址区海拔高程介于1710~2152m之间，相对高差442.0m，属构造剥蚀中山地貌区。隧道区地形起伏大，地表植被发育，以松林及灌木为主。

（2）K28+700木板河特大桥位于武定至倘甸至寻甸高速公路，为跨越山谷而设，是该合同段的控制性工程之一。武定岸引桥及主桥位于整体式路线段，寻甸岸引桥位于分离式路线段，单幅桥宽为16.5m。左、右幅桥跨布置为:（3×19）m现浇钢筋混凝土箱梁+（90+160+160+160+160+90）m连续刚构+2×（3×41）m连续T梁，左幅桥长为1129m，右幅桥长为1132m。

（3）龙树箐特大桥位于武定至倘甸至寻甸高速公路第一标段，为跨越峡谷所设，是此段路线的控制性工程之一。该桥位于分离式路基的路线段上，单幅桥宽为16.5m，左幅桥跨布置为：2×（3×40）m连续T梁+（90+160+90）m连续刚构+（4×40）m连续T梁，左幅全长752m（含桥台）：右幅桥跨布置为:（3×38.5）m连续T梁+（90+160+90）m连续刚构+（4×38.5）m连续T梁，右幅全长622.5m（含桥台）。桥位处地势起伏较大，呈U形，沟底距桥面最大深度约140m。

（二）重难点工程

（1）高填路堤，深挖路堑施工为该标的难点。该标段地形起伏较大，高填深挖路堑较多，施工难度大。

（2）该标段工程中桥梁工程较多，其中以普渡河1、2号桥、杜朗3号桥、龙树箐大桥和木板河特大桥为该段的重点和难点。

普渡河1、2号桥，均为连续钢构，主跨130m，普渡河1号桥全长726.12m，普渡河2号桥全长766.12m。主墩高达66m，且两主墩跨普渡河，其墩柱施工和悬臂浇筑是这两座桥的重点和难点。

K23+530杜朗3号大桥位于武定至倘甸至寻甸高速公路，为跨越尾矿库而设，是该合同段的控制性工程之一。桥梁位于整体式路线段，单幅桥宽为16.5m。桥跨布置为:（64+120+64）mV形墩连续刚构，左右幅桥长均为256m。该桥平面位于R=1337.53m的右转圆曲线及缓和曲线上；纵面位于竖曲线段上，变坡点里程K23+260，高程1648.01m，i_1=-2.0%，i_2=1.5%，R=20000m。

木板河特大桥，是一座主跨为160m的预应力混凝土连续钢构＋预应力混凝土T形连续梁桥，全长2261m，跨径分布为（3×19）m+（90+4×160+90）m+（6×41）m，为该合同段的控制性工程。木板河特大桥最高墩达127m，其墩柱施工和悬臂浇筑是重中之重，同时也是难点所在。加上特大桥跨越两个村庄，其征地拆迁以及施工期间的安全也是一个重点。

龙树箐特大桥：是一座主跨为1×160m的预应力混凝土连续钢构＋预应力混凝土T形连续梁桥，左幅全长753m，跨径分布为2×（3×40m）（T梁）+（90+160+90）m（连续钢构）+（4×40m）（T梁）；右幅全长622.5m，跨径分布为3×38.5m（T梁）+90+160+90m（连续钢构）+4×38.5m（T梁），主墩为双肢薄壁墩，最高墩达106m，该桥地形条件复杂，施工难度较大，实际施工过程中，重点保证进场主便道的贯通。

（3）该标段内的2个特长隧道：禄劝1号隧道，左幅长3938m，右幅长3975m；鸡街1号隧道，左幅长4105m，右幅长4040m，两个隧道围岩等级大部分为Ⅳ、Ⅴ级围岩，其施工是该合同段的重点难点控制性工程。

该标段隧道掘进采用单向和双向掘进技术，根据现场实地情况中、短隧道采用入口掘进或出口掘进，长、特长隧道采用出入口同时掘进。

四、节点工程

（一）边跨现浇段

普渡河1号大桥起止里程ZK16+858.5~ZK17+567.5，桥长709.00m，桥跨布置为

7×30m 预制小箱梁 +（73+130+73）m 连续刚构 +3×29m 预制小箱梁 +（40+50+40）m 钢箱梁；普渡河 2 号大桥起止里程 YK16+794.5~YK17+600.5，桥长 804.00m，桥跨布置为 9×30m 预制小箱梁 +（73+130+73）m 连续刚构 +4×30.5m 预制小箱梁 +（40+50+40）m 钢箱梁。

连续刚构跨度为（73+130+73）m，由两个 130mT 构组成对称结构，主桥全长 276m，为单箱单室结构，梁面宽度 16.5m，梁底宽度 8.5m，梁高由 8.2m 按 1.8 次抛物线渐变为 2.6m。边跨现浇段长度 6.89m，梁高 2.6m，共 140m^3 混凝土。主桥位于曲线上，横坡 2%，纵坡 1.55%。

连续刚构悬臂段采用挂篮施工，挂篮结构形式为菱形，挂篮前端提吊采用 4 根吊带，后横梁底板采用 2 根吊带，其余采用精轧螺纹钢吊杆，内外模板均采用钢模；1 号大桥 7 号墩、2 号大桥 9 号墩边跨现浇段采用导梁法施工，导梁为下承式，挂篮参与辅助受力，考虑塔吊吊装能力问题，模板采用竹胶板进行拼装；边跨合龙段采用挂篮施工，中跨合龙段采用吊架施工。

（二）主要施工工艺（图 4-1-1）

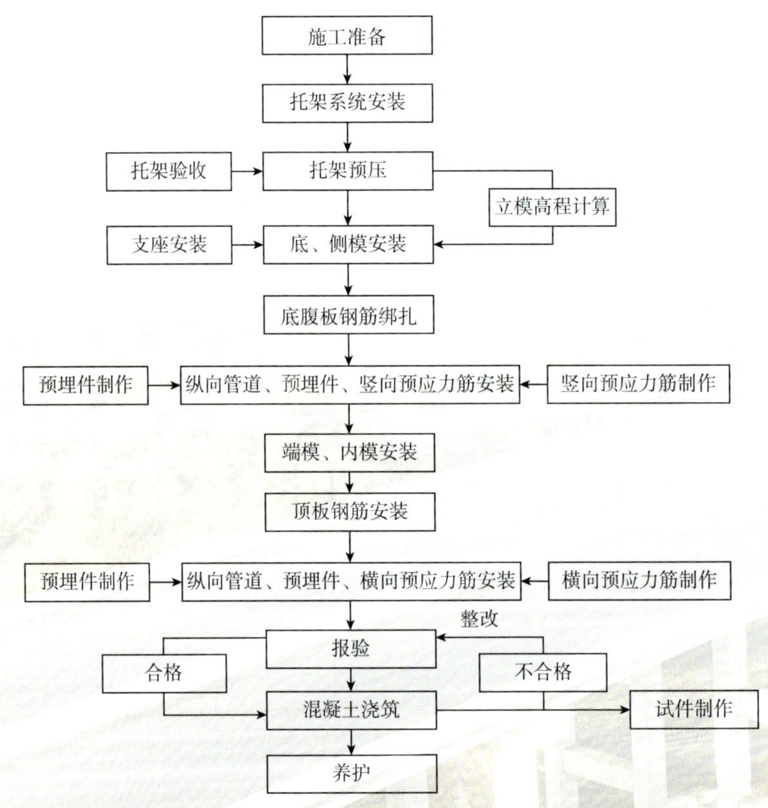

图 4-1-1　边跨现浇段施工工艺流程图

1. 导梁拼装

边跨现浇段导梁是边跨现浇段箱梁混凝土现浇的主要承重结构，要求其具有足够的强度和刚度。导梁安装工艺图如图 4–1–2 所示。

2. 导梁拆除

在边跨合龙段完成预应力施工作业后进行导梁及挂篮的拆除，通过吊杆下放使导梁提吊系统与混凝土分离，拆除底模方木及分配梁，逐次拆除纵梁，最后进行挂篮拆除。工艺流程如图 4–1–3 所示。

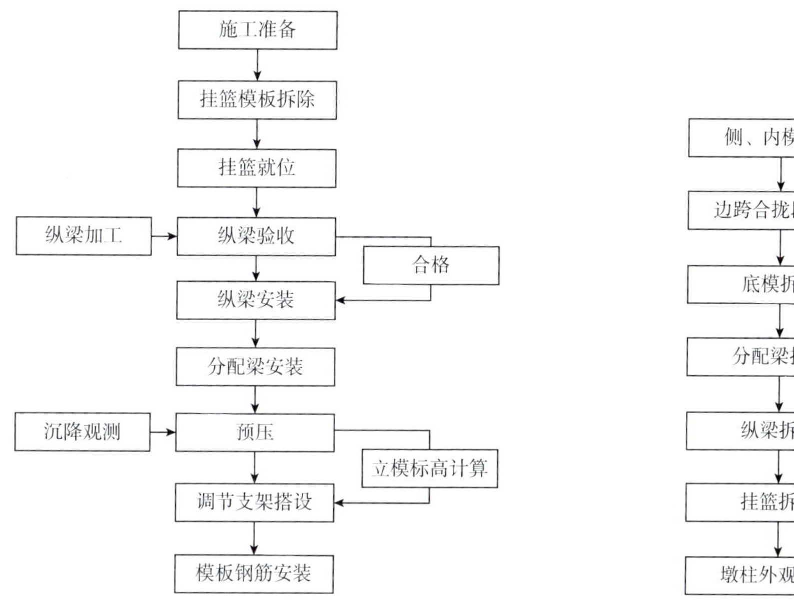

图 4–1–2　边跨现浇段导梁安装工艺流程图

图 4–1–3　导梁拆除工艺流程图

五、施工管理

（一）质量保证体系和措施

1. 质量管理保证体系

开工前将按照云南交投集团公司相关质量管理文件的要求进行质量策划，贯彻武倘寻高速公路的质量管理文件，编制项目质量计划，开展日常质量活动，并通过内部和外部质量审核，保证质量体系有效运行。与此同时，依据国家和交通运输部的质量验收标准，有针对性地制订该工程的质量标准，形成质量保证体系，体系框图见图 4–1–4。

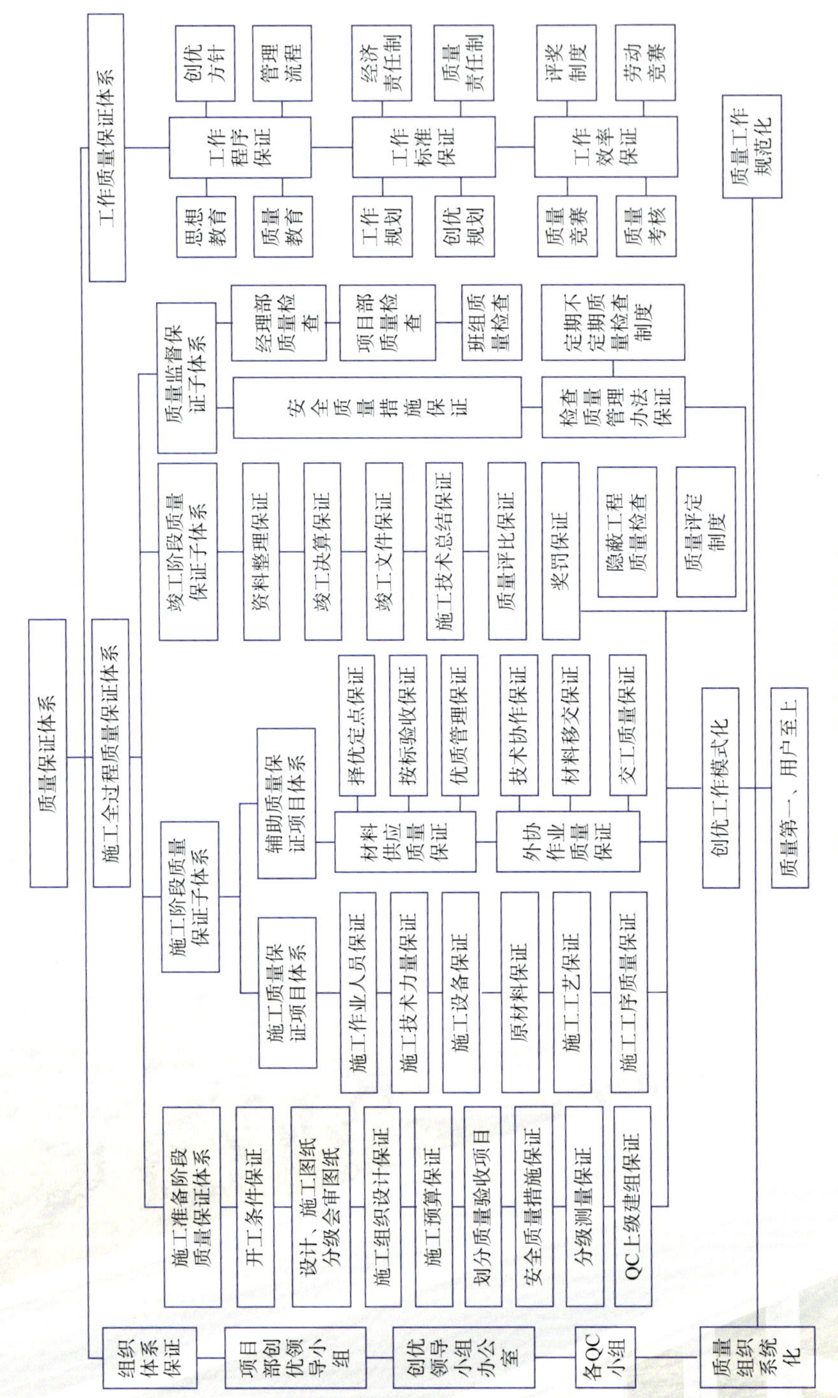

图 4-1-4　质量管理保证体系

2. 质量管理保证措施

（1）成立质量管理机构，加强组织领导，明确岗位职责，严格执行施工规范，监理工程师指令等有关规定。

（2）开展创优意识教育和技术培训，不断提高员工的质量意识，加强技术、技能学习，提高质量管理水平，确保工程质量，精心打造品牌。

（3）结合该工程特点，编制切实可行的施工组织设计，对关键工序编制详细的施工实施细则和作业指导书。

（4）加强与业主、监理、设计单位的联系与沟通，及时解决关键部位的技术难题。

（5）配合监理工程师做好中间工序检验与验收，并做好记录和签证。

（6）深入开展 QC 小组活动和群众性“双革活动”，认真开展 QC 小组登记注册和选题工作。为使 QC 小组活动落到实处，项目经理部每半年结合全标段质量工作会议，对登记注册的质量小组活动情况进行评价，视情况给予适当奖励。

（7）以经济手段对工程质量实行控制管理，使质量安全与经济挂钩。

3. 工程主要质量通病的防范措施

工程质量通病主要有：结构外形线形差、伸缩缝跳车、混凝土外观、桥面起伏不平等，针对以上通病制订以下措施（表 4–1–1、表 4–1–2）。

确保工程质量的技术措施　　表 4–1–1

项目	技术措施
路基填筑质量控制措施	（1）抓好路基试验段的施工，只有在试验段施工的各项工艺参数等可达到相应的质量标准要求，并获得业主、设计、监理的认可后，方可组织规模化施工。 （2）按规定进行清表，整平，排除积水，同时要设好临时排水系统。 （3）沟浜路基按设计要求清淤、回填处理到位。 （4）路基填筑按照试验段取得的可达到质量要求的工艺和参数进行施工。包边土、包边土工布须及时施工，确保路基的整体性。 （5）严格执行每一填层都要经质检工程师和监理工程师检查、确认的制度。 （6）每层摊铺后须及时碾压完毕，表面按规定设排水坡。 （7）填筑宽度按要求进行加宽，保证边坡的压实质量。 （8）先填路堤、既有路堤按规定进行挖台阶、压实等处理到位，确保和后填路堤、新填路堤之间衔接良好，控制好不均匀沉降。 （9）严格掌握填筑速度，避免因填筑速度过快而导致地基破坏。 （10）保证路基有足够的沉降期，确保路基工后沉降符合要求。
隧道衬砌防开裂质量控制措施	（1）开挖后，衬砌前，严格按设计和规范要求，对围岩和支护结构进行监控量测，及时将量测信息反馈给设计院，不断优化支护和衬砌结构参数，确保支护和衬砌结构的受力条件与该地段的地质条件相适应，并根据量测信息，指导二次模筑混凝土衬砌的施作时间。

续上表

项目	技术措施
隧道衬砌防开裂质量控制措施	（2）初期支护体系是主要承载结构，不仅要保证施工期间的施工安全，还要保证运营后的结构安全，因此，施工过程中，严格按设计要求做好初期支护，保证质量，充分发挥出支护结构的主要承载性能，避免模筑混凝土衬砌承受过大松弛压力而开裂。 （3）隧道衬砌前，必须将虚碴、浮碴清除干净，确保仰拱、铺底以及隧道的拱墙衬砌置于坚实的基础上，避免衬砌不均匀下沉开裂。 （4）采用泵送混凝土工艺，浇筑前认真检修混凝土施工设备，周密组织混凝土运输，最大程度地缩减混凝土运输时间和浇筑间歇时间，确保混凝土能连续灌注，以防形成隐形施工缝。 （5）随时抽检混凝土的坍落度和温度，避免坍落度过大或过小，测量混凝土入模温度，控制混凝土入模速度，混凝土均匀灌注，水化热均匀散发，避免混凝土与环境温度差过大产生温度应力而开裂。冬季混凝土施工要采用相应的技术措施。
墩身质量控制措施	（1）严格执行混凝土要求，落实相关技术措施。 （2）采用翻模施工，模板系统进行专门设计，模板有足够刚度，光洁度、平整度，面板间接缝严密、不漏浆，保证结构物外露面光洁，线条流畅。每次拆模后，对模板及时进行保养、维修。 （3）严格按照批准的配合比施工，并确保混凝土原材料的稳定，以保持结构外观色调一致。
预制构件预制吊装质量控制措施	（1）预制场地平整、压实。 （2）张拉预应力钢束的预制底座坚固、无沉陷。 （3）注意场地排水，防止由于排水不畅造成地基下沉，从而导致预制构件的损坏。 （4）保证支座预埋钢板的位置、高度正确。 （5）预制构件吊装时，注意吊装方式，不要对桥墩产生水平推力。

质量通病控制措施表　　表4-1-2

控制项目		控制措施
名称	表现形式	
质量通病控制	结构外形线形差	以完善的测量监控系统和足够刚度的支架和模板系统，合理利用结构线弹性变形。
	伸缩缝跳车	严格按照设计要求进行施工。伸缩缝施工时，注意伸缩缝附近混凝土的密实性和连接件的牢固性。
	混凝土外观质量差	混凝土外观质量差表现为蜂窝麻面，色泽不均衡等。①墩身、箱梁等结构混凝土，采用同一水泥厂出产相同规格水泥，同一产地的砂石料，以确保结构工程混凝土外观颜色一致。②墩身、箱梁等结构物均采用大块钢模板，尽量减少接缝。模板安装时注意接缝的处理，避免发生错台、漏浆等现象。③配备有丰富操作经验的技术工人进行混凝土振捣施工，避免混凝土表面出现蜂窝、麻面等不良现象。④混凝土配合比设计时，原材料均经过多次试验筛选核定。⑤延长每盘混凝土的拌和时间90秒。⑥注意对模板、预埋件、预留孔的处理，防止养生水对钢结构产生的锈蚀影响混凝土的外观。⑦采取麻袋覆盖、缠绕塑料薄膜等措施进行养生，普通混凝土养生龄期不少于7天。
	桥面起伏不平	加密测量定位桩，加固侧模支撑系统，铺装混凝土施工时以三轴整平机多次反复整平。

（二）安全生产保证体系和措施

1. 安全管理目标

（1）重大安全责任事故0案次。

（2）重伤率控制在 0.45‰以下。

（3）事故负伤频率控制在 0.6‰以下。

（4）急性中毒事故、重大传染病和严重职业病 0 案次。

（5）无重大设备、火灾、交通等事故。

（6）安全管理规范，资料齐全，安全考核达业主要求。

2. 安全管理组织机构

设置以项目经理为第一安全责任人的安全生产保障机构，成立安全生产管理委员会，并配备专职的安全管理人员；各作业队选配责任心强的专职安全员，随时随地在现场检查，充分发挥监督作用，把事故苗头消灭在萌芽状态。安全管理组织机构体系框图见图 4-1-5。

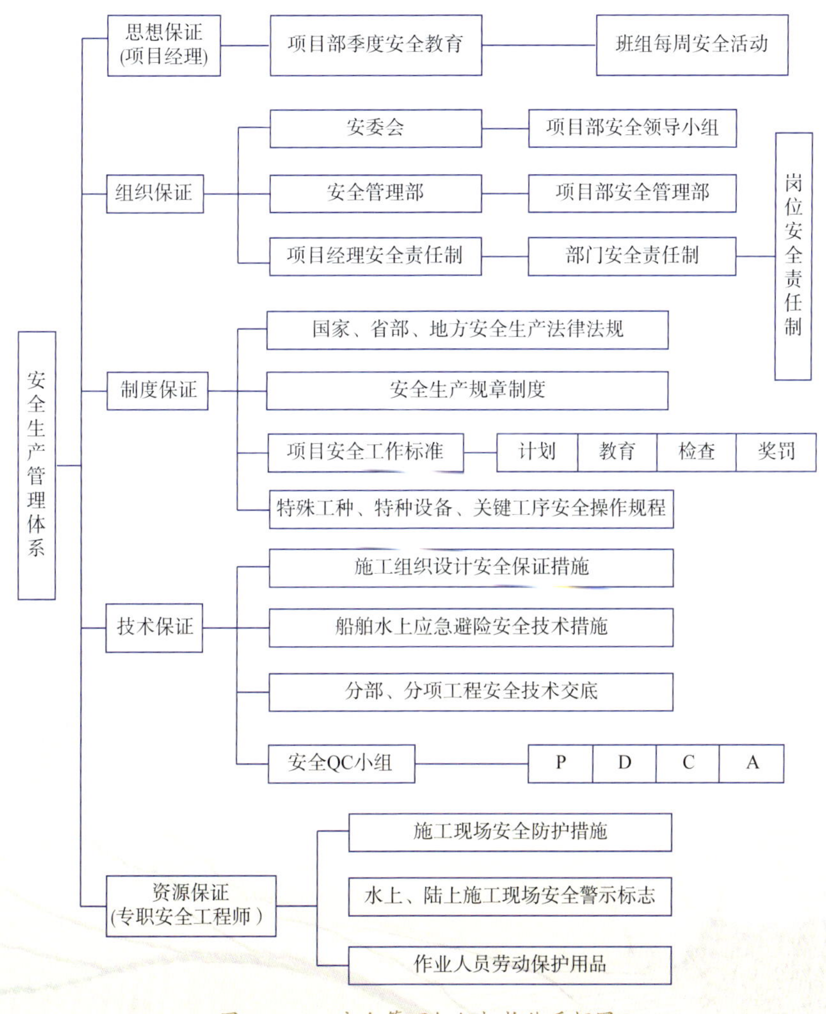

图 4-1-5　安全管理组织机构体系框图

3. 安全管理保证体系

"安全生产"是一切施工的前提条件，因此，在整个施工过程中，项目部将始终贯彻"安全第一，预防为主"的方针，建立安全生产保证体系，见图 4-1-6。

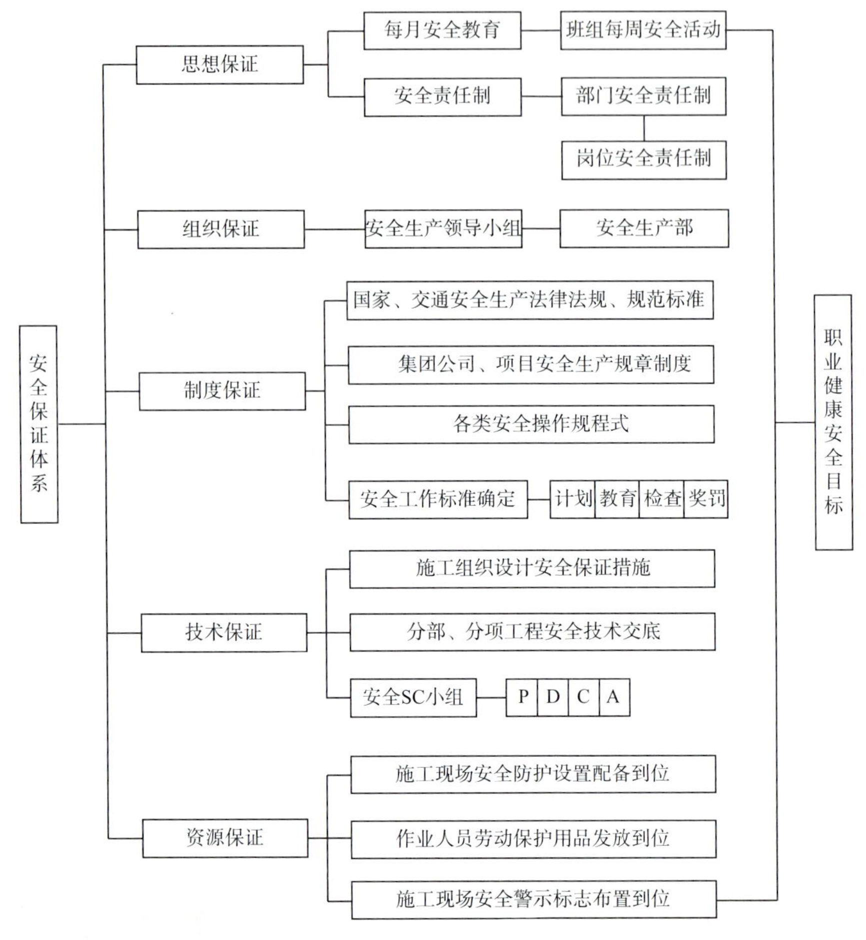

图 4-1-6　安全管理保证体系框图

4. 安全管理制度

1）强化安全教育，提高全员安全意识

（1）认真贯彻执行"安全第一、预防为主、综合治理"的方针，把安全生产当作工程管理中头等大事来抓，组织参加该工程施工管理人员和工人认真学习施工安全规程、劳动保护法规，安全技术措施等。要求全体人员在思想上重视安全生产，在技术上懂得安全技术的知识，并在施工准备阶段组织考核，合格者方可入场参与施工。

（2）特殊工种的作业人员和工人必须经过专业安全技术培训并取得安全作业证书，方准上岗。

（3）在搞好岗位练兵的基础上，开展传、帮、带活动，不断提高施工作业水平和安全预防的能力。

（4）定期安排安全教育，每月组织总结评比活动，主要对职工进行安全重要性的教育，树立安全责任感和使命感，总结评比各项制度的执行情况，提高全体职工安全意识和执行安全规章制度的自觉性。

2）建立安全岗位责任制

逐级签订安全生产承包责任制，明确分工，责任到人。

3）做好安全技术交底工作

每项工程开工前，作出详细的安全施工方案、技术措施以及安全作业指导书，每道工序及时做好安全技术交底。

图 4-1-7 是定制钢模保证二衬纵向连接筋。

图 4-1-7　定制钢模保证二衬纵向连接筋

5. 安全管理特别关注措施

1）安全教育管理

（1）项目经理、安全员等施工管理人员均持证上岗，现场作业人员均经过安全培训教育和岗前教育，并建立好“三级教育卡”。外来劳务人员或转岗民工也要经过安全培训教育，方可上岗作业。每逢节假日或根据气候（季节性）的特点进行针对性的安全教育，教育的内容要记录在案。

（2）主管安全生产的项目副经理负责编制年度教育培训计划，结合施工特点合理安排职工进行教育培训和特殊工种的审证工作。

2）特殊工种管理

（1）特殊工种人员必须经培训合格持证上岗，无证或证书过期人员严禁上岗。

（2）对特种作业人员进行登记汇总，正确填写已审日期及下次复审日期，并且附上每位特种作业人员的证件复印件。

（3）加强对特种作业人员的安全教育，在特殊区域或特别危险场所工作，先进行安全交底，并采取对操作人员本人和对他人可靠的安全防护措施。

3）安全检查制度

（1）该工程建设过程中的安全检查采取项目部组织定期检查、不定期检查和作业

队自查、安全员日常巡查等方式。

（2）项目部组织每月两次的定期检查，结合安全施工竞赛活动，每季度评比一次，奖优罚劣。

（3）项目部根据工程需要及现场巡视员的安排，不定期抽查，抽查结果列入安全施工竞赛评比内容。

（4）专职安全员坚持日常的安全巡视制度，重点抓好对危险源的控制，了解现场第一手安全资料，杜绝事故隐患，确保施工安全。

（5）做好内业资料及其管理，内业资料台账以安保体系的台账为主。

（6）安全应急措施

针对该工程路线长、作业人员多的特点，定点联系好医院，建立协作关系，形成一个救护体系，以便伤病员能及时被抢救，执行交通车24小时值班制度。

由于该工程同时开展有施工作业线长、作业面多、作业人员多的特点，除做好自身安全、遵守有关规定外，还须协调好相互关系，建立统一指挥、协调管理系统。

六、打造品质工程

为推进武倘寻高速公路品质工程建设，提升项目工程质量，确保项目建设稳步推进，坚持管理和技术的传承与创新，深化现代工程管理，全面提升公路水运工程基础设施建设的质量安全水平，推动公路水运工程建设协调发展和转型升级，为建设开放共享、人民满意的交通奠定基础。以提升发展质量为目的、增强从业人员技能水平及质量意识为重点，创建项目品牌示范工程和全国星级生产现场，逐步形成品质工程标准体系和管理模式，带动工程质量水平明显提升，打造“品质工程”。

（1）推进工程施工标准化，保证工程进度全面有序进展。全面推广“三集中”施工要求，通过集约生产、统筹装配、机器换人、信息技术、规范管理等措施，加快推进工程质量安全标准化建设工作，提升工程质量安全管理水平。继续推进桥梁工程施工标准化，推广成套成系列的自动化、智能化、大型化施工设备和定（成）形式、装配式的安全防护设施；推广预应力智能张拉与压浆、钢筋胎架法定型加工、自动喷淋养护等一系列标准化施工工艺；在此基础上，着力推进隧道工程施工标准化建设，积极推广湿喷机械手等隧道专用施工机械设备，提升隧道工程施工标准化水平。

（2）推进班组管理规范化。建立健全施工班组管理制度，强化班组能力建设；加强施工技术交底，实行班前教育和工后总结制度；推行班组首次作业合格确认制，强化班组作业标准化、规范化和精细化；全面推行班组人员实名制管理，强化班组的考核与奖惩，夯实基层基础工作。

七、经验成果

（1）通过对该工程连续刚构边跨现浇段施工技术的研究，解决了该桥连续刚构施工过程中高墩边跨现浇段施工中的各种难题，且人员操作安全，易于掌握，劳动强度低，节省成本。

（2）形成一套成熟的高墩边跨现浇段导梁法施工工艺，培养了一批在该方面施工的技术人员和作业工人，用该工法施工高墩边跨现浇段，能节约成本，降低施工风险，社会效益明显。

第二章　土 建 二 标

一、公司简介

云南交投集团云岭建设有限公司成立于2006年11月，由“云南云岭高速公路桥梁工程有限公司”发展而来，是云南省省属国有骨干企业——云南交通投资建设集团有限公司出资设立的国有控股企业，属云南省高新技术企业，云南省创新型试点企业，注册资本金50亿元。

2015年3月原云南云岭高速公路桥梁工程有限公司改组成立“云南云岭高速公路建设集团有限公司”。2017年10月按照省委、省政府、省国资委关于国有企业深化改革的决策部署和省交投集团深化管理体制改革的总体要求，经省交投集团批准同意，原云南云岭高速公路建设集团有限公司正式更名为云南交投集团云岭建设有限公司。

公司产业结构合理，职能齐全，运转协调，灵活高效，目前公司机关设立职能部门10个，组建成立了10个（分）子公司、1个后勤服务中心，其中10个（分）子公司分别为云南交投集团云岭建设有限公司桥梁工程、路面工程、机械化工程、市政工程4个分公司和云岭桥隧科技、云岭高原养护、云岭高原检测、云岭高速矿业、云岭天炬公司、云岭公大公司6个子公司。拥有公路工程施工总承包壹级、市政公用工程施工总承包壹级及建设施工、养护、试验检测、对外经营承包等各类资质17项。

公司遵循“路畅人和”核心价值观，发扬“创新尽责、务实争先”的企业精神，始终坚持“发展中求改进、开拓中谋发展”的方针，全面贯彻“人本化、专业化、标准化、信息化、精细化”要求，通过了质量、安全、环境三标体系认证，获得“云岭新路桥”注册商标，该商标分别荣获“昆明市知名商标”和“云南省著名商标”。公司是集公路工程施工、市政工程施工、公路养护、机械设备租赁、物资采购、试验检测、项目投资开发等为一体的多元化新型基础设施建设管理企业。公司立足主营业务，致力系统集成，承担了滇东北片区及大理片区高速公路的日常养护任务，广泛参与云南高速公路工程建设，开拓了项目代建、BT、BOT、EPC、PPP等新型业务领域，高效优质完成了一系列省属重点工程，是“专、精、特、强”的行业标杆企业，图4-2-1是公司真空注浆作业。

公司积极履行国有企业政治责任和社会责任，服务脱贫攻坚，多次参与各类抢险救灾，积极开展路地共建。公司获得全国青年文明号和全国青年安全生产示范岗，获得云南省2016年度五一劳动奖状，承建的项目获国家优质工程银质奖、全国市政金杯示范工程，连续3年实现了承建项目荣获“云南省优质工程奖”，承建项目中有3个施工点被中国交通企业管理协会、交通行业优秀企业管理成果评审委员会认定为“全国交通运输行业2019年度三星级现场”称号。公司是全国交通运输行业文明单位和全国交通行业诚信建设十佳先进单位，连续7年被评为全国交通运输文化建设卓越单位，连续5年被评为全国优秀施工企业，连续三届获评云南省文明单位，连续3年荣获“云南企业100强”称号，连续6年被评为“昆明市守合同重信用企业”。公司入选交通运输部水运局2018年公路工程建设领域守信典型企业（红名单）；荣获2017年度公路施工企业全国综合信用评价AA；荣获中国施工企业管理协会信用评价工作委员会AAA企业信用等级证书；荣获云南省信用企业AAA级证书。

图4-2-1 真空注浆作业

公司竭诚为社会各界提供全过程、高品质的服务，奉献优质工程，“同铸基石路”，向社会展现良好的员工形象和具有竞争力的企业品牌形象。

二、工程概况

（一）工程概述

武倘寻高速公路土建二标项目部起点为K50+500~K105+956.206，总里程约55.456km，工程全部位于昆明市寻甸县境内。起点位于大村和三合村间，路线总体走向自西南向东北布设，经三合村，于K52+531.58设置九龙立交连上地方道路肖九线服务九龙镇，随后经余家箐后设倘甸1号特长隧道（右幅长4820m）穿越黑木噶山至山杂村北侧，出隧道后左转连续设置倘甸2号、3号隧道、白雾山隧道及倘甸河特大桥到达倘甸镇，设置倘甸立交服务倘甸镇，路线继续向东南延伸过倘甸4号、5号、6号隧道群（其中倘甸6号隧道为特长隧道，右幅长3240m），出隧道后到达铜厂箐村，路线再向东延伸至治租村北侧，于K81+077.824设治租互通，再右转沿东南方向展布，治租河连续刚构特大桥（主跨160m）跨越治租河，随后设甸沙特长隧道（右幅长3965m）穿越麻唐山，出隧道后紧接鲁六河连续刚构桥（主跨130m）跨越鲁六河到达甸沙乡，设置甸沙互通，路线右转向南展布，设置大清河村特大桥，经小岔河大桥上跨80县道左转向东，设寻甸1号隧道穿过大石头山，路线继续向东方向设置龙箐大桥（图4-2-2）、摩洛河大桥穿越摩洛河等主要河流，设置寻甸2号隧道穿越马鞍山，出隧道后路线沿东南方向延伸穿过马场村，在K99+400处设置寻甸停车区，再设置老厂箐桥、海白冲桥等跨越沿线沟谷，在K102+468处设置天生桥互通连接已修建的寻甸至倘甸一级公路，后路线沿东南方向设置天生桥特大桥上跨G213国道并穿越云南省种羊繁育中心草场，在K105+956.206处设置寻甸互通，与G85渝昆高速公路形成互通立交，路线止点K106+840接寻甸至沾益高速公路。

图4-2-2　龙箐大桥施工现场

（二）主要工程

项目主要工程包括桥梁工程、隧道工程、互通立交工程等，桥隧比约为66.5%。桥梁（按单幅计）共96座，其中特大桥11座（按单幅计），分别为九龙立交特大桥、倘甸河特大桥、治租河特大桥、大清河特大桥、摩洛河大桥、天生桥特大桥，桥梁总长度约34.755km，最大墩高108m（治租河特大桥3#墩）。隧道共22座（按单幅计），分别为抓地龙隧道、倘甸1~6号隧道、白雾山隧道、甸沙隧道、寻甸1、2号隧道，隧道完工总长度 39.003km，其中倘甸 1 号、倘甸 6 号、甸沙隧道属于特长隧道。互通立交共 6 个，分别为九龙互通、倘甸互通、治租互通、甸沙互通、天生桥互通和寻甸互通。设置 1 个服务区和 1 个停车区，分别为倘甸服务区和寻甸停车区。

（三）主要技术标准

公路等级：高速公路，设计速度 100km/h，路基宽度 33.5m，分离式 2×16.75m，最小平曲线半径：R=1300m，最短坡长：L=500m，路线最大纵坡：I=4.0%，桥涵及构造物设计荷载：公路－Ⅰ级，设计洪水频率：特大桥：1/300；大桥，涵洞及路基：1/100，地震烈度：9 度。

（四）完成主要工程数量（表 4-2-1）

表 4-2-1

主要工程项目	单　位	完 成 数 量
一、路基工程		
1. 路基挖方	万 m^3	1624
2. 路基填方	万 m^3	819
3. 路基防护、排水工程	万 m^3	30.7563
二、桥梁工程		
1. 桩基	棵	3514
2. 墩柱	个	1909
3. 盖梁	道	830
4. 预制箱梁	片	1876
5. 预制 T 梁	片	2023
6. 现浇箱梁	m	3605.15
7. 钢混组合梁	片	552
8. 连续刚构	m	1224
9. 钢箱梁	跨	19
10. 桥面铺装	跨	989
三、隧道工程		
1. 隧道开挖	m	39003
2. 二衬浇筑	m	39003
四、路面工程		
1. 级配碎石底基层	$1000m^2$	1254.8
2. 水泥稳定碎石基层	$1000m^2$	1139.77
3. 沥青下面层	$1000m^2$	1058.083
4. 沥青中面层	$1000m^2$	2048.014
5. 沥青上面层	$1000m^2$	2091.071
合同总造价 80.10 亿元，实际完成建安工程量 81.856 亿元		

该项目于2017年7月28日开工，于2020年12月20日完成施工，历时41个月。

三、机构组成

土建二标由云南交投集团云岭建设有限公司承建，公司抽调施工、管理方面具有丰富经验的人员及先进的生产设备，组建高效运转的项目经理部。依据工程实际，为方便施工期间的管理便捷、高效及有效地对工程进度、安全、质量进行控制，项目部下设四个土建分部和一个路面分部（2019年9月成立），土建一分部负责K50+500~K71+596段工程的施工管理，土建二分部负责K71+596~K85+735段工程的施工管理，土建三分部负责K85+735~K96+430段工程的施工管理，土建四分部负责K96+430~K105+956.206段工程的施工管理，路面分部负责该标段所有路面工程的施工管理，见图4-2-3和图4-2-4。

图4-2-3　梁板架设

图4-2-4　边坡防护

（一）项目部及分部主要人员

（1）项目经理1人、分部经理5人：贯彻公司质量、安全方针和目标，组织制订质量、安全管理措施。按照合同工期、施工技术标准、技术规范等要求，组织制订该工程的施工进度计划及具体实施方案、确保该工程按时、按质完成；检查各职能部门人员对质量、安全、进度计划的执行情况，组织制订质量、安全、进度计划实施方案，落实制度、保证措施的实施。

（2）项目总工程师1人、分部总工程师5人：组织制订项目质量目标、安全目标体系，督促目标体系有效运行；严格管理项目施工技术和检验质量，并对其工程质量负责；组织项目部所承建工程项目开工前的技术交底、施工图纸的会审，编制施工组织设计、编制技术总结。

（3）生产副经理 1 人：在项目经理领导下，主持项目施工管理工作，负责制订月进度计划，落实月进度计划的实施；负责协调各施工队在交叉施工作业时工序间的衔接与配合，定期或不定期组织各工区开展实体工程的检查并及时发现检查中出现的问题及提出调整意见。项目经理外出时，代理项目经理职责。

（4）征迁副经理 1 人：协助项目经理开展征地拆迁、协调与地方政府的关系，与指挥部和地方政府做好对接，保证施工生产顺利进行；对日常施工过程中发生的阻工堵路等事件进行协调。

（5）安全副经理 1 人：协助项目经理负责项目部的安全管理工作，负责安全质量标准化工作，同时抓好日常安全监督检查工作，按时组织参加每月一次的安全质量标准化大检查；抓好安全文化体系建设，负责安全管理人员的教育培训，监督检查持证上岗情况；定期组织开展应急事件和救灾救援预案的演练，不断完善预案，提高预案的可行性和实用性，一旦发生应急事件要立即启动预案，亲自参加、协助组织指挥事故救灾救援工作。

（6）技术质量部（科）49 人：在总工程师的组织下，熟悉设计图纸及了解设计意图，坚持在施工第一线，负责对施工班组进行现场技术交底、质量交底等工作；按照项目工程技术管理制度及管理办法，负责该合同段质量、进度、现场文明施工管理，对施工重点工程、隐蔽工程进行重点检查及记录，确保质量第一；收集及整理施工资料、质检资料、变更资料及竣工资料等。

（7）安全管理部（科）28 人：在项目经理、安全副经理领导下，负责合同段安全管理工作。按“一岗双责”的要求，健全完善项目安全管理体系，并对体系文件执行情况进行监督检查；参与文明工地验收和安全生产阶段考核，定期组织安全检查，及时发现安全隐患及时督促整改并参与重大安全事故的处理；抓好职（民）工的安全教育和培训，按规定严格管理好爆破物品，现场检查各工区对安全生产制度落实情况。

（8）设备物资科 14 人：在项目经理、分部经理的领导下，负责项目物资设备的管理工作；编制材料申请计划和采购计划，掌握材料设备消耗动态，及时落实项目生产急需物资，保障项目材料物资的供应；编制材料统计报表，建立有关材料台账及物资供应方信誉评价等工作；参与机械化施工管理，合理组织各工区施工并做好机械设备调配、修理等工作。

（9）合同管理部（科）12 人：在项目经理、分部经理的领导下，负责编制合同、统计工作，建立外协队伍资质、业绩、信誉评价等台账；每月月末对已完工工程数量进行检查、收方计量，编制每月中期支付表；负责编制变更预算，并及时、准确无误地上报上级部门审批；负责项目工程竣工决算，办理竣工手续。

（10）工地试验室 47 人：在试验室主任的领导下，负责该合同段的试验检测工作，对检测试验数据的真实性和准确性负责；遵守试验技术操作规程，组织现场施工所需的材料进行取样、试验与检测；按时整理检验和实验报告，并及时上报监理审核。

（11）综合办公室 7 人：负责项目部日常生活、后勤事务，做好保障工作；加强对外协调，处理好当地政府和群众关系，营造良好的周边环境。负责农民工工资支付监督工作。

（12）资产财务部 5 人：编制审核各种财务原始凭证，进行成本核算；建立财务台账，保证会计信息准确、及时地提供给项目经理进行参考决策。负责对施工队进行工程拨款支付，并进行工程成本考核与分析。

（二）管理机构设置

为保证安全、优质、快速、经济地完成施工任务，施工作业结合工地情况划分为 4 个土建分部和 1 个路面分部。项目经理部设项目经理、项目总工、安全副经理、生产副经理、征迁副经理各 1 人，项目部设置技术质量部、合同管理部、安全管理部、工地试验室、物机管理部、资产财务部、综合办公室。各分部均配备了分部经理和分部总工，并对应项目部组建相关职能部门（分部设“五科两室”为：技术质检科、合同管理科、安全管理科、工地试验室、设备物资科、资产财务科、综合办公室）做好与项目部对应部门、对应驻地办等的业务对接，负责内业资料、基础计量资料等的编制、整理工作，负责对各分部段落内的工程效益、现场技术质量、安全、进度、成本控制、廉政、党建及综治维稳等进行全面管理，确保建设任务按时、按质、按量完成。

项目部和所属各分部接受云南武倘寻高速公路建设指挥部、武倘寻高速第二总监办（及各驻地办）和云岭建设公司的领导，接收它们的指令并付诸实施。项目各机构各司其职，相互配合，共同组成该项目段的管理机构。

各分部施工作业层（队伍）按专业及资质划分为路基施工队、桥梁施工队、隧道施工队等。各分部受项目部直接领导，各施工队受分部直接领导，具体负责现场实体施工。

（三）设备投入情况

为确保该项目的顺利实施，项目部在武倘寻高速公路土建二标建成14个混凝土拌和站、23个钢筋加工场、16个梁板预制场、3个水稳拌和站、2个沥青混凝土拌和站，投入的主要机械设备见表4–2–2。

主要机械设备　　表4–2–2

序号	机械名称	型号	单位	数量	新旧程度	自有或租赁	备注
1	挖掘机	卡特330	台	6	全新	自有、租赁	
2	挖掘机	卡特320C	台	8	半新	租赁	
3	挖掘机	现代335	台	8	半新	租赁	
4	挖掘机	现代225	台	4	半新	租赁	
5	挖掘机	现代220	台	10	全新	租赁	
6	挖掘机	神刚330	台	22	半新	租赁	
7	挖掘机	神刚260	台	14	半新	租赁	
8	挖掘机	神刚210	台	13	半新	租赁	
9	挖掘机	小松300	台	10	半新	租赁	
10	挖掘机	小松220	台	8	半新	租赁	
11	挖掘机	SH240-5	台	4	半新	租赁	
12	挖掘机	SH350-5	台	4	半新	租赁	
13	装载机	立波海尔	台	8	半新	自有、租赁	
14	装载机	柳工50	台	14	半新	租赁	
15	装载机	龙工50	台	12	全新	租赁	
16	装载机	厦工950	台	23	全新	租赁	
17	装载机	临工50	台	14	全新	租赁	
18	压路机	中大38t	台	6	全新	租赁	
19	压路机	厦工30t	台	20	全新	租赁	
20	压路机	徐工22t	台	26	全新	租赁	
21	混凝土拌和楼	建友90型	套	4	半新	自有、租赁	
22	混凝土拌和楼	HZS50型	套	2	全新	自有	
23	混凝土拌和楼	HZS90型	套	8	半新	自有	
24	混凝土拌和楼	JS1000型	套	12	半新	自有、租赁	
25	沥青拌和楼	5000型	套	1	全新	自有	
26	沥青拌和楼	4000型	套	1	半新	自有	
27	水稳拌和楼	WCB600型	套	3	半新	自有	

续上表

序号	机械名称	型号	单位	数量	新旧程度	自有或租赁	备注
28	发电机	400kW	台	2	半新	自有	
29	发电机组	300kW	台	6	半新	租赁	
30	发电机组	250kW	台	6	半新	租赁	
31	发电机组	200kW	台	8	半新	租赁	
32	发电机组	50kW	台	8	半新	租赁	
33	发电机组	24kW	台	12	半新	租赁	
34	旋挖钻机	TR360DH	台	8	半新	租赁	
35	冲击钻机		台	18	半新	租赁	
36	空压机	电动 $12m^3$/min	台	5	半新	租赁	
37	空压机	柴油动 $12m^3$/min	台	12	半新	租赁	
38	空压机	$4.8m^3$/min	台	10	半新	租赁	
39	空压机	$3.0m^3$/min	台	30	全新	租赁	
40	空压机	$24m^3$	台	12	半新	租赁	
41	空压机	90	台	2	半新	租赁	
42	自卸运输车	40t	台	150	半新	租赁	
43	混凝土泵车		台	12	半新	租赁	
44	混凝土运输车	$8m^3$	台	80	半新	自有、租赁	
45	钢筋加工设备		套	23	半新	自有	
46	大力神支架		套	18	半新	租赁	
47	钢筋弯曲机		台	36	全新	自有	
48	钢筋调直机		台	36	半新	自有	
49	切断机		台	40	半新	自有	
50	锚索注浆机		台	20	半新	自有	
51	预应力智能张拉机	湖南联智	套	8	半新	自有	
52	预应力智能注浆机	湖南联智	台	8	半新	自有	
53	预应力智能张拉机	柳州智能	套	12	半新	自有	
54	预应力智能注浆机	柳州智能	台	12	半新	自有	
55	架桥机	30m	套	3	半新	自有	
56	架桥机	40m	套	13	半新	自有	
57	箱梁模板	20m	套	5	全新	自有	
58	箱梁模板	30m	套	20	全新	自有	
59	T 梁模板	40m	套	35	全新	自有	
60	衬砌台车		台	30	全新	自有	

四、质量管理

（一）质量控制措施

质量管理是工程施工的生命线，保证质量是公司的宗旨。为了实现质量目标，项目部从进场便建立健全了工程质量管理体系，并对全体参战员工进行各种不同形式的质量宣传教育，提高全体员工的质量意识。并采取如下措施：

（1）建立了项目责任制，以项目经理为质量第一责任人，分级管理，责任到人。

（2）建立了质量检测机构，项目部设立了技术质量部，分部成立技术质检科，对各工点施工情况进行巡查，各施工班组设质检组、质检员，负责具体日常工作（图 4–2–5）。

（3）严格落实三级技术交底、质量交底制度，并开展多种形式的质量培训，由项目总工组织各专业工程师熟悉和了解施工图纸和技术规范要求，组织施工人员进行岗前培训，使员工熟悉业务和操作技能，明确责任。

（4）严格推进标准化管理工作，项目部从进场阶段就重视标准化管理工作，以混凝土拌和站、钢筋加工场、梁板预制场等场站标准化建设为抓手，着力提升施工现场标准化施工，努力提升工程施工质量。

（5）对施工质量进行全过程控制，严格把关（图 4–2–5）。建立奖罚制度，对违反操作规程，影响工程质量的，除坚决返工外，并给当事人以处罚；对严格按操作规程施工，质量优良的给予奖励；质检工程师及各质检人员有责有权保证贯彻执行。

（6）认真执行指挥部关于首件工程认可制、联检制、模板准入制等质量管理相关制度，立足于“预防为主、先导试点”的原则，抓住首件工程的各项工艺、技术和质量指标，及时预防和纠正施工中可能产生的质量问题；帮助施工队伍、作业人员熟悉工程的特点，掌握工程关键性技术、质量控制关键点的要求，并在实施过程中发现、分析和解决出现的各类问题，不断提高技术水平和工艺水平，全面提高工程质量水平。

图 4–2–5　质量检查

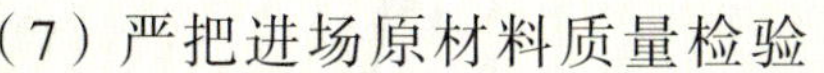

（7）严把进场原材料质量检验

关，按规定频率对原材料进行自检、抽检和送检，发现不合格原材料坚决清理出场，决不因材料问题影响施工质量。

（8）加强对重点工程及重点施工部位的检测，严把混凝土的质量关；施工人员必须自始至终坚守岗位，对混凝土要求的各项指标进行严格控制，确保混凝土密实无蜂窝麻面。

（9）施工操作中，坚持“三检”制度，即自检、互检、交接检，每道工序认真检查，严格执行监理程序，做到上道工序未检验合格不进入下道工序施工。

（10）针对隧道施工、桥梁工程钢混组合梁施工等，成立 QC 攻关小组，加大宣传力度，推动项目部 QC 小组活动的广泛开展，提高各分部广大员工参与 QC 小组活动的积极性，自觉、扎实、有效地开展 QC 质量管理活动，真正实现全员质量管理。

（二）工程质量自检

为全面完成合同任务，创建“品质工程”，本着“质量第一”的质量方针，成立了以项目经理为首的质量领导小组，把质量意识贯穿到每个职工心里，把质量责任落实到每个人头上。

（1）发挥宣传和教育的作用，注重职工质量思想意识的教育和提高，切实增强每一个职工的质量责任心。

（2）组织有关人员认真学习招标文件、技术规范和交通运输部各种施工验收规范，搞清每道工序的关键环节，在施工中加以认真贯彻和落实。

（3）建立岗位责任制和质量责任制，岗位责任制定员定岗、职责分明、权力适当；质量责任制突出质量、责任终身，做到质量工作事事有人管、人人有专责、办事有目标、工作有检查。

（4）建立健全各项技术管理制度，做到施工前有可行的技术方案，施工中有明确的质量目标和控制措施，施工结束后有及时、准确的检测报告。

（5）施工前做好技术交底工作，对关键岗位人员做好技术培训，防止技术事故的发生，杜绝违章作业，专人专职（图 4-2-6）。

（6）建立健全工地试验室，配齐试验器材和试验人员，及时对工程质量进行检测。

（7）安排专人负责标准化计量工作，为测、试、检设备的良好使用和测、试、检数据的准确无误提供可靠的保证。

（8）进一步健全“横向到边、纵向到底、控制有效”的质量自检体系，实行质量一票否决权制度，不合格的坚决返工重来。

（9）认真执行监理程序，服从监理工程师的指令或指示，严格按规范要求施工。

（三）完工质量评价

图 4-2-6 墩柱施工

项目部严格按照合同文件，施工图表及相关施工技术规范，科学管理，精心施工，严防安全隐患，消除了质量通病；配备了专职质检工程师、质检员及检测设备，按照施工单位自检、监理工程师监理、武倘寻指挥部全面督查、质量监督局（站）监督的原则进行质量控制，确保了工程质量。

项目部在对每个分项工程、分部工程、单位工程进行检查、评定后，该合同段工程质量评分为 97.25 分，工程质量等级为合格。

五、施工进度控制

该合同段自 2017 年 7 月 28 日正式开工以来，前期由于弃土场选址、征地拆迁及相关手续办理种种原因，一直未能形成大干局面，项目部克服种种困难，加大与指挥部的沟通力度，加强与当地政府的深度协调，从资金、征迁工作环节上力争形成全线施工局面。根据武倘寻高速公路建设指挥部下发的进度计划要求，经过项目部全体职工的共同努力，克服了隧道突泥、边坡滑坡、新冠肺炎疫情等造成的影响，通过合理安排工期，武倘寻项目第二合同段除倘甸服务区受滑坡影响工程外，于 2020 年 12 月 20 日实现了路、桥、隧道工程的整体完工，施工期间具体进度控制措施如下：

1. 指挥机构迅速成立，管理人员及时到位

为加快该合同段的建设任务，公司成立了合同段项目经理部和分部，对内指挥施工生产，对外负责合同履行及协调联络。经理部和分部主要成员在工程中标后即迅速到位行使职能。

2. 施工力量迅速进场

实施该合同的施工队伍选定后即开始熟悉图纸，中标后迅速进场，进行施工准备。机械设备随同施工队伍迅速抵达，确保主体工程按时（或提前）开工。

3. 施工准备抓早抓紧

尽快做好施工准备工作，认真复核图纸，不断完善施工组织设计，落实重大施工方案，积极配合业主及有关单位办理征地拆迁手续。主动疏通地方关系，取得地方政府及有关部门的支持，施工中遇到问题影响进度时，统筹安排，及时调整，确保总体工期。

4. 施工组织不断优化

以投标的施工组织进度和工期要求为据，及时完善施工组织设计，落实施工方案，报监理工程师审批。根据施工情况变化，不断设计、优化施工方案，使工序衔接、劳动力组织、机具设备、工期安排等有利于施工生产。如针对甸沙隧道右洞突泥事故，项目部及时组织施工力量，严格按照超前管棚注浆 + 双层工字钢支护的设计，采用双侧壁导坑法进行施工，确保了隧道顺利贯通。受清水海水源保护区相关政策影响，针对龙箐、摩洛河大桥施工用地提供晚、进场困难等情况，项目部及时调整思路，通过增加下部构造施工班组、增设梁场、增加架桥机等措施加快施工进度，缩短建设工期。

5. 施工调度高效运转

建立从经理部到各施工点的调度指挥系统，全面、及时掌握并迅速、准确地处理影响施工进度的各种问题。对工程交叉和施工干扰加强指挥和协调，对重大关键问题超前研究，制订措施，积极联系材料供应商，及时向材料供应商提交采购计划，保证材料及时进场，不因材料缺少发生待工情况。注意与当地村民交流沟通，协调关系，不发生阻工事件。项目部领导及各分部主要施工人员定期召开工地例会，尽早解决问题，确保了工、料、机搭配科学合理。及时反映困难，及时调整工序和调动人、财、物、机，保证工程的连续性和均衡性，见图 4-2-7。

6. 强化管理严明纪律

强化施工管理严明劳动纪律，对劳动力实行动态管理，优化组合，使作业专业化、正规化。

7. 奖惩分明功效挂钩

对分部管理建立奖惩制度，通过绩效考核提高管理人员的素质及工作积极性。既重包又重管，使责任和效益挂钩，个人利益和完成工作量挂钩，做到多劳多得，提高工人待遇并及时给工人发放工资，解决工人的后顾之忧，调动施工队、个人的积极性和创造性。

图 4-2-7 治租河特大桥墩柱施工现场

8. 安排好冬、雨季的施工

根据当地气象、水文资料，有预见性地调整各项工作的施工顺序，并做好预防工作，使工程能有序和不间断地进行。

9. 加强机械设备管理

各分部管理切实做到加强机械设备的检修和维修工作，配齐维修人员，配足常用配件，确保机械正常运转，对主要工序要储备一定的备用机械，确保机械化施工顺利进行。

10. 确保劳力充足、高效

根据工程需要，配备充足的技术人员和技术工人，并采用各项措施，提高劳动者技术素质和工作效率。

11. 建立目标责任，签订责任要求

对于指挥部下达的控制节点目标（如治租河特大桥、摩洛河大桥等），项目部做出积极回应，根据指挥部的任务要求，二合同项目部编制了目标责任，跟施工班组签订责任书并实行考核奖罚措施。

六、施工安全及文明施工

施工期间，路基、桥梁、隧道、防护工程基本同时开工，机械、人员齐上阵，施

图 4-2-8　治租河特大桥墩柱文明施工

工场面十分热烈，但安全隐患确实不少。本着对生命和国家财产高度负责的精神，项目部始终将安全生产与文明施工列为施工的重点控制（图 4-2-8）。

（一）安全组织和管理

安全管理由项目经理牵头负责，由项目安全副经理、总工程师、财务室三条线分管共抓。项目安全副经理具体进行安全措施的制订落实；总工程师分管工程技术、安全科，从技术方案角度来落实安全生产措施；财务室主要负责安全生产措施的预结算和资金筹集、安排。建立专职安全员和施工队安全员责任制度，并由他们抓好班组长和兼职安全员的工作，将安全生产落实到人，保证项目的顺利实施。

针对民工安全施工意识不足的情况，各分部在每项工程开工前对民工进行安全培训，合格后方能上岗，在上岗过程中还要进行跟踪检查，确保安全生产。项目安全管理部也不定期对各分部进行安全教育培训，组织各分部开展应急演练。

（1）完善安全管理各项规章制度，根据公司和指挥部关于安全管理工作的相关要求，结合现场实际情况，及时对现行安全管理体系文件进行修编，确保安全管理体系文件规章制度齐全，规章制度可操作性、适应性等符合项目实际。

（2）成立安全管理领导小组，并配齐项目部和各分部专职安全管理人员，落实相关人员的安全管理责任。

（3）开展安全教育培训，提高全员安全生产意识。为全面落实安全教育培训和安全技术交底制度，加强安全知识宣传，站在“培训实用化”的角度，将理论跟实际操作紧密结合，加强对施工作业人员，尤其是特种作业人员的安全教育培训，将培训中的重点、难点、操作实践部分转移到施工现场，提升作业人员的操作技能和安全意识。

（4）及时开展安全检查和隐患治理工作。项目部和各分部均严格按年度监督检查计划开展安全生产监督检查，对施工现场定期、专项、季节性、重大节日期间、重大事故隐患清单等进行安全检查。对检查出的隐患按照“三定”原则做好整改闭环管理工作，在安全隐患未经整改或整改不到位的情况下一律停工，对拒不整改的单位按照管理办法罚处上限金额的处罚。

（5）积极开展政府安全生产专项整治工作，认真制订“武倘寻高速公路土建二标项目部安全工程三年行动、安全生产专项整治三年行动”等工作方案，明确任务清单，对存在问题彻底进行整改。

（6）将“平安工地”考核机制纳入日常项目管理工作中，该项目“平安工地”考核均一次性达标，并通过该项工作，强化参建人员安全意识、提高管理水平、筑牢安全防线，确保施工现场生产安全。

（7）不断总结和推广施工中优秀的安全管理方式和安全防护措施。在日常工作中发现和总结优秀的安全管理方式、创新的安全防护措施，并在项目全线进行推广，努力提高武倘寻高速公路土建二标项目全线安全生产管理水平。

（二）文明施工保证措施

结合指挥部建设“美丽公路”的相关要求，项目部在施工中尽量最大程度维护原来的地貌地形，保持原来的生态环境，在施工中，从以下几方面加强文明施工管理。

1. 现场布置

根据场地实际情况合理地进行布置，设施设备按现场布置图规定设置堆放，并随施工不同阶段进行场地布置和调整，尽量减少耕地占用。

2. 路和场地

施工区内道路通畅、平坦、整洁，不乱堆乱放，无散落物；构造物周围应浇捣散水坡，四周保持清洁；场地平整不积水，无散落的杂物及散物；场地排水自成系统，并畅通不堵。施工废料集中堆放，及时处理。

3. 班组场地清理

班组必须做好操作后场地清理，随作随清，物尽其用。在施工作业中，应有防止尘土飞扬、泥浆横流、混凝土撒漏、车辆沾带泥土运行等措施。有考核制度，定期检查评分考核，成绩上牌公布。

4. 材料堆放

砂石分类堆放成方，砌体料类成垛，堆放整齐。

5. 周转设备存放

施工钢模、机具、器材等集中堆放整齐。专用钢模成套放置，零用钢模及零配件、脚手扣件分类分规格，集中存放。

6. 水泥库

袋装、散装不混放，分清标号，堆放整齐，目能成数。有制度、有规定、专人管理，限额发放，分类插标挂牌，记载齐全而正确，牌物账相符。库容整洁，无“上漏下渗”。

7. 构配件及特殊材料

混凝土构件分类、分型、分规格堆放整齐。大梁存放要注意地基承载处理和支垫点正确稳定。钢材分类集中堆放整齐。支座、垫板、预埋件等分门别类妥善保管。

总之，合同段在武倘寻高速公路建设指挥部的领导下，齐抓共管，防患于未然，未雨绸缪；同时在文明工地建设方面狠抓落实，从开工至工程完工，未发生重大人员伤亡和财产损失等重大事故。

七、施工管理经验

（1）管理机构应配置科学合理，以确保整体的凝聚力，多、快、好、省地完成工程项目。

（2）在前期准备过程中，要细致调查工地实际情况，及时制订或调整措施，全面谋划，保证工程顺利实施，各级部门的大力支持、监督指导、主动协调、热情服务是保质保量按期完成该工程的关键。

（3）合理投入资金、设备，严格控制工序施工质量，只有这样才能取得质量、进度、效益的多赢局面。

（4）质量和安全是工程施工永恒的主题，它贯穿整个过程的始终。抓工程质量和施工安全必须持之以恒，警钟长鸣，管理到位，措施到位；同时要提高全员的质量和安全意识，人人参与。

（5）新技术、新设备的引进，投入生产使用，施工过程的及时总结，对提高施工效率、保证工程质量和施工安全都起到很大的作用。

（6）“品质工程”和“美丽公路”的理念已深入人心，从长远看，对项目参建人员的质量意识的提升、管理理念的创新都是大有益处的。

（7）开设农民工工资专用账户，专项用于支付农民工工资的实施，既确保农民工工资及时支付，又极大地降低农民工工资支付相关的矛盾纠纷，但此工作随社会的发展还需进一步做实、做细、做好。

第五篇 科技篇

概 述

武倘寻高速公路建设各方在项目建设过程中，着力加强公路工程技术创新，充分发挥技术创新对公路工程建设、管理的支撑引领作用，推动构建武倘寻高速公路成为安全、便捷、高效、绿色、经济的现代化公路，推进高速公路建设的高质量发展。

在技术创新的过程中，武倘寻高速公路建设指挥部在力促各参建单位施工标准化、规范化的前提下，充分应用新技术、新材料、新工艺、新设备，为保障工程质量提供科技助力。武倘寻高速公路先后成功申请了5个省级科研课题，其成果均运用于项目建设，同时积极引进BIM数字管理系统提升项目建设、营运的信息化水平，BIM技术应用作为省内唯一一个入选交通运输部“第一批公路BIM技术应用示范项目”。

本篇对武倘寻高速公路建设过程中的科技创新、课题研究及其成果应用进行记述。

第一章　“四新技术”推广应用

一、新设备

1. CO_2 气保焊（图 5-1-1）

优点：焊接成本低，生产率高，变形小，抗锈能力强，操作性好，有害烟气产生量小，改善密闭厂房内空气质量。

a)

b)

图 5-1-1　CO_2 气保焊

2. 小导管数控加工设备（图 5-1-2）

优点：加工设备多功能，打孔定位精确度高、低噪声，制动热损小，使用简单方便，节省人力及时间。

a)

b)

c)

图 5-1-2　小导管数控加工设备

3. 数控冲剪一体机（图 5-1-3）

4. 钢筋网片自动焊接设备（图 5-1-4）

优点：焊接结构更牢固、紧凑，能严格控制网格尺寸、网格规格等质量指标，提高工程生产效率，降低环境的污染，能耗小、焊接成本低。

图 5-1-3 数控冲剪一体机

图 5-1-4 钢筋网片自动焊接设备

5. 智能张拉机（图 5-1-5）

智能张拉机能有效保证达到预设张拉值的精准程度，有手动和自动两种可调张拉模式，自动张拉模式时为一键完成自动操作，包括自动停机保压、自动卸荷、自动回程，张拉生产时全过程电脑精准控制，张拉伸长值由系统自动计算出结果。

6. 桥梁桩基钢筋笼弯箍机（图 5-1-6）

优点：降低成本、操作简单、生产效率高，能够准确地弯制加强箍圈的尺寸，有效控制加强圈尺寸一致性。

图 5-1-5 智能张拉机

图 5-1-6 桥梁桩基钢筋笼弯箍机

7. 桥梁桩基钢筋笼滚焊机（图 5-1-7）

优点：加工速度快，减少人工投入，加工质量稳定，电脑控制箍筋调直、缠绕，有效控制箍筋间距。

8. 钢筋数控弯曲中心（图 5-1-8）

优点：加工成本大大降低，提升施工形象，加工质量稳定可靠，加工成形速度快。

图 5-1-7 桥梁桩基钢筋笼滚焊机

图 5-1-8 钢筋数控弯曲中心

9. 钢筋直螺纹滚丝机（图 5-1-9）

优点：操作简单方便，生产效率高，可加工的钢筋范围广，加工成品质量可靠。

10. 全自动钢筋调直机（图 5-1-10）

优点：具有占地少、效率高、运行平稳、操作方便等优点。

图 5-1-9 钢筋直螺纹滚丝机

图 5-1-10 全自动钢筋调直机

11. 旋挖钻机（图 5-1-11）

优点：适于砂土、黏性土、粉质土、软岩等地层施工，在灌注桩、连续墙、基础加固等多种地基基础施工中得到广泛应用，经济环保，生产效率高。

12. 雾炮机（图 5-1-12）

优点：适于隧道、拌和站等场地，降尘、除尘效果好，减少灰尘排放。

a)

b)

图 5-1-11　旋挖钻机

13. 脉冲袋式除尘装置（图 5-1-13）

优点：拌和站水泥、矿粉罐除尘吹灰，设备连续运转，清灰效率高，环保。

图 5-1-12　雾炮机

图 5-1-13　脉冲袋式除尘装置

14. 湿喷机（图 5-1-14）

优点：隧道初期支护喷射混凝土施工，回弹量小，喷射质量好，强度高，能快速对围岩形成封闭，安全、环保。

a)

b)

图 5-1-14　湿喷机

15. 数控钢筋整体切割机（图 5-1-15）

优点：钢筋整体切割，切口平整，操作安全。

图 5-1-15　数控钢筋整体切割机

16. 智能压浆机（图 5-1-16）

预应力管道采用真空辅助压浆或智能压浆工艺，提高管道压浆饱满度，确保质量。

a)

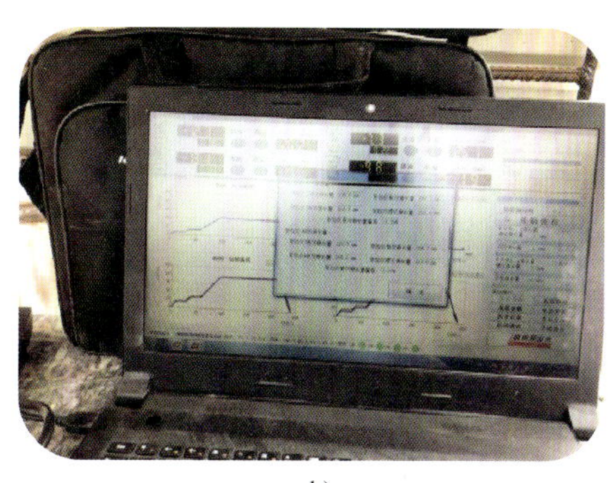

b)

图 5-1-16　智能压浆机

17. 激光摊铺机（图 5-1-17）

减少用工量，提高了施工效率，降低了施工成本，机械化程度高，新技术含量高。

a)

b)

图 5-1-17　激光摊铺机

18. 预制梁（现浇箱梁）整体液压模板（图 5-1-18）

桥梁梁板模板，采用液压系统调整立模、拆模，具有自动化程度高、施工效率高、工人用工量小、劳动强度低的优点，梁板尺寸精度高，外脱质量好。

图 5-1-18　预制梁（现浇箱梁）整体液压模板

二、新技术

1. 隧道七大系统（可实现风电闭锁、瓦电闭锁、瓦斯超标预警等功能，见图 5-1-19~图 5-1-24）

图 5-1-19　门禁系统

图 5-1-20　视频监控系统

a)

b)

图 5-1-21　应急电话通信系统

a)

b)

图 5-1-22 人员定位及应急逃生系统

a)

b)

c)

d)

图 5-1-23 有害气体监测系统

图 5-1-24 通风系统

2. 工地试验室压力机数据联网监控系统（图 5-1-25、图 5-1-26）

图 5-1-25　3D 坍塌体验系统

压力机数据联网监控系统运用先进的信息技术和物联网技术，将试验设备与数据采集设备、业务管理和业务监控软件有机结合，能够将试验数据、曲线、报告及时上传到数据中心，对水泥、混凝土和钢筋的质量起到动态监控的作用，对工程质量控制有积极的现实意义。

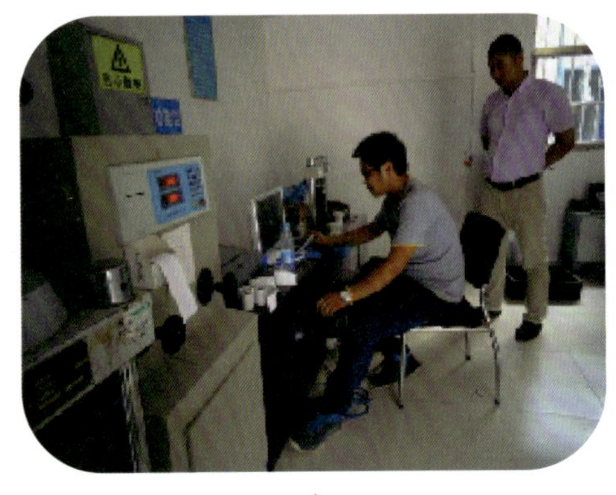

a)

b)

图 5-1-26　压力机数据联网监控系统

3. BIM 技术应用（图 5-1-27）

BIM 技术在项目全寿命周期的信息化应用是通过 BIM 平台进行进度、成本、质量安全协调、动态数据、资料等管理，并开展 BIM 技术在施工组织、图纸检查、碰撞检查、施工模拟、拌和站管理、预制场信息化管理等应用。

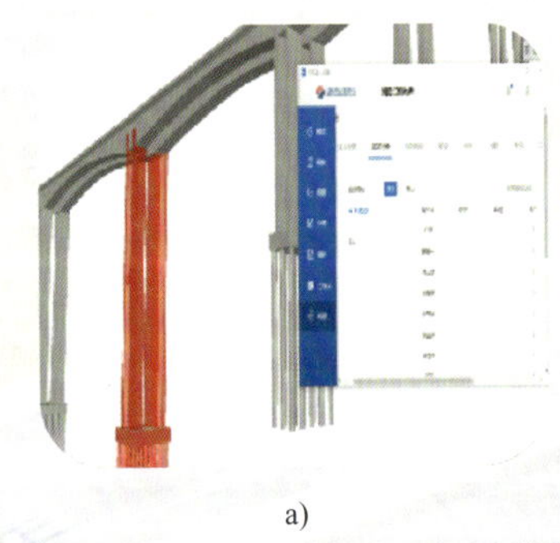

a)

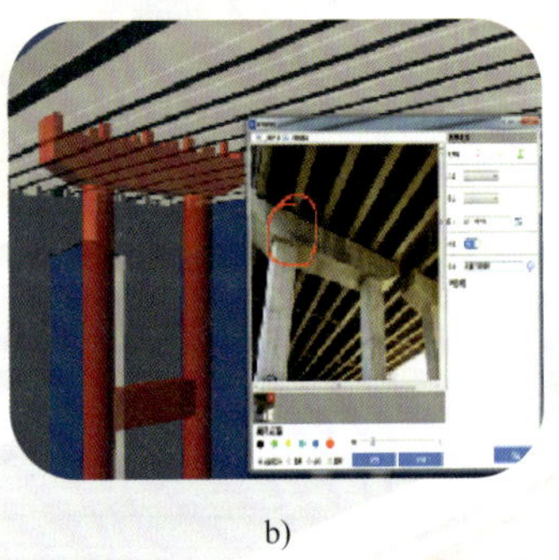

b)

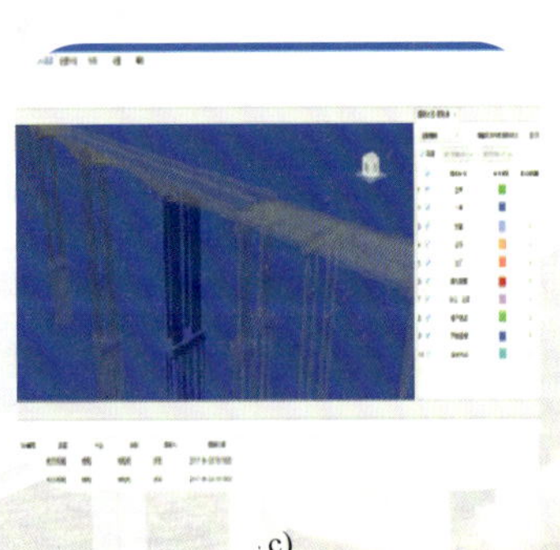

c)

图 5-1-27　BIM 技术应用

三、新材料

1. 土工格室防护边坡工程的应用（图 5-1-28）

填方边坡防护设置土工格室，取代工程防护。土工格室中回填的客土采用一些适合绿化植物生长的土壤，可以很好地改善石质坡体表面的植被覆盖情况。土工格室的应用，可以加强坡面修建的稳定性，减少水力侵蚀，防护效果好，能减少水土流失，美化环境，有利于边坡生态环境的恢复。土工格室防护效果好，见效快，投资小，维护省，经济效益明显。

a)

b)

图 5-1-28 土工格室防护边坡工程

2. 高强度合成纤维柔性吊装带吊装梁板（图 5-1-29）

柔性吊装带用于配合吊钩等起重吊装物体，可以适用于多种吊装条件下的物体起吊，它既有高强度，又能够不伤害物体表面，既轻便又柔软，有多种组合的使用方式。

a)

b)

图 5-1-29 柔性吊装带吊装梁板

3. 隧道二衬塑胶端头模板（图 5-1-30）

采用 ABS 塑胶模板作为二衬施工端头模板，该模板具有刚度大、重量轻，便于安装拆卸，经济效益较好，有效解决了木模板施工速度慢、严密性差、纵向钢筋定位效果差、周转率低的问题。

a)

b)

图 5-1-30　ABS 塑胶模板

4. 新材料逃生管道（高分子聚乙烯，内径 80cm，外径 86cm，见图 5-1-31）

图 5-1-31　新材料逃生管道

四、新工艺

1. 桩头失效环切法（图 5-1-32）

施工步骤：制备失效管→套管、封管→下放钢筋笼至指定位置、标高→浇筑混凝土桩头。

破除步骤：抄高程→环向切桩→桩头整体分离。

桩头失效环切法优点：提升破桩头的效率保护钢筋成品，杜绝桩头钢筋弯折现象的发生。

a)

b)

图 5-1-32　桩头失效环切法施工

2. 三背回填液压强夯工艺（图 5-1-33）

采用液压强夯设备对三背回填碾压死角、边角进行补强夯实，提高三背回填密实度，确保质量。

图 5-1-33　液压强夯设备进行补强夯实

3. 冲击碾压（图 5-1-34）

对软基路段、高填方路段，采用冲击碾压设备进行加强碾压，提高路基稳定性，确保施工质量。

4. 湿喷工艺（图 5-1-35）

隧道初期支护喷射混凝土施工，回弹量小，喷射质量好，强度高，能快速对围岩形成封闭，安全、环保。

图 5-1-34　冲击碾压

图 5-1-35　湿喷工艺

5. 桥梁墩柱钢筋卡具定位安装（图 5-1-36）

使用卡具能更好地提高墩柱钢筋安装的精准度、垂直度，使墩柱钢筋的各个面平整且与水平面垂直，更加方便地控制了钢筋保护层厚度，为武倘寻高速公路创建品质工程，钢筋保护层厚度达到 85% 以上提供了更好的保证。

a)

b)

图 5-1-36　墩柱钢筋安装

6. 箱梁钢筋安装使用桁架整体吊装入模（图 5-1-37）

采用此技术既可解决钢筋安装间距不均匀的问题，提高钢筋安装质量，同时也可提高施工功效。以 30m 箱梁为例，原方法需 6 个工日，现只需 5 个工日即可完成。同时也可使预制底座有效利用。

a)

b)

图 5-1-37　桁架梁整体吊装入模

7. 大体积混凝土温控（图 5-1-38）

对承台大体积混凝土温度控制系统进行技术改进，由原设计四层冷却管改为五层，交叉进出水口设计，通过对混凝土内部埋设温度传感器，对其内部进行动态温度监控，且通过监控数据显示混凝土内部温度比原设计温度降低15~20℃，混凝土降温速率和内外温度可控，混凝土各部位温度均匀，能有效防止大体积混凝土因温度过热引起的开裂现象，技术改进效果明显。

a)

b)

图 5-1-38 混凝土温控

8. 框格梁混凝土利用三边定型模浇筑（图 5-1-39）

框格梁混凝土利用三边定型模浇筑，使结构尺寸、外观质量和线形得到有效保证。

a)

b)

图 5-1-39 三边定型模浇筑

9. 滑槽取电（图 5-1-40）

武倘寻土建二合同段内所有钢筋加工场、梁板预制场全部采用滑槽取电，既安全又节省能源。

a)

b)

图 5-1-40 滑槽取电

第二章 课 题 展 示

一、环氧沥青超薄罩面成套关键技术研究

第一承担单位：云南武倘寻高速公路有限责任公司；主管部门：云南交通投资建设集团有限公司；项目负责人：孙武云。

（一）项目主要目的和主要研究内容

1. 主要目的

“十三五”期间，云南省将完成投资6500亿元，建设高速公路6000km，使全省高速公路通车里程达到8000km以上。

面对如此繁重的建设任务，必须坚持习总书记“五个着力”的要求，牢固树立并切实贯彻“创新、协调、绿色、开放、共享”的新发展理念，依据全寿命周期成本理念，建设低养护维修、使用寿命长久的高性能路面。

受环境条件及荷载作用，路表结构会出现功能性衰减或损坏，采用超薄罩面可在保障和恢复路表功能性能的前提下，节省建设或养护资金，超薄罩面技术受到世界各国的广泛关注和研究，应用越来越广泛。

但现有超薄罩面采用的沥青黏结性能相对较差，使用过程出现剥落、推移、剪切、局部松散等病害，影响使用寿命和效果。环氧沥青是通过环氧树脂固化反应后形成交联网络，从而形成不熔不溶的大分子结构，是一种化学改性的新型改性沥青，具有不可逆、高强度、高黏性、刚度大、耐化学腐蚀等优点，但成本高、施工技术要求高制约了其推广和应用。以环氧沥青作为胶结料，开展《环氧沥青超薄罩面成套关键技术研究》，可实现在较低建设成本的前提下，在传统沥青或改性沥青基础上，利用环氧沥青材料高性能优势建设超薄“防护罩”，减少路面损坏，建设高性能路面。

2. 主要研究内容

1）主要内容

（1）超薄罩面现状调研及对比分析。

通过文献检索及现场调研，深入研究超薄罩面的形式及破坏的主要特征、使用寿

命等。从使用寿命、经济性、社会使用成本等方面从全寿命周期成本的角度对比分析各种超薄罩面的优缺点。

（2）优选和确定高性能热固性超薄罩面的类型。

基于路面服务状况及行车舒适性指标等，结合热固高性能环氧沥青的特点，依据使用寿命，行车舒适性、行车安全性、建设或养护成本等指标综合权衡，试验室内开展超薄罩面结构类型的优化及确定工作。

初步考虑以下三种方案进行比选和优化：

①沥青玛蹄脂碎石（SMA）混合料薄层罩面；

② OGFC 沥青混合料薄层罩面；

③多碎石沥青混合料（SAC）薄层罩面。

（3）开展热固性环氧沥青超薄罩面的性能评价。

对初步筛选的热固性环氧沥青超薄罩面类型开展耐久性、抗裂、防裂及抗剪切性能等方面的评价，并利用试验室加速加载试验进行室内验证，最终提出热固性环氧超薄罩面的推荐应用范围，应用时机，并通过全寿命周期成本进行比较和研究，分析其应用前景。

（4）热固性薄层罩面的配套施工设备的研发。

环氧沥青由 A、B 两个组分组成，当 A、B 组分混合在一起时会发生固化反应。因此，如何通过配套施工设备的研发解决容留前完成工程施工，且工程能快速固化达

到使用要求具有重要意义。项目拟通过现场 A、B 智能流量计改造及搅拌装置的改造，实现即拌即铺，并完成碾压的过程。配套设备研发邀请专门的设备厂家参与共同探讨，确定方案后由国内顶尖的摊铺机生产厂家试生产，并负责改进至满足施工需求。

2）拟解决的技术关键问题

（1）调研超薄罩面的研究及应用状况，评价超薄罩面的使用状况。

（2）依据环氧沥青高强度、热固性的特点，确定适应于环氧沥青的超薄罩面类型。

（3）高性能热固性超薄罩面的性能评价。

（4）高性能热固性环氧沥青超薄罩面配套施工设备研发。

3）创新点

（1）针对环氧沥青强度高、黏接性能好、热固性等特点，结合武倘寻高速公路项目的气候条件、交通荷载、营运状况等，进行超薄罩面的类型优选；

（2）通过对热固性超薄罩面进行试验研究，提出适用于热固性超薄罩面路用性能的评价技术及指标要求；

（3）研究环氧沥青超薄罩面的成套施工技术，并开发配套施工设备。

（二）项目科技成果

1. 主要技术指标

（1）提出适用于热固性超薄罩面的技术指标及要求。

（2）申请专利 1 项。

（3）编制热固性超薄罩面施工技术指南。

2. 形成的知识产权及其归属与保护

专利及软件著作权申请专利 1 项。

二、基于行车安全的隧道入口减光构造物与减速标线设置方法及工程应用

第一承担单位：云南武倘寻高速公路有限责任公司；主管部门：云南省交通运输厅；项目负责人：范新荣。

（一）项目主要目的和主要研究内容

1. 主要目的

该项目以高光照隧道入口减光构造物及减速标线为主要研究内容，旨在寻求一种针对独立六车道隧道入口内外亮度差异较大情形下的减光构造物设计方法以及兼顾减

光构造物带来的行车环境变化下的减速标线协同设置方法，以提高隧道入口行车安全性，降低事故率，弥补目前国内在这方面研究的不足。本课题从公路隧道入口车速变化和驾驶人生心理变化特征以及公路隧道入口“黑洞”效应中驾驶员视觉感受参数入手，利用Ecotect Analysis光环境仿真技术对减光构造物的光环境过渡进行研究，进行隧道入口减光构造物设计方法的探索；对隧道入口减速标线进行选型，考虑减光构造物带来的行车环境的变化，提出隧道入口减速标线与减光构造物的协同设置方法，保证高光照隧道入口的行车安全，为未来类似工程提供理论基础及经验支撑。

2. 主要研究内容

1）隧道入口驾驶人“黑洞”效应试验与视觉感受参数研究

选取云南省多条六车道高速公路隧道作为研究对象，多名试验人员以不同车速驾驶车辆分别对有/无遮阳棚、加强/非加强照明的隧道进行隧道入口“黑洞”效应试验。试验车辆上装有照度计和行车记录仪，试验时驾驶人分别以90km/h和100km/h的速度驶入隧道，拟将“黑度”感受初步分为非常黑、比较黑、一般黑、舒适等4个标准，每通过一座隧道后记录该隧道给人的视觉感受及照度计所测视点照度；再利用fisher判别法对试验结果进行处理，使得初步的模糊的视觉感受等级分类借助数据分析技术获得更准确的分类标准，将所测照度数据按“黑洞”效应感受类别进行分组归类，分析其单位时间内驾驶人的视点照度变化规律，探索不同视点照度水平、行车速度下的驾驶人明暗感受分级与视点照度变化之间的非线性关系的数学表达，研究六车道高速公路驾驶人能适应的视觉明暗分级感受参数阈值。

2）隧道入口减光构造物光环境设计参数研究

（1）明暗感受标准。

由隧道入口驾驶员视觉感受实车试验得出的“黑洞”效应的数值表征，拟选择驾驶员“黑洞”效应明暗感受分级标准中驾驶员感受“舒适”的阈值，作为评价驾驶员视觉舒适性的标准遮阳棚渐低光环境设计的依据。

（2）行车速度。

根据车道数及路段限速的不同，选择进入隧道的行车速度：六车道一般选择V=90km/h、100km/h。

（3）始末端视点照度参数。

①始端视点照度设计参数E_{out}。

根据实车试验所测西安及云南地区的公路隧道入口驾驶人视点照度的变化，得到驾驶员视点照度在超过隧道洞口断面前 30~40m 左右时变化幅度很小，因此选择不受隧道影响的位置（>40m）处作为始端计算位置。确定视点照度参数始端计算位置后，将一年四季分为夏季、春秋季、冬季三个环境照度强度类别，每类选择 10~15 个晴朗白天的 10：00~16：00（东八区）时段，以中国典型小汽车为试验车辆，将照度计的光度头固定于车内驾驶员视点高度处并与视线方向一致，测试该项目六车道高速公路隧道入口前始端计算位置处的驾驶员的视点照度值，将该位置处的四季度照度测试数据按数值从小至大排序，选取 90%~95% 的百分位对应的照度值作为减光构造始端的视点照度设计参数 E_{out}；

②末端视点照度设计参数 E_{in}。

以隧道内加强照明始端位置的视点照度为基准，按“黑洞”效应感受为舒适时的阈值，结合隧道洞口至基本照明始端位置的距离，推算隧道洞口断面的照度数值并将其作为减光构造末端的视点照度设计参数 E_{in}；

3）基于 Ecotect 的遮阳棚内渐变光环境仿真与透光率参数组合研究

（1）遮阳棚模型的构建。

①遮阳棚初始长度的设置。

由公路隧道入口始 / 末端视点照度、行车速度及驾驶员适应的“黑洞”效应感受分级阈值，研究不同视点照度水平、行车速度条件下的遮阳棚理论最小长度设置方法，依据经验将理论最小长度的 2 倍结合分段最大长度进行不同视点照度水平、行车速度条件下遮阳棚初始长度的确定。

②遮阳棚断面尺寸确定。

由武倘寻高速公路设计文件可知，寻甸 2 号隧道按照速度为 100km/h 的标准设计，采用端墙式洞门，隧道内宽度为 14.25m，隧道洞口横截面如图 5-2-1 所示。

隧道洞外路面是按照高速公路分离式路基标准横断面设计，设计速度为 100km/h，行车道宽度为 3.75m。受隧道洞口和路基断面尺寸的影响，寻甸 2 号隧道洞口遮阳棚的横截面如图 5-2-2 所示，路面布置图如图 5-2-3。

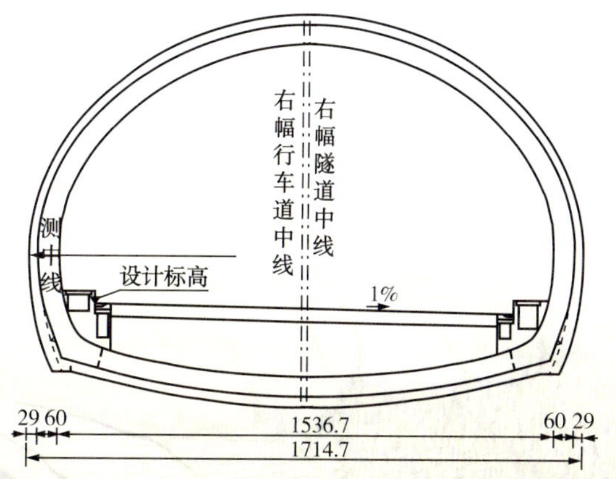

图 5-2-1 隧道洞口横截面尺寸图（单位：mm）

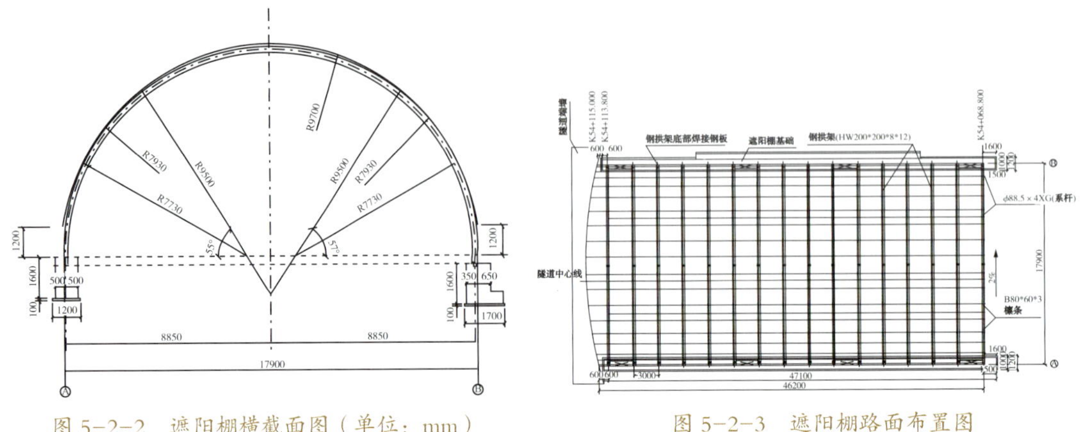

图 5-2-2　遮阳棚横截面图（单位：mm）

图 5-2-3　遮阳棚路面布置图

③隧道端模型及灯具布置。

为了更真实模拟隧道内光环境，隧道端设置为不透光，然后在隧道及遮阳棚仿真模型底部构建路面模型，之后采用对称布设的方法在隧道模型内添加灯具以模拟隧道照明，《公路隧道照明设计细则》（JTG/T D70/2-01—2014）中规定入口段的加强照明灯具宜自隧道洞口顶部以内 10m 处开始布设，根据公路隧道灯具对称布设的原则，照明灯具的安装高度设为 5m，将其安装在隧道两侧侧壁拱腰位置处。将隧道模型末端即远离遮阳棚的一端设置成封闭，避免外界光进入隧道影响分析结果。构建的隧道及灯具布置模型见图 5-2-4、图 5-2-5，并结合灯光，拟进行加强照明 / 部分加强照明等遮阳棚设计方案。

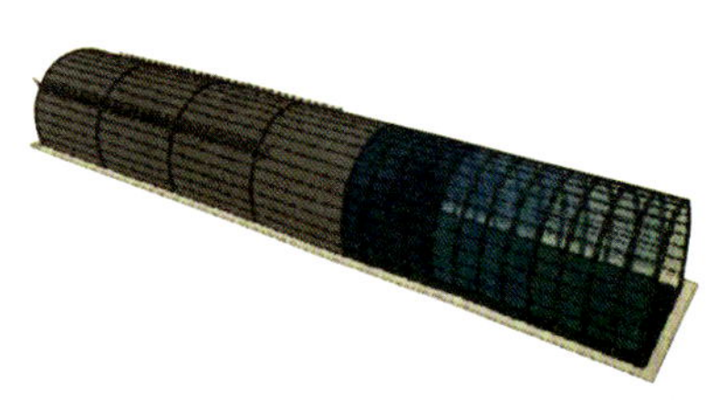

图 5-2-4　遮阳棚与隧道端模型

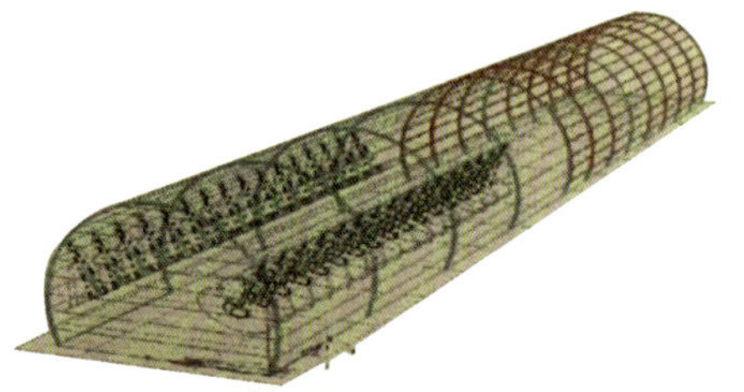

图 5-2-5　隧道灯具布设模型

④遮阳棚遮阳材料组合类别。

以“均匀渐低、追求美观”为原则，拟采取“分段单一，整体组合”“侧向相同，顶部渐变”两种遮阳材料组合方案（图 5-2-6、图 5-2-7）。

（2）透光参数组合方案研究。

前期大量光环境仿真实践发现：遮阳棚始端透光参数 $T_{始} \geqslant 0.7$ 时，遮阳棚内视点照度降低的效果不大；相邻遮阳材料透光率差值宜 <0.3，可达到色彩协调美观效果。

为满足遮阳棚始末端视点照度渐变需求，遵循“功能满足、色彩协调”的原则，分别对“分段单一，整体组合”式、“侧向相同，顶部渐变”式遮阳棚初定多种遮阳材料透光参数组合方案，基本原则如下：初始段遮阳材料透光参数 $T_{初}$=0.4~0.6，末尾段透光参数 $T_{末}$=0.1~0.2；对首尾透光率差值≥0.3的组合增设中间段遮阳材料，采取内插法确定其透光参数大小；对于“侧向相同，顶部渐变”式遮阳棚，顶部初始段、顶部末尾段透光参数的选取同“分段单一，整体组合”式遮阳棚，两侧透光参数与顶部初始段一致。初定的透光参数组合方案如表5-2-1、表5-2-2所示。

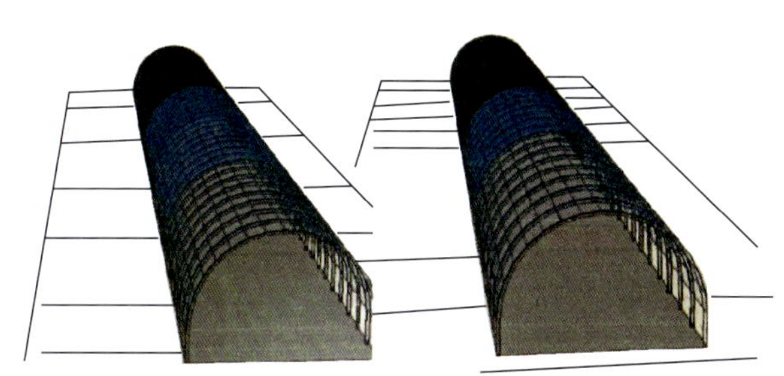
图5-2-6 “分段单一，整体组合”式

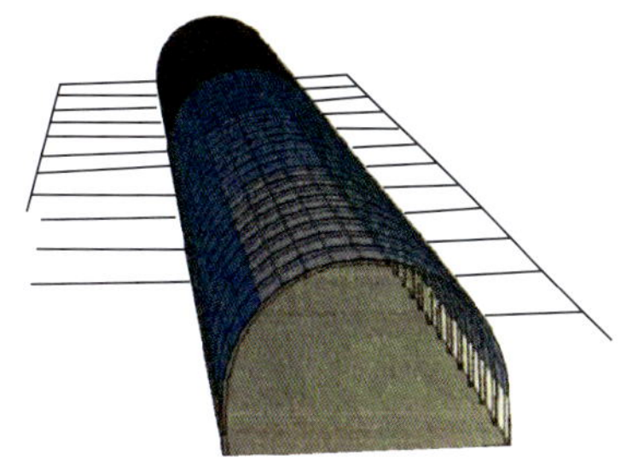
图5-2-7 “侧向相同，顶部渐变”式

“分段单一，整体组合”式透光率初步方案　　表5-2-1

方　案	遮阳材料透光率		
	初始段	中间段	末尾段
①	0.4	0.25	0.1
②	0.4		0.2
③	0.5	0.3	0.1
④	0.5	0.35	0.2
⑤	0.6	0.35	0.1
⑥	0.6	0.4	0.2

“侧向相同，顶部渐变”式透光率初步方案　　表5-2-2

方　案	遮阳材料透光率		
	顶部初始段 / 两侧	顶部中间段	顶部末尾
①	0.4	0.25	0.1
②	0.4		0.2
③	0.5	0.3	0.1
④	0.5	0.35	0.2
⑤	0.6	0.35	0.1
⑥	0.6	0.4	0.2

运用 CAD 三维建模技术，分别构建行车速度为 90km/h、100km/h 两种条件下的遮阳棚模型（如图 5-2-8），将其导入 Ecotect Analysis 中，选取具有代表性的驾驶人视点照度值 *U*，以洞口采用加强 / 基本照明为条件，通过依次选取上述初定方案的遮阳材料透光率组合及视点照度参数对遮阳棚全长及洞口附近的视点照度进行光环境仿真实验，获得遮阳棚内任意位置视点照度变化规律，评价其全长内的照度变化是否小于“黑洞”效应感受为舒适时的阈值；若不满足，则以 1m 的步长动态调整长度或分段减光参数组合，重复上述步骤直至该长度下的减光参数组合符合视觉舒适时的阈值，由此确定该隧道视点照度水平下行车速度分别为 90km/h 和 100km/h 时的减光构造的合理长度与减光参数组合优选方案。

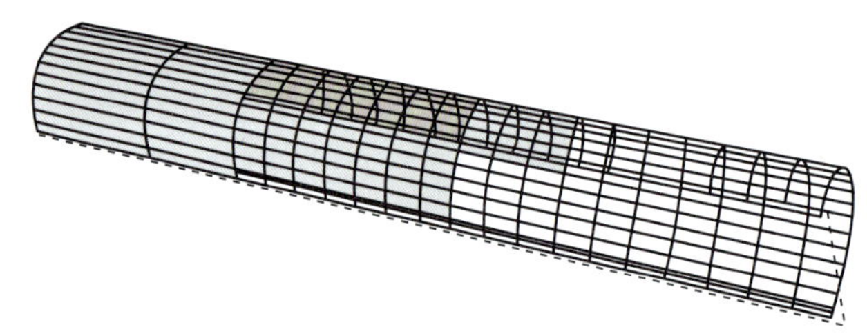

图 5-2-8　遮阳棚的模型示意图

4）钢拱骨架 -PC 板组合式遮阳棚设计与施工工艺研究

（1）遮阳棚材料选型。

从施工方便性角度出发，考虑风载、雪载、自重等因素，遮阳棚的承重骨架拟采用 HW200 × 200 型钢截面形式，如图 5-2-9 所示。

进行遮阳板遮阳材料规格类型市场调研与功能特性选型，选择符合透光要求及价格、力学性能、耐久性较好的材料作为隧道入口遮阳棚的遮阳材料。

（2）遮阳棚结构设计。

依据外在（风、雪）荷载、结构自重、遮阳板的抗拉强度，确定承重骨架的间距、断面尺寸及遮阳板的厚度与形式。从标准化施工角度考虑，拟将遮阳棚的肋板间距取固定值 3~4m，相邻的肋板之间用连接杆进行连接，连接板的长度与肋板间距保持一致。遮阳板铺设在钢拱架 + 连接杆上，主要承受风压和雪压。

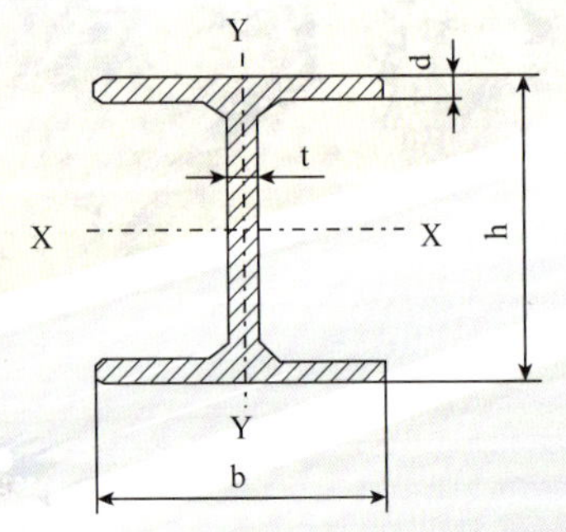

图 5-2-9　H 型钢的示意图

（3）遮阳棚施工工艺。

遮阳棚上部主要由钢拱架、钢柱和 PC 板三个部分组成。施工时拟采用如下工艺：采用由两段等长的弧形 H 型钢连接而成的半圆形钢拱架，两段弧形 H 型钢顶部端头焊接有钢板，通过高强螺栓拴接两块钢板成为半圆形拱架（图 5-2-10）。

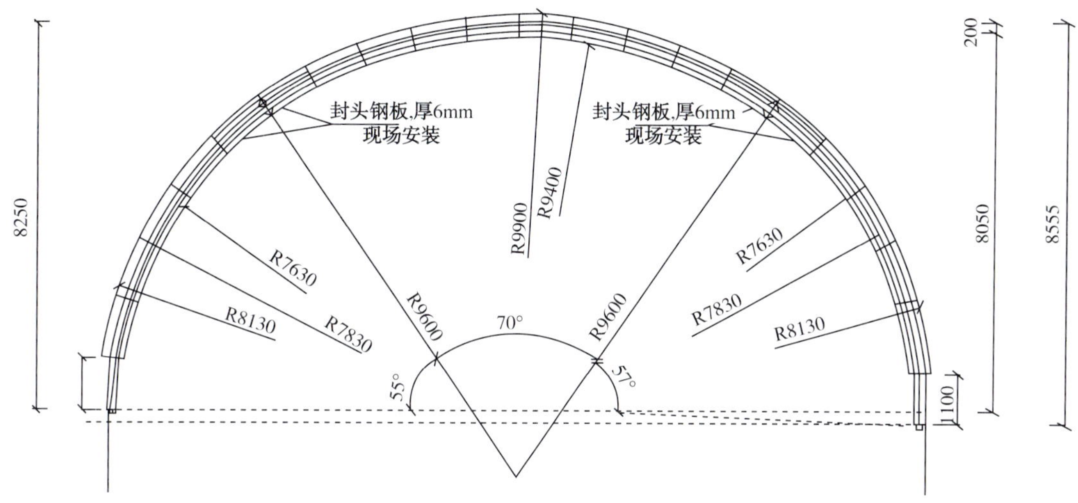

图 5-2-10 半圆形拱架形式（单位：mm）

钢柱与弧形 H 型钢同样通过高强螺栓拴接焊接钢板的方式连接。柱脚底板与预埋锚栓利用 M24 高强螺栓相连接。预埋锚栓顶部需预留 120mm 深度进行二次浇筑。

5）隧道入口减速标线选型及与减光构造协同设置研究

（1）入口减速标线选型。

减速标线参数选取。

目标路段减速标线设置长度由该路段前方运行车速 v_0、目标限速 V_t 和减速度 a 根据公式 $L=v_0^2-v_t^2/2a$ 确定。本次研究拟以设计车速 v_0、减速度 1.8m/s^2，隧道入口限制车速 90km/h 和 100km/h，确定减速标线设置长度分别为 s_1 和 s_2，减速标线设置位置应结合行车环境合理设置。

横向减速标线间距应使车辆通过各标线间隔时间大致相等，根据《道路交通标志与标线》（GB5768—2009），间距沿行车的方向依次为 32m、32m、30m、28m、26m、23m、20m、17m；车辆正常行驶时，当距离横向减速标线较远时，由于驾驶员注视标线两端点间构成的视觉角度较小，因此有必要加大标线线宽增强驾驶员视觉关注，但线宽设置不宜过大，否则影响实际减速效果。我国横向标线线宽一般取 20~45cm，低速取下限，高速取上限，本次研究车速较高，标线线宽取 45cm。

为施工方便，同时及时引起驾驶员关注，横向减速标线设置宽度与车道同宽，本次研究车道宽 3.75m，因此横向减速标线宽度取 3.75m。根据《道路交通标志和标线》（GB5768—2009），车行道横向减速标线是一组垂直于行车方向的白色标线，但工程中白色和黄色均有应用，且黄色减速标线居多。本研究选用黄色作为车行道横向减速标线的颜色。

根据《道路交通标志与标线》（GB5768—2009），纵向减速标线由一组平行于车道分界线的菱形虚线块组成，沿行车方向分为 30m 渐变段与剩余工作段，工作段长度等于减速标线设置全长减去渐变段 30m，车行道纵向减速标线的设置长度同车行道横向减速标线。

组成纵向减速标线的菱形块单元内角 45°，与车道分界线间隔 5cm，长 100cm，单元间隔 100cm。渐变段内菱形块线宽沿行车方向由 10cm 逐渐过渡至 30cm，工作段内保持为 30cm。根据《道路交通标志和标线》（GB5768—2009），车行道纵向减速标线是一组平行行车方向的白色菱形虚线块，工程应用中也基本采用白色。本研究选用白色作为纵向减速标线的颜色。

关于鱼刺形减速标线，国内已有理论研究和工程实践，但尚未有标准规范指导说明。参考国内外已有理论研究及工程实践，考虑本课题组前期研究结果，基于驾驶员视觉舒适和心理紧张，标线闪现率 f 取 6~12Hz 时驾驶员感受较舒适，本次研究分别取 f=6Hz、8Hz、10Hz；鱼刺形减速标线介于横向标线和纵向标线，参考国内外工程案例及车距确认线的线宽取值，本文初定鱼刺形减速标线线宽为 30cm、40cm。

考虑施工便利和驾驶员视觉特点，鱼刺形减速标线线宽取 0.4cm、宽度 3m，角度 60°、90°；参考已有减速标线横向宽度研究及《公路工程技术标准》（JTGB 01201—4）中对高速公路车道宽度的规定，初步确定车道宽度 3.75m 时的鱼刺形减速标线横向宽度的两种取值：（a）参照车距确认线的横向宽度取值及国内鱼刺形减速标线应用现状，取鱼刺形减速标线的横向宽度初始值为 3m；（b）考虑英国、美国及日本的有关鱼刺形减速标线应用设计，取鱼刺形减速标线的横向宽度初始值为 2.5m；鱼刺形减速标线的设置长度同车行道横向减速标线。

（2）减速标线多方案对比研究。

使用 uc-win/road 建立公路隧道入口模型，在隧道入口处分别添加三类减速标线四种方案，并邀请 10 名拥有 2 年以上驾驶经验的中等技术驾驶员进行动态仿真，记录速度 90km/h 和 100km/h 的视认距离、降速段长度和车速降低率，以车速降低率为主要评价指标，综合分析各减速标线降速段长度和视认距离，得出降速效果排序。

（3）减速标线、减光构造及减速标志协同设置。

隧道入口无减光构造时，为保证驾驶员进入隧道前遇紧急情况有足够反应操作时间，可以及时有效制动，国内隧道通常在洞口前保留50m安全距离，故减速标线终点多设于洞口外50m处。隧道入口设置减光构造后，行车环境发生变化，洞口视点照度逐渐降低，“黑洞”效应明显改善，驾驶员视觉震荡现象消失，能够较及时发现前方障碍。本次研究将综合考虑隧道入口防滑路面、减速标志与减光构造物、减速标线关系（图5-2-11），将减光构造视作隧道外延入口，将减速标线终点分别设在减光构造入口外50m、30m、0m处，防滑路面依据《公路交通安全设置细则》（JTG TD 81—2017）和相关研究从隧道外30m布设至隧道内20m，考虑隧道入口的减速标线与限速标志协同设置，限速标志设置在减速标线上游一定距离 D 处。该距离需考虑驾驶员在读取限速标志信息时车辆行驶的距离 L_1 以及驾驶员对减速标线的视认距离 L_2（$D \geqslant L_1+L_2$）。

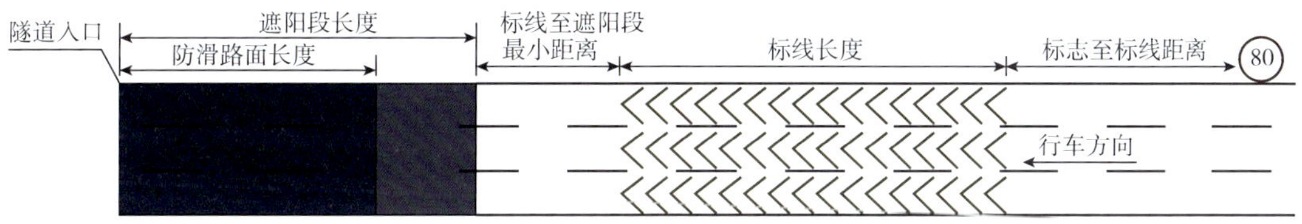

图5-2-11 防滑路面/减光构造/减速标线/减速标志协同设置

参考CIE88—1990技术报告，在隧道入口放置一个0.2m×0.2m×0.2m的正方体障碍物评价驾驶员在隧道入口安全距离，利用uc-win/road模拟在三种安全距离下，驾驶员分别以车速90km/h和100km/h时看到障碍物至完全停止的实际行车距离，以驾驶员能够在到达障碍物前成功制动为目标，探究减光构造入口减速标线设置的最小安全距离。

（二）项目考核指标

1. 主要技术指标

（1）隧道入口减光构造长度/遮阳材料透光率参数组合确定方法。

（2）公路隧道入口钢拱骨架-PC板组合式遮阳棚设计与施工工艺。

（3）隧道入口遮阳棚与减速标线协同设置方法。

（4）遮阳棚改善隧道入口光环境效果评价。

（5）完成减光构造物及减速标线工程应用各1项。

（6）撰写论文专著（国内外核心期刊）：2 篇以上。

（7）培养研究生 2 名以上。

2. 主要经济指标

（1）基于视点照度指标，采用实车测试隧道入口“黑洞”效应，量化了驾驶员的明暗视觉感受特性，具有较大的科学意义。

（2）设置光环境渐低的遮阳棚，极大减轻了隧道入口的“黑洞”效应，对降低隧道入口的事故率具有重要的作用。

（3）遮阳棚的科学设置有效降低了隧道入口的光照强度，可为降低隧道入口照明强度创造条件，有望实现运营安全和节能减排的双重效益。

（4）通过隧道入口设置优选的减速标线类型，更有利于警醒驾驶员进行主客观的减速行为，有助于减轻“黑洞”效应，提高了隧道入口运营安全。

（5）采用优选的减速标线，兼顾减光构造物位置，优化减速标线与减光构造物的协同设置，有望达到减少或消除隧道入口“黑洞”效应带来的安全隐患的目的。

（三）项目科技成果

1. 主要科技成果

（1）隧道入口减光构造长度 / 遮阳材料透光率参数组合确定方法。

（2）公路隧道入口钢拱骨架 - PC 板组合式遮阳棚设计与施工工艺。

（3）隧道入口遮阳棚与减速标线协同设置方法。

（4）遮阳棚改善隧道入口光环境效果评价。

（5）完成减光构造物及减速标线工程应用各 1 项。

（6）撰写论文专著（国内外核心期刊）2 篇以上。

（7）培养研究生 2 名以上。

2. 形成的知识产权及其归属与保护

该课题取得的科研成果归云南武倘寻高速公路有限责任公司和各参研单位共同拥有。

三、高烈度区中等跨径钢 - 混组合梁式桥质量检验方法与评定标准研究

第一承担单位：云南武倘寻高速公路有限责任公司；主管部门：云南省交通投资建设集团有限公司；项目负责人：孙武云。

（一）项目主要目的和主要研究内容

1. 主要目的

该项目以云南武倘寻高速公路中的工字形钢 - 混凝土组合梁桥为依托，以可能出现的质量问题为研究对象，结合已有的钢 - 混凝土组合梁桥设计与施工规范、钢结构施工验收标准、城市桥梁施工与质量验收规范等规范，通过对中等跨径钢 - 混组合梁式桥病害形成机理的分析，以施工变异对桥梁质量的影响为出发点，通过理论分析、有限元模拟和试验研究，建立质量检验的指标体系，提出指标取值和质量检测方法，编写相应的技术指南，为依托工程和同类工程的质量控制和检验、评定提供理论和技术依据。

2. 主要研究内容

（1）中等跨径钢 - 混组合梁式桥病害分析和质量影响因素研究。

（2）中等跨径钢 - 混组合梁式桥上部结构质量检验指标体系构建。

（3）中等跨径钢 - 混组合梁式桥上部结构质量检验指标取值研究（规定值或允许偏差）。

（4）中等跨径钢 - 混组合梁式桥上部结构质量检验指标检测方法与检测频率。

（5）中等跨径钢 - 混组合梁式桥上部结构质量检验基本要求和外观质量规定。

3. 拟解决的关键技术问题及创新点

（1）中等跨径钢 - 混组合梁式桥上部结构质量检验评定指标体系的构建。

（2）根据施工变异对结构质量影响的严重程度，通过理论和试验研究，得出合理的上部结构质量检验指标取值范围。

（3）中等跨径钢 - 混组合梁式桥上部结构质量检验指标检测技术与检测频率。

（二）项目考核指标

1. 主要技术指标

（1）提交《高烈度区中等跨径钢 - 混组合梁式桥质量检验方法与评定标准》研究报告。

（2）提交《高烈度区中等跨径钢 - 混组合梁式桥质量检验与评定指南》。

（3）撰写论文，在核心期刊上公开发表论文 2 篇以上。

2. 主要经济指标

（1）通过该项目的研究，对确保钢 - 混组合梁式桥结构体系的可靠与安全，对桥梁的设计、施工、运营均有着重要的理论意义和实际价值。同时研究成果对保证云南省钢-混组合梁桥工程建设的质量，加强钢-混组合梁桥工程建设的质量管理，推动钢-混组合梁桥的工程应用等诸多方面发挥巨大作用。

（2）项目研究成果中的《高烈度区中等跨径钢-混组合梁式桥质量检验与评定指南》，对云南省后续此类型桥梁建设具有重要的指导意义，也会产生良好的社会效益。

（三）项目科技成果

1. 主要科技成果

（1）建立中等跨径钢-混组合梁式桥上部结构质量检验评定指标体系。

（2）提出合理的质量检验指标取值范围。

（3）确定中等跨径钢-混组合梁式桥上部结构质量检验指标检测频率，提出检测技术。

（4）提交《高烈度区中等跨径钢-混组合梁式桥质量检验方法与评定标准》研究报告。

（5）提交《高烈度区中等跨径钢-混组合梁式桥质量检验与评定指南》。

2. 形成的知识产权及其归属与保护

该课题取得的科研成果归云南武倘寻高速公路有限责任公司和各参研单位共同所有，科研成果的解释和保护由云南武倘寻高速公路有限责任公司与云南省交通运输厅工程质量监督局负责。

四、热固高性能环氧沥青排水路面的关键技术研究

第一承担单位：云南武倘寻高速公路有限责任公司；主管部门：云南交通投资建设集团有限公司；项目负责人：孙武云。

（一）项目主要目的和主要研究内容

1. 主要目的

云南作为山区高原省份，存在许多长下坡路段，连续下坡最长的路段长达 38km，居国内之首，大货车在连续下坡路段行驶过程中经常会需要喷洒刹车水，水膜的存在会降低路面抗滑性能，降低摩擦系数，增大交通事故发生的风险。此外，云南多地降雨较集中，采用传统密级配沥青混凝土路面行车安全隐患大。而采用大孔隙排水路面，雨天路面排水迅速、抗滑性能优异、路面噪声低且环境效益良好；可减少因道路抗滑性不足、雨天水漂妨碍驾驶员视线等引起的交通事故，是建设海绵城市、绿色交

通、平安交通的重要组成部分。但目前即使采用高黏沥青作为透水路面黏结料，在使用过程中仍然存在早期松散、削落，甚至推移、车辙等病害。而采用高性能环氧沥青作为透水路面的黏结料，能有效解决使用过程中易出现松散或剥落等问题，应用范围相对较广，研究具有重要意义及应用价值（图 5-2-12）。

图 5-2-12 环气沥青排水路施工

2. 主要研究内容

1）主要内容

（1）OGFC（升级配抗表层）现状调研及对比分析。

首先，进行 OGFC 现状调研及对比分析，通过文献检索及现场调研，深入研究 OGFC 应用的条件及破坏的主要特征、使用寿命等。从使用寿命、经济性、社会使用成本等方面按全寿命周期成本方法对比分析 OGFC 的优缺点。目前课题组已开发出环氧沥青产品，若级配范围符合《公路钢箱梁桥面铺装设计与施工技术指南》环氧沥青混合料级配设计范围要求，则环氧沥青混合料具有强度高、柔性好、耐化学腐蚀、耐高温等优点。但如用于透水路面，则会存在柔性不足的问题。

（2）OGFC 用高性能增韧环氧沥青的研究。

在已开发环氧沥青的基础上，结合透水路面孔隙大，集料间有效接触面积小，相对容易松散、剥落或强度不足的实际，开发强度高、柔性大的环氧沥青新材料。并对开发的高强增韧环氧沥青材料进行性能试验，对施工性能、固化效率及固化反应进行评价。

（3）开展 OGFC 环氧沥青配合比设计及性能评价。

环氧沥青不同于现有传统沥青，本质差别是由可逆的热塑性材料固化后转变为不可逆的不熔不溶的热固性材料。因此，需要结合环氧沥青的热固性特点对级配进行优化并开展性能评价。以期获得高性能、耐久的环氧沥青 OGFC。

然后利用室内试验设备开展路用性能及服务性能的评价，并通过试验模拟环氧沥青透水路面的水稳定性、耐久性。为透水路面的应用提供科学指导和理论依据（图 5-2-13）。

（4）环氧沥青 OGFC 路用性能评价及施工工艺控制。

容许施工周期短且受施工温度影响大是环氧沥青应用受限的关键制约因素，项目

图 5-2-13　材料实验室科学研究

将根据影响环氧沥青工程质量的因素入手，开展容许施工时间测定、环氧沥青OGFC性能的影响因素及不利施工条件下的性能影响，确定质量控制关键工艺及控制重点，为环氧沥青透水路面的应用提供借鉴和指导。

2）拟解决的技术关键问题

（1）OGFC配合比设计及优化。

环氧沥青与现有传统沥青或改性沥青的最大区别是环氧沥青固化后由热塑性转化为热固性不可逆的不溶不熔材料，且因环氧强度较高，配合比设计时空隙率、油石比选择更多。因此如何满足路面结构的功能需求、结构需求，对环氧OGFC进行配合比设计优化，以期达到综合性能最佳、使用寿命最长应是重点。

项目将以连通孔隙率控制、环氧沥青膜及与下承层黏结、封水要求为重要控制指标，融合多碎石配合比设计方法、贝雷设计方法及SuperPave设计法优点，按性能结果为目标确定配合比设计及优化方法，实现可根据集料的物性及集料堆积特性等方面，自动确定优化级配。

最佳油石比确定将在现有方法的基础上，以油膜厚度对黏结强度及耐久性的影响综合确定。

（2）OGFC用高性能柔性环氧沥青研制。

排水OGFC沥青混合料因孔隙大，集料间接触面积小，对黏结料性能要求高。若仅提高环氧沥青的黏结强度，但柔性不足的话，会导致因环氧OGFC沥青混凝土与下承载结构变形的不协调，致使环氧OGFC受力过大从而导致OGFC沥青混凝土产生结构性破坏。因此需要保证环氧OGFC变形能力不低于下承层的变形能力，以保证整个路面结构能够整体受力。

因此，研制柔性高强环氧沥青材料是成败的关键。项目将在共混材料相容性、配伍性等方面开展研究，综合平衡增韧、高强性能，并以环氧OGFC马歇尔变形量、低量弯曲应变等评价柔性。同时在试验室用加速加载试验模拟和评价结构变形的协调性。

3）创新点

（1）在已有高性能环氧沥青的基础上，研发高韧、高性能透水路面用环氧沥青新材料。

（2）通过配合比设计及优化，提出基于集料表面接触度、集料体积特性的环氧沥青 OGFC 配合比设计方法。

（3）提出推荐的环氧沥青 OGFC 技术指标及要求。

（二）项目考核指标

1. 主要技术指标

（1）形成研究报告《热固高性能环氧沥青排水路面的关键技术研究研究总报告》。

（2）课题效益分析报告及依托工程应用报告。

（3）申请专利 1 项。

（4）核心期刊发表论文 3 篇。

（5）编制热固性环氧 OGFC 的施工手册。

2. 主要经济指标

环氧 OGFC 铺装的应用面积达 5000m^2；1cm 厚每平方米的价格控制在 90 元以内。

（三）项目科技成果

主要技术指标

（1）提出适用于热固高性能环氧沥青排水路面指标及要求。

（2）申请专利 1 项。

（3）编制热固高性能环氧沥青排水路面施工手册。

五、高烈度区中等跨径钢 - 混组合桥梁设计、施工及养护关键技术研究和示范

第一承担单位：云南武倘寻高速公路有限责任公司；主管部门：云南省交通投资建设集团有限公司；项目负责人：孙武云。

（一）项目主要目的和主要研究内容

1. 主要目的

该项目针对云南武倘寻高速公路穿越云南省高烈度区的实际情况，同时如何在高烈度区域修建钢 - 混组合桥梁的难题开展。通过该项目的系统研究，把握高烈度区钢 - 混组合桥梁结构的力学性能及适应性、组合桥梁概念设计原则及施工优化措施，

通过研究组合桥梁抗震性能，建立适用于钢 - 混组合桥梁的概率性抗震性能评估方法，提出中等跨径钢 - 混组合桥梁合理抗震体系的构造布置基本要求，为高烈度区桥梁选型和抗震设计提供理论指导，从宏观上保证高烈度区桥梁抗震设计的可靠性；同时建立高烈度区钢 - 混组合桥梁的施工与养护成套技术，为依托工程武倘寻高速公路天生桥特大桥老长箐大桥的建设提供技术支撑，保障工程的顺利实施，并为钢 - 混组合桥梁在我国的推广应用提供技术基础。

2. 主要研究内容

1）要解决的主要技术难点和问题

（1）提出钢 - 混组合结构桥梁的合理结构体系和最优结构布置形式。

（2）完成钢 - 混组合结构桥梁设计关键技术研究，为此类桥型的设计提供坚实的理论基础。

（3）提出钢 - 混组合结构桥梁的合理运架措施和标准施工工艺。

（4）使钢 - 混组合结构桥梁养护水平得到一定程度的提高。

2）研究的创新点

（1）高烈度区中等跨径钢 - 混组合桥梁适用性及结构体系设计新技术。

（2）高烈度区中等跨径钢 - 混组合桥梁抗震性能设计（上构、下构等）。

（3）高烈度区中等跨径钢 - 混组合桥梁简支桥面连续构造及新技术。

（4）高烈度区中等跨径钢 - 混组合桥梁集成化运输架设装备技术。

（5）高烈度区中等跨径钢 - 混组合桥梁养护技术研究。

3）研究内容（图 5–2–14）

专题一：钢 - 混组合桥梁力学性能及适应性研究

（1）钢 - 混组合桥梁承载能力研究（简支梁与连续梁）。

（2）钢 - 混组合桥梁负弯矩区合理构造形式及承载能力研究。

（3）钢 - 混组合桥梁关键力学性能研究（徐变、剪力键）。

（4）钢 - 混组合桥梁结构适应性研究（最优结构布置、稳定性能、经济性能）。

（5）模型试验研究，并完成理论结果、数值模拟结果、模型试验结果及实测结果的相互验证。

专题二：钢 - 混组合桥梁优化与仿真分析技术研究

（1）钢 - 混组合桥梁结构最优布置模型研究，包括钢梁截面、混凝土板等。

（2）钢梁与混凝土面板的连接技术及其模拟方法。

（3）钢梁横向联系形式。

专题三：高烈度区钢 - 混组合桥梁概率性抗震性能评估及减震措施研究

（1）钢 - 混组合桥梁概率性抗震性能评估。

（2）强震作用下组合桥梁损伤模式研究。

（3）组合桥梁抗震方案研究及抗震性能对比。

（4）高烈度区中等跨径组合桥梁合理抗震体系研究。

专题四：钢 - 混组合桥梁集成化运输架设及施工技术研究

（1）钢 - 混组合梁工厂化预制技术研究。

（2）钢 - 混组合梁制作与运输工艺研究。

（3）钢 - 混组合梁吊装工艺研究：架桥机采用四点起吊三点平衡结构，保证钢 - 混凝土组合梁吊装过程的平稳性及梁体不受扭曲，同时能满足落梁姿态及精度要求；运梁车轮胎承载具有自适应的结构形式；优化运梁车运输效率，合理配置运输功率；合理配置运梁车运输轴载，满足桥面接地比压要求。

（4）钢 - 混组合桥梁施工措施及工序研究。

（5）钢 - 混组合桥梁桥面连续构造施工及超高性能混凝土现浇部分施工工艺研究。

专题五：钢 - 混组合桥梁养护技术研究

（1）钢 - 混组合桥梁常见病害分析。

（2）钢 - 混组合桥梁养护技术研究。

（3）钢 - 混组合桥梁养护质量检验评定方法研究。

图 5-2-14 是制造厂科技攻关。

（二）项目考核指标

1. 主要技术指标

（1）提出钢 - 混组合结构桥梁的合理结构体系和最优结构布置形式。

（2）完成钢 - 混组合结构桥梁设计关键技术研究，为此类桥型的设计提供坚实的理论基础。

（3）提出高烈度区概率性抗震性能评估方法及合理抗震减震的措施。

图 5-2-14 制造厂科技攻关

（4）提出钢 - 混组合结构桥梁的合理运架措施和标准施工工艺。

（5）实现钢 - 混组合结构养护水平得到一定程度的提高。

（6）在国内外期刊杂志上公开发表论文 4~6 篇，其中核心期刊论文 2 篇以上。

2. 主要经济指标

钢结构作为一种节能环保型、能循环使用的结构材料，同时相比于普通混凝土结构，能够大大减少不可重复利用的混凝土用量，对环境的污染程度进一步减轻。在施工过程中，钢梁架设相对于普通混凝土箱梁要快捷，减少了施工周期，对施工周边环境的影响相对弱。我国作为钢材大国，组合结构的推广应用是实现建筑可持续发展的重要途径。

通过该课题的研究，将钢 - 混组合结构桥梁这种新型组合桥梁结构应用到实际工程中，同时完成相关的理论和试验研究，最终建立一套较为完善、系统的设计、施工指南，为推广钢 - 混组合结构桥梁在实践中的应用奠定理论基础，为具体的桥梁设计提供技术指导，丰富和开拓我国桥梁结构类型和工程实践，大大提升我国在该领域内的科学技术水平。该项目的实施符合交通运输部《关于推进公路钢结构桥梁建设的指导的意见》的相关要求，课题顺应了政府、投资者、公众等各方面的社会需求，具有良好的社会效益。

3. 提交成果及形式

（1）提交《高烈度区中等跨径钢 - 混组合梁式桥设计、施工及养护关键技术研究和示范》项目研究报告。

（2）发表项目相关的学术论文 4~6 篇，其中核心期刊论文 2 篇以上。

（3）申请发明专利 1 项。

（4）发布相关的标准 1 部。

（5）建立 1 个示范工程。

4. 成果转化方案

利用课题研究成果，结合示范工程的应用效果，联合项目参与单位在云南省其他在建高速公路的钢 - 混结构组合桥梁工程中进行转化。

（三）项目科技成果

（1）钢 - 混组合结构桥梁的合理结构体系和最优结构布置形式。

（2）高烈度区概率性抗震性能评估方法及合理抗震减震的措施。

（3）钢 - 混组合结构桥梁的合理运架措施和标准施工工艺。

第三章 工 作 成 果

一、土建一标（图 5-3-1）

全国“安康杯”竞赛优胜班组奖牌　　工人先锋号

2017 年度安全生产先进集体　　云南省工人先锋号证书

省级工法证书　　全国“安康杯”竞赛优胜班组证书

图 5-3-1　土建一标获奖奖状及证书

二、土建二标（图 5-3-2）

2019 年度全国交通行业三星级现场

云南交通运输行业 2018 年优秀质量管理小组

云南省交通运输行业 2020 年全面质量管理活动一等奖

云南交通运输行业 2019 年优秀 QC 小组成果发布一等奖

云南省总工会工人先锋号

共青团云南省交通投资建设集团有限公司
2019 年度五四红旗团支部

图 5-3-2　土建二标获奖奖状

第六篇　环保篇

概述

云南交投集团明确指出，建设美丽公路是贯彻落实习近平总书记关于生态文明建设重要指示精神的生动实践和重要载体，是落实云南省委省政府把云南建设成为中国最美丽省份的具体体现和有效路径，是交通人义不容辞的光荣使命和责任担当。

为了建设美丽公路，武倘寻高速公路建设指挥部以“生态优先、绿色发展”的理念为指导，紧紧围绕“创建美丽公路，打造品质工程”的目标，坚持“最大限度保护、最大限度恢复”的和谐共生思想，牢固树立绿色施工管理理念，将生态环保理念贯穿于交通基础设施建设的设计、施工全过程和各个环节，因地制宜，科学规划，制定环境保护、水土保持管理办法，改进施工工艺，全力将武倘寻打造成了一条环保、生态、绿色的高速公路。

本篇对武倘寻高速公路建设中环保节能的方案、措施、技术和经验进行记述。

第一章　土 建 一 标

一、扬尘治理工作总目标

建立有效的管理制度，并通过实施确保工地施工现场达到扬尘治理相关要求，使扬尘治理工作制度化、规范化、常态化。

二、环水保组织机构

项目经理部环水保领导小组：

组　长：杨育明　项目经理

副组长：洪　刚　项目常务副经理

王保能　项目党支部副书记

罗绍文　项目总工程师

武　逵　项目安全副经理

成员：孟超、陈克芬、赵云、方云智、查俊文、赵家政、罗剑钧、刘龙杰、杨智翔。

三、扬尘治理工作职责

（1）项目成立扬尘治理专项行动领导小组，负责此项工作的实施，对施工过程中出现环境污染、施工扬尘的问题，进行部署、协调、安排解决，切实保障此项工作取得实效（图 6-1-1）。

（2）项目经理为组长，项目常务副经理、项目党支部副书记、安全副经理及项目总工为副组长，项目各部门负责人为组员，实施扬尘治理工作。

图 6-1-1　对弃土场进行分台整形

领导小组下设办公室，办公室设在工程质量技术部，具体负责环境保护、防治扬尘污染日常事务工作，监督检查各施工队工作开展情况，负责相关资料的收集整理和上报工作。由工程质量技术部负责每天检查扬尘治理落实及实施情况，并做好记录。

四、环保制度措施

（一）施工现场扬尘治理实施办法

（1）在拌和站设置车辆清理冲洗台，车辆经清整冲洗后方可出场。严禁车辆带泥砂出场，运输过程中防止遗撒扬尘，并跟踪检查。现场搅拌站采用封闭式。

（2）施工现场所有道路和物料存放场地铺设混凝土进行硬化处理，主要采取洒水降尘措施（图 6–1–2），运输道路定时洒水防尘，配备专人洒水清扫。

（3）施工现场各类脚手架采用绿色密目安全网封闭，以减少施工过程中粉尘对周边环境的污染。

（4）严禁随意抛撒扬尘，施工垃圾必须及时清运到指定垃圾站，并适量洒水，减少扬尘污染。

（5）工程垃圾、工程渣土和建筑物内清理垃圾、搬运装卸过程按先喷淋、洒水、压尘，后作业的程序进行，或采用专业渣土车封闭运输，严禁抛撒。作业场地及运输车辆及时清扫、冲洗，保证场地及车辆的清洁。

（6）出现四级以上大风时禁止土方工程施工。

图 6–1–2　施工便道洒水降尘

（7）临时堆放的土方采取彩条布覆盖措施，以防尘土飞扬。

（8）严禁在施工现场焚烧沥青、油毡、油漆桶、橡胶、塑料袋等产生有毒有害和恶臭气体的物质。

（9）散水泥和其他易飞扬的细颗粒散体材料存放在库房内，如需露天存放采取严密遮盖措施。

（10）对涉及扬尘问题的作业班组进行专项防止扬尘交底，将扬尘防止工作具体落实到操作层，并建立奖罚措施。

（11）对粉尘、废气排放监督管理：

①领导小组负责预防粉尘污染控制活动的监督检查。

②每半月对施工现场扬尘治理情况进行检查。

③分部要经常教育培训职工，进行粉尘污染相关知识教育。

（12）严禁随意抛撒扬尘，施工垃圾必须及时清运到指定垃圾站，并适量洒水，减少扬尘污染。

（二）桥梁施工环保、水保（环境保护、水土保持）**制度**

（1）对外溢泥浆回收利用。桥墩施工前每组桥墩修建泥浆池1个，并设三级沉淀池。泥浆池和沉淀池的开挖土方及钻渣应堆放在附近空地并压实，待施工结束后回填泥浆池、沉淀池及桥墩基础。施工过程中要及时对沉淀池清淤。

（2）基坑开挖产生的土石方，临时用沙包挡土，堆放在基础附近，待施工结束后回填及平整场地。减少损坏植被。

（3）排水措施。为输导桥墩钻孔施工过程废水及降水，施工前在桥梁征地线两侧需修临时排水沟，与周边排水系统形成统一整体。施工中采取必要措施防止土、石方阻塞交通、河流，确保防洪、防涝的安全。

（4）注意保护桥梁下方自然植被，不得随意砍伐树木，只在必须使用地方进行清表。

（5）绿化措施。施工过程中，由于施工机械、建筑材料及施工人员的碾压，改变了表土的物理性质，破坏了地表植被，降低了土壤的入渗性能，影响了当地景观，为与周围的环境景观保持一致，施工结束后，须对桥梁征地范围及部分未达标的直接影响区进行平整和整治，植草复绿。

（6）为避免噪声污染，施工中混凝土搅拌站、钢筋加工场等尽量远离居民集中居住区。合理规划机械设备，使高噪声设备保持一定距离，避免噪声叠加。

（7）桥梁基础施工中的废泥沙、废渣等不得弃于河道和河滩地，以防抬高河床或压缩过水断面造成河道淤积或阻塞。

（三）路基施工环保、水保制度

（1）施工过程中，禁止侵占非施工用地。

（2）材料堆放、便道、机械车辆存放等场地设置合理。

（3）保护公路用地范围之外的现有绿色植被。对永久工程施工区和临时工程施工区的地表清除必须特别注意，尽最大可能保护清理区域范围外的天然植被。因修建临时工程损坏了现有的绿色植被，在拆除临时工程时予以恢复。

图 6-1-3　对弃土场进行遮盖

（四）弃渣场环水保制度

（1）保证土石方调配的合理性和完整性。

（2）选择储量大的地形低洼地设置弃渣场，尽量利用互通立交地区、荒坡、凹地作为弃渣场址；软土地基、泥石流沟、冲沟上游不设置弃渣场（图 6-1-3）。

（3）弃渣场的工程措施：

①控制渣体边坡坡度。

②弃土要采取分层压实的方法，压实度要满足设计要求。待弃土场填满后要及时进行表层耕植土的回填及绿化作业，回填厚度以及绿化质量要满足设计要求。

③拦砂坝。为了防止渣体的滑动，维护坡脚稳定，必须在弃土弃渣堆的边坡坡脚设置拦砂坝。

第二章 土建二标

一、组织管理机构

为加强项目建设施工过程中环境保护（水土保持）的管理，建立有效的环保监控机制，认真贯彻环保（水保）的相关法律、法规，使建设项目环保（水保）落到实处，贯穿于项目建设整个过程，根据相关规定，成立云南武倘寻高速公路土建第二合同段项目部环保、水保生产领导小组如下：

环保、水保领导小组：

组　　长：张兴波　项目经理

常务副组长：朱自林

副 组 长：木玉泉　杨健伟　和晓军　张开良　杨亚龙　杨万流

组　　员：张经武　倪卫刚　黄东城　赵卫国　潘明友　杨富云　杜兴锋
李小坤　张明祥　敖从强

项目所属各分部环保、水保分管领导

环保、水保领导小组下设办公室，办公室设在项目部技术质检科，在环保、水保生产领导小组领导下负责项目部环保、水保生产领导小组决议事项的实施、日常工作、监督、检查等。

环保、水保生产领导小组办公室成员如下：

办公室主任：杨富云

办公室成员：项目所属各分部技术部门负责人

（一）环保、水保责任人员分工

项目经理：张兴波；对整个项目的环保、水保负第一责任，具体职责是：

（1）认真执行国家及地方环境保护的法律法规、方针、政策，严格执行整个项目的环境保护管理制度，并保证所有环境保护工作顺利地进行。

（2）组织宣传，采取多种形式对职工及劳务施工队员进行环保、水保工作教育，列为职工思想政治工作的重要内容，采用多种形式组织好每月环保、水保活动，定期检查环保、水保工作并召开环保、水保会议工作。

项目总工：朱自林；具体职责是：

（1）在施工过程中制定施工环保防范措施，安排组织施工负责人和相关的人员培训，确保水土环境不造成污染。

（2）设计完善的路基排水系统、防止开挖段、边坡、路基路面造成水土流失给环境带来污染。

（3）制定施工计划方案，严禁公路沿线以外乱开挖、乱砍滥伐现象。

办公室主任：杨富云；具体职责是：

（1）在组长、副组长的领导下，全面负责该项目部的水土、环境保护工作。

（2）每月组织人员进行水土、环境保护检查，并召开环保、水保制度工作会议，总结分析环境工作得失情况。

（3）对各分部环保、水保负责人的工作执行情况进行检查督促。

分部经理具体职责：

（1）在项目经理部的领导下，认真贯彻项目部的环保、水保方针和目标，组织制定具体措施，确保本分部全体人员贯彻执行。

（2）根据环保、水保工作计划，结合项目工程实际，建立健全组织机构，配齐所需资源，落实环保、水保责任制。

（3）主持分部的环保、水保策划工作，参与项目部的环保、水保工作会议，组织落实纠正措施，并督促实施。

（4）对所属工程的环保、水保管理负责。

（5）推广应用保证环保、水保工作优化完善的措施，定期组织环保、水保检查，主持制定改进方案和措施，并督促执行。

（6）加强环保、水保意识教育，提高环保、水保管理水平，支持环保、水保检验人员工作，表彰环保、水保管理的先进集体和个人。

分部总工具体职责：

（1）在项目部总工程师和分部经理的领导下，认真贯彻项目部的环保、水保方针和目标，组织制订项目工程的环保、水保保证措施。

（2）严格项目工程的环保、水保检验管理，并对其工作质量负责。

（3）制订和实施项目工程环保、水保工作计划，加强施工过程控制，对因技术管理原因造成的环保、水保破坏负责。

（4）推广应用统计技术，加强文件和资料的控制，建立环保、水保检查记录及台账登记。

（5）在项目部工程技术科的领导下主持编制分部环保、水保体系文件，明确其环保、水保保证的要求，并督促实施。

（6）制订和实施环保、水保管理纠正和预防措施。

（二）环水保体系（图 6–2–1）

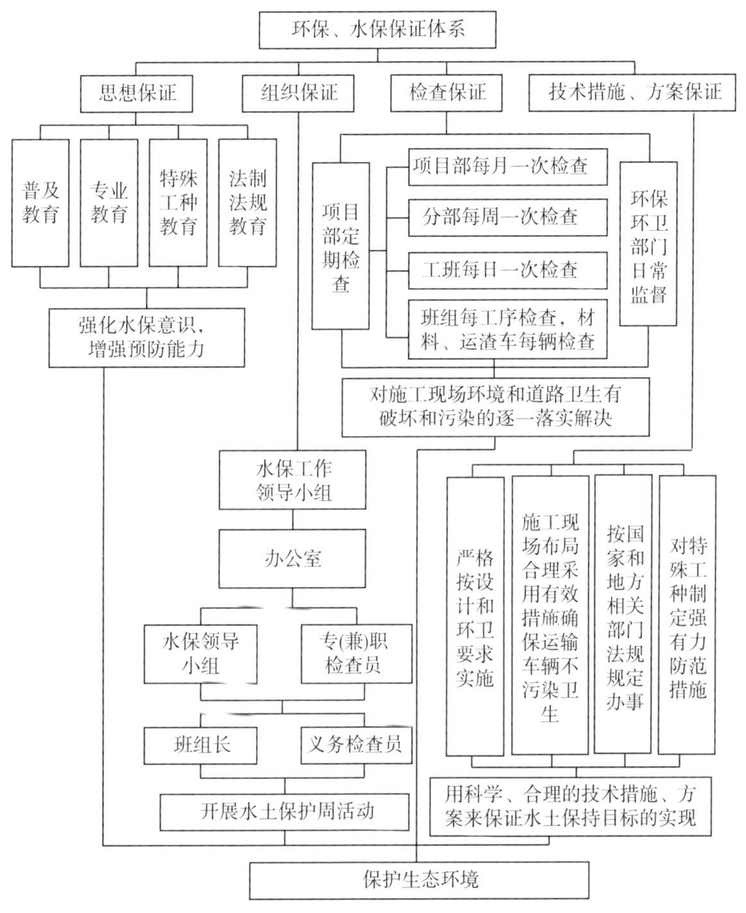

图 6–2–1 环境保护、水土保持保证体系

二、环保、水保目标

防治项目建设和生产造成的人为水土流失，尽量减少和降低对环境的影响，保证主体工程的顺利建设和安全运行，促进水土资源的可持续利用和生态环境的可持续维

护，推动社会经济的可持续发展，实现环境友好、资源节约、社会进步。

三、环境保护、水土保持（简称“环保、水保”）措施

（一）生活区环保、水保措施

（1）制定生活和环境卫生管理制度，搞好职工宿舍卫生和食堂的饮食卫生。

（2）项目部、分部及施工队伍驻地生活区均设置两级沉淀池，所有生活污水经过两级沉淀池处理后排入排水管网。

（3）不使用一次性发泡塑料餐具和超薄塑料袋（保鲜袋除外）。不随意丢弃一次性塑料餐具和塑料袋废弃物，而将其投放于垃圾桶内，并集中进行清运到垃圾堆放场或进行填埋。

（4）现场食堂符合卫生防疫标准，并申领卫生防疫许可证。食堂操作人员经体检持有效健康证明上岗，并按卫生防疫要求进行食堂操作。

（5）设置足够的垃圾池和垃圾桶，按照有关要求分类投放，定期搞好环境卫生，清理垃圾，施药除“四害”。

（6）通过教育增强员工保护环境意识，严禁把生活污水及生活垃圾随意投放。

（二）临时工程环保、水保措施

（1）临时工程必须按照设计统一规划、施工环保的要求实施。严格在设计核准的用地界和驻地办监理批准的临时用地范围内开展施工作业活动，绝不随意开挖、碾压界外土地。

（2）临时工程设施（如梁板预制场、生活与生产房屋、钢筋加工场等）选址在地表植被稀少、易于恢复的地方；临时用地使用完后必须恢复至原有的地形地貌。

图 6-2-2 检查工作

（3）合理布置施工便道，尽量减少施工便道数量，不在便道两侧就近取土。施工营地合理选择在一定的距离范围内。

（4）临时工程设施修建不切割、阻挡地表径流的排泄，不允许在临时工程附近形成新的积水洼地或负地形（图 6-2-2）。

（三）清表及拆除工作环保、水保措施

（1）施工中采取一切合理措施尽量使机械的

噪声公害减少到允许范围内，在距居民区 150m 以内的施工现场施工，施工时间加以控制。

（2）对驾驶员进行环保思想意识教育。

（3）对运输车辆进行货箱检查，有无漏洞，对存在漏洞的车辆及时将漏洞补好，以防漏料。

（4）限制装料高度不得超过货箱顶高，以防车辆在运输过程中遗撒，干灰采用篷布覆盖。

（5）运输过程中对老路线进行保洁，运输车辆按规定的行驶路线运输作业，路过居民区时应慢速行驶，尽可能地避免震动和噪声。

（6）在距居民区较近的区域施工中尽可能避免夜间施工，处理好与地方及当地居民之间的关系，建立友好的睦邻关系，防止噪声扰民。

（四）路基工程环保、水保措施

1. 路堤防护措施

（1）填方地段多设置了路堤墙或路肩墙，其形式有重力式挡墙，墙高大于 8m 时用衡重式挡墙。

（2）一般路段，当路堤填高小于 3m 时，采用植草防护；当路堤填高大于等于 3 米时，采用浆砌片石拱形骨架护坡，骨架内植草。

2. 路堑防护措施

（1）对于高度 ≤ 8m 的泥岩、黄岩、砂岩、卵（砾）石土，低液限黏土或粉土路段挖方边坡，一般均在矮护面墙之上，采用放缓第二级边坡至原地面，铺挂绿色三维植被网后再用液压喷播植草的方法和植被防护的方法对坡面进行生态防护。

（2）对于高度为 8~30m 的砂泥岩白层、砂岩、泥岩等路段挖方边坡，一般在矮护面墙之上设置 1~2 级锚杆（索）框架梁植草防护，现浇拱形骨架植草护坡或浆砌片石拱形骨架护坡。每级间设置 2m 宽的边坡平台。

（3）对于超过 30m 的挖方边坡，视地质、水文情况，主要采用锚杆（索）框架防护或钢筋混凝土拱形骨架护坡，或者与其他形式配合防护。

（4）对于灰岩、花岗岩等挖方边坡，视地质、水文情况，主要采用 SNS 主动、被动防护系统或锚杆框架防护或钢筋混凝土拱形骨架护坡，或者与其他形式配合防护。

3. 路基、路面排水措施

（1）为了保证路基的稳定，初步设计中提出了路基和路面的排水系统，用以排出地面水和地下水。

（2）路基、路面排水系统主要由路基边坡、排水沟、急流槽等工程组成。

（3）对于自然坡度较陡的填方路段，对坡脚设置挡土墙或护脚进行防护，坡脚设置排水沟与附近的桥涵、河道沟通，形成畅通的排水系统。

（4）坡脚设置边沟，在纵向填挖交界处边沟与排水沟的过渡一般采用急流槽，当路堑挖深较大地面横坡较陡时，在流入路基一侧坡顶边缘大约 5m 处设置截水沟，通过泄水槽把水汇入排水沟中。

（5）旱季施工，经常采用洒水设备对施工现场和施工便道洒水压尘，以减少对施工人员、周围村民和农作物及周围污染，树立文明施工形象。

（6）在农田附近施工，采取必要处理措施，保证不影响或中断农田的播种、灌溉。

4. 挡土墙、防护及其他砌体工程

（1）对公路沿线内原有水源、河流、沟渠采取保护和疏导并举的措施，凡与路线有干扰的均申报监理工程师，进行改移，保持原水系、原流量不变。

（2）对于合同段内的通讯电缆及高压线等设施，必须会同主管部门采取保护措施，施工前要求业主指明所有地下光缆的位置，设置明显标志。临时设施的布置尽量避开。

（3）施工中做到文明施工，爱护现场各种设置，自觉排除不安全因素，不允许乱抛杂物，讲卫生，创造现场生产文明环境。

5. 取、弃土场

设计采用集中取、弃土方案。一般由项目业主统一规划，并在施工前与地方政府和当地群众鉴定相应征用土地协议，取、弃土时应遵守水土保护的有关法规。取、弃土场应完善排水、防护措施，减少水土流失，并根据地方规划进行绿化或复耕。设计中考虑对于清除的耕作土集中堆放，用于绿化工程或复耕。

（1）取土场靠山侧最大挖方深度不大于 10m，边坡坡率 1：2，取土场形状尽可能规则、平整，使用结束后应回填厚度不小于 30cm 的复耕土。并设置纵、横向坡和完整的排水系统，低凹排水不畅段修筑排水沟，取、弃土时不得使作业面积水。

（2）弃土场严格按设计做好排水系统及防护措施，防止雨水冲刷造成水土流失污染水源保护地。

（3）及时对弃方进行压实，弃土完成后及时平整，覆盖熟土，进行绿化。

（五）桥梁工程环保、水保措施

（1）桥梁工程内容主要包括基础工程及下部构造、上部预制和上部现浇等，桥梁工程的主要目的是行车，基础工程部分围堰施工等可减少水土流失，不计入水保投资。

（2）桥梁基础施工会对桥台边的植被造成一定的破坏，同时围堰的拆除物和河底淤泥若不弃在指定的场所，都会产生水土流失。因此，桥台的防护以及围堰拆除物、河底淤泥处置工程属于水土保持工程。

（3）根据拟建公路大桥跨越水体情况估算围堰拆除物，桥台防护采用浆砌片石护坡。

（4）施工根据路线克服沿线地形地貌，减少路线边坡开挖高度，保证山体稳定，减少水土流失，保护生态环境，减少对国土资源的破坏。

（5）冲孔桩泥浆池采用闭合型，防止泥浆外泄，清运采用罐车将泥浆抽取送填埋场进行填埋。使用水源，经沉淀再排出。

（6）废料废方的处理：清理场地的废料、泥浆及土石方按废方处理，并及时清除，以免堵塞河道和妨碍交通。

（7）防止水污染：施工废水不得直接排入河中。冲洗集料或含有沉积物的操作用水，采取过滤、沉淀池沉淀处理或其他措施，做到达标排放。

（8）尽量保护公路用地范围之外的现有绿色植被（图 6-2-3）。

（9）灌浆泥浆的处理：灌桩前做好沉砂池，灌浆出浆进入泥浆池进行土石的沉淀，沉淀后的泥浆循环利用，定期清理泥浆池，清出的沉淀物运至弃渣场集中堆放。

（六）施工现场环保、水保管理措施

1. 大气污染物防治措施

（1）在干旱季节施工应采用洒水措施，以降低施工期间大气的污染。

（2）堆料和储料场应选择运出居民区主要风向的下风向 300m 以外，必须进行遮盖或洒水，防止尘埃污染。

（3）搅拌设备需要良好的密封，并安装除尘装置，对操作者配备劳动保护措施。

（4）施工现场及主要运料道路在无雨的天气定期洒水，防止尘土飞扬。

（5）打砂机采用加设喷淋设备等措施，降低粉尘产生。

图 6-2-3　边坡绿色防护

图 6-2-4　水土保持

2. 水污染防治措施

（1）路基工程施工过程中，应按照水保方案要求，设置临时水土保持设施，并做好施工营地、施工便道、取弃土场等临时设施的水保工作；做好排水沟、截水沟，防止水冲刷（图 6-2-4）。

（2）路基完工 3 个月内在边坡和拟建公路沿路合适处植树草。

（3）在建造永久性的排水系统时须经建造用于灌溉和排水的临时性沟和水管，视情况设定是否需要设置涵管。

（4）必须采用沉井施工方法，防止桥梁施工污染河水，以及施工垃圾等掉入河中污染水质。

（5）施工管理区生活污水、生活垃圾要集中堆放、处理。不得直接排入水体。

（6）机械油料的泄漏或费油料的倾倒，进入水体后将会引起水污染，所以必须加强环境管理，开展环保教育，防患于未然。

（7）施工材料如沥青、油料、化学品不应堆放在民用水井及河流水体附近，应远离河流，并应备有临时遮挡帆布，防止大风暴雨冲刷而进入水体。

（8）砂石料外购时，施工单位应向合法砂石料场购买，在外购合同中应明确砂石料场的水土保持责任由出卖方负责，合同款包含水土流失防治责任。

3. 固体废弃物防治措施

（1）施工中产生的废弃机具、配件、包装物及各类固态浸油废物等，应集中收集、封装，运至垃圾场进行处理或回收利用。

（2）生活垃圾应统一分类收集，及时清运至环保部门指定地点处理。不得随意扔撒和堆放。

（3）钻孔桩施工中产生的废渣经沉淀处理后运送到指定地点堆放。

（4）建筑垃圾应集中堆放、定期清运到垃圾处理场或就地掩埋，运输垃圾的车辆应采取密封、盖布等防流溢、遗撒措施。

（5）弃渣场应选在植被稀疏的荒地、荒滩、荒沟，先挡后弃；弃土过程中，应注意避免阻断地表径流。

4. 振动和噪声污染的防治措施

（1）钢筋加工场、预制场等高噪声作业场地设置应避开居民集中区。

（2）临近村庄居住区噪声敏感地带的施工，要严格控制机械作业噪声；噪声大的施工作业应尽量安排在白天，因生产工艺要求或其他特殊要求需要连续昼夜作业的，应经批准后方能进行夜间施工。同时，要做好对周边居民的公告、宣传和沟通工作。

（3）施工车辆通过乡村道路时应减速慢行和减少鸣笛。减小噪声对当地居民的影响。

5. 施工项目地域植物、植被保护措施

（1）项目管辖区域内植物、植被应尽量保护，避免过多破坏。必须动土施工的区域，应准确放样，确定动土边线，开挖的土方应确定堆弃边线，严格按施工图施工。禁止超范围破坏植物、植被。

（2）环境脆弱的区域，植物、植被一旦遭到破坏很难恢复，更应严格施工操作。施工前对开挖范围和植被预先进行移植、保护，结构物施工完毕后应及时夯填土石，回植植被并养护。环保处理应明确责任人和职责，严格技术交底，按环保管理方案等要求实施，并在工程日志上做好记录。

（3）施工现场临时设施的设置应尽量选择植被较少的非耕地，减少对环境的破坏和影响，并办理相应临时用地手续。临时驻地生活区应适当绿化和美化。施工结束时要及时退耕还田、还草和植树植草，恢复植被。尽量减少在自然保护区内临时设施的占地数量。

（4）施工便道尽可能利用既有道路，少占农田，施工便道使用完工后，对需保留的便道应进行清理整平，保证其通行能力；对废弃便道，须予以拆除、清理、平整，并采取相应的恢复措施。

6. 文物古迹

（1）如果发现文物古迹应立即停止施工，并把有关情况报告给当地文物保护部门。

（2）在主管部门未结束文物鉴定工作及必需的保护措施未采取前，不得重新施工。

7. 运输管理

（1）建筑材料的运送路线应仔细选定，避免长途运输，应尽量避免影响现有的交通设施，减少尘埃和噪声污染。

（2）应咨询交通和公路部门，指导交通运行，施工期间防交通阻塞或降低其运输效率。

（3）合适地铺设横穿现有道路的临时施工便道路。

（4）制订合适的建筑材料运输计划，避免现有的道路交通高峰。

8. 景观保护

（1）严格按设计操作恢复景观质量。

（2）取土场、弃土场施工结束后应立即绿化。

9. 震动监控

（1）在村庄附近做强振动施工时或爆破施工时，应对临近施工现场的土房进行监控。

（2）对受工程施工振动影响较大的民房应采取必要的补救措施。

（七）噪声及粉尘控制措施

（1）合理选用低噪声的施工机械和先进的施工技术，以达到控制噪声污染的目的，应注意经常对施工设备进行维修保养，避免因设备性能减退而使噪声增强的现象发生。

（2）对推土机、空压机、钻孔机等高噪声设备合理安排作业时间，夜间禁止高噪声扰民作业。

（3）地基采用深基坑支护施工法，基坑分层放坡开挖、土层进行锚杆、喷锚支护，以减轻震动，确保临近管线、建筑物、道路的安全。

（4）混凝土主体部分均采用拌和站自行拌制，约占混凝土总用量的 95%；挡墙等少量混凝土自行搅拌，减轻了搅拌过程中噪声、粉尘等对环境的影响。

（5）梁板、构造物加工在梁板加工场内进行，以减轻噪声对施工现场周围的影响。

（6）弃土运出，堆于设计单位所确定的弃堆场，运土汽车随时清洗。

（7）空压机加装消声器。

（8）依据环保主管部门的有关规定，在重大节假日、学校期中和期末考试、中考和高考、成人考试等时间内禁止进行超标和扰民的施工作业或停止施工。

（9）标准化场站的出入口按公司相关要求美化布置，设置施工牌板图，以及安全宣传标语和警告牌。生活区进行绿化，美化现场及降低环境污染。

（10）现场的主要道路采用 150mm 厚 C20 混凝土进行硬化处理，料具场地平整夯实并浇筑 100mm 厚 C15 混凝土。其余地面用石屑覆盖，防止大风扬尘。

（11）为防止大风扬尘，遇有四级风以上天气，停止土方作业。

（12）施工现场要设立垃圾坑，对施工垃圾要及时清运并进行集中填埋。

（13）专人对施工现场24小时进行清理，对生产用水泥等易飞扬的材料等进行封闭管理，防止空气污染。

（14）在施工现场采取遮盖、洒水、绿化等措施，减少扬尘。洒水根据每个季节的日照及起风时段做相应地调整。具体为：春季为每天洒水四次（上午10：00，中午13：00，下午15：00,17：00），秋季每天根据扬尘量适当调整洒水次数使扬尘减低到最小程度。对村民居住周边，如果存在较大的扬尘将分段加大洒水次数。

（15）现场禁止燃烧煤及木柴或其他材料，做好消防管理，将烟尘控制在规定的指标内。

四、经验做法

1. 施工完成的隧道洞口、路基边坡等及时进行绿化，防止水土流失（图6-2-5~图6-2-8）

图6-2-5　倘甸1#隧道施工过程洞门绿化

图6-2-6　倘甸4#隧道施工过程洞门绿化

图6-2-7　二分部驻地绿化

a)

b)

c)

图 6–2–8　施工完成路基及时进行绿化

2. 拌和站及梁板预制场均设置三级沉淀池

施工废水必须经沉淀处理合格后才能排放；所有生活区均设化粪池，其内设置冲洗系统，生活污水排入化粪池处理（图 6–2–9~图 6–2–11）。

图 6–2–9　拌和站沉淀池

图 6–2–10　拌和站洗车池

图 6–2–11　梁板预制场沉淀池

3. 弃土场整形绿化

对弃土场坚持先拦后弃的原则，防止水土流失，弃土完成后及时整形绿化（图 6–2–12、图 6–2–13）。

a)　　　　b)

图 6-2-12　弃土场整形

a)　　　　b)

图 6-2-13　弃土绿化

4. 隧道采取零开挖进洞，减少植被破坏

隧道进洞时根据实际地形灵活调整，严格控制边、仰坡开挖高度。减少了边、仰坡开挖，控制开挖高度，坡面植被也得到了有效保护（图 6-2-14）。

a)

b)

图 6-2-14　零开挖进洞

5. 施工过程及时洒水，覆盖减少扬尘（图 6–2–15~ 图 6–2–17）

图 6–2–15　施工便道坚持定时洒水

图 6–2–16　施工场地坚持定时洒水

a)

b)

图 6–2–17　弃土场绿化前覆盖

6. 采用新设备力争节能减排

武倘寻二标在长隧道全部配备电瓶车进出隧道，全部采用节能灯，即节能又方便、安全（图 6–2–18）。

a）电瓶车出隧道

b）电瓶车进隧道

c）隧道洞内照明全部采用节能灯

图 6–2–18　采用新设备力争节能减排

第三章 节能产品、节能技术、节能材料、节能工艺

1. 利用三边定型模浇筑

现浇拱形格和框架梁施工时，利用三边定型模浇筑，使结构尺寸、外观质量和线形得到有效保证。

2. 小型预制构件集中生产（钢塑模板、自制小门吊）

在偏甸立交区 L1K1+320~L1K1+600 段，利用钢塑模板，使用自制小龙门吊辅助，进行小型预制构件集中生产。小型构件整齐划一，外观质量及线形较好，既降低劳动强度，又节约劳动力和临建费用。

3. 墩柱钢筋定位胎架

钢筋定位胎架的运用，降低了墩柱钢筋绑扎施工难度，对提高工作效率、加快施工进度、节约施工成本、保证成型钢筋骨架线形美观和钢筋间距均匀标准有利，显著提高了墩柱钢筋保护层合格率。

4. 旋挖钻机施工

旋挖钻机因其成孔速度快、质量高、环境污染小、操作灵活方便、安全性能高及适应性强等诸多优势，在桥梁钻孔灌注桩施工中成为主要成孔设备，特别在工期紧、任务重的工程中优势明显，被称为“绿色、高效施工型机械”。

武偏寻项目桥梁桩基钻孔灌注桩成孔施工，除施工道路受限钻机运输不到现场外，均采用旋挖钻机进行施工，使用率达到 70%。

5. 采用隧道清洗车

（1）隧道清洗车单次有效作业时间和作业里程长，系统单位时间的耗水量低，仅为高压水清洗方式三分之一左右，在水箱容积相同的情况下，能将隧道洗墙车装满水后的可作业时间和作业里程提高 3 倍左右。

（2）燃油消耗低，运行成本低。由于驱动毛刷的液压马达和低压水泵输入功率不大，配套副发动机的功率仅为高压水清洗方式的二分之一左右，燃油消耗仅为高压水清洗方式的 50% 左右。

（3）避免了高压水（25MPa）对隧道墙面、附属设备的冲击损坏。能有效地保护

薄板类型的墙面装饰材料。

6. 隧道出口采用自动抽水泵

自动抽水泵节能效果显著：全封闭结构运行，避免了渗、跑、冒、滴、漏等现象发生。与隧道积水直接串接，可充分利用隧道积水原有压力，当积水高于一定位置时抽水泵会自动进行抽水，满足要求时设备就停止工作。自动抽水泵大部分时间在较低功率下运行，耗量少，采用变频技术，进一步节能，综合节能一般可达50%以上。自动抽水泵节约投资，无须工作人员在旁操作，自动进行工作。

7. 钢波纹管涵洞的应用

积极采用钢波纹管涵洞代替传统的钢筋混凝土涵洞和圬工结构。钢波纹管可以很大程度上减少对天然路基及自然环境的破坏和干扰，最大程度地保持原有生态环境平衡，并且减少或不用砂石、钢筋、水泥等原材料，既节省资源，又节约工程投资。

8. 合理运用渣土

武倘寻高速公路全线共设隧道28座，单洞总长43743.1m，开挖产生了大量的弃渣，需要占用大面积的土地来堆放，后期绿化恢复也十分困难，既影响了路域景观效果，同时也破坏了沿线生态环境。该项目对隧道弃渣进行筛选、破碎、筛分、除尘等加工工艺，实现资源的再利用。加工后的弃渣用于路基填筑、路面底基层及基层建设，也用在挡墙、混凝土等构件以及隧道进出口、互通匝道的边坡放缓、地形营造等方面。因此，隧道弃渣的合理利用不仅节省了大量的土地资源和石料资源，并节约了购买材料的费用，是武倘寻高速公路建设资源可循环利用的重要措施，具有较大的经济效益和环保效益。

9. 桥梁桩基施工中泥浆、渣土集中堆放，集中处理

桩基施工时，在合适的位置挖出泥浆池，冲孔时的泥浆集中储存，即可回收利用生产用水，又可集中处理泥浆沉淀渣土。这样就避免了乱排乱放导致的环境污染、破坏生态资源。

积极开展“车、船、路、港”千家企业低碳交通运输专项行动，每月严格控制燃油量，按时上报材料，没有超出的情况发生。

10. 隧道照明智能控制系统

该项目全线共设28座隧道，分别在钱家村隧道、禄劝1号隧道、禄劝2号隧道、新房子隧道、掌鸠河隧道、东村3号隧道、东村4号隧道、万宝山2号隧道、鸡街1号隧道、倘甸1号隧道、倘甸5号隧道、倘甸6号隧道、甸沙隧道、寻甸2号隧道共14

处隧道考虑了隧道运营通风智能控制系统。

在全线 29 处隧道变电所常规的配电回路灯具控制模式中增加 LED 灯无级调光控制系统，对武倘寻高速公路隧道照明灯具进行智能化控制。

11. 隧道通风智能控制系统

通风是隧道运营中的“耗能大户”，用电容量大部分都是风机用电容量，因此实施节能通风意义重大。该项目共有 28 座隧道，长度约 43.75km，隧道众多。因此采用先进的隧道智能通风技术是实现节能的重要措施（图 6-3-1）。

该项目从隧道通风系统设备选型和通风系统节能控制两方面实施隧道通风节能。在设备选型方面，采用新型的香蕉形射流风机替代传统射流风机，根据理论计算，22kW 香蕉形射流风机可以替代 30kW 传统射流风机，可以较大降低风机的配置功率。

在节能控制方面，采用变频控制方式。风机的调节控制在通风节能中很重要，从节能角度考虑，改变通风机的性能曲线比管网阻力曲线调节经济，在改变风机性能曲线的调节方法中，改变通风机转速是较好的方法，随调速方式的不同，节电率可达 20%~30%。

12. 供配电系统节能技术应用

S11 非晶合金变压器是一种新型材料，此类变压器以铁基非晶态金属作为铁芯，

图 6-3-1　东村 1 号隧道拱脚支垫

由于该材料不具长程有序结构，不存在晶体结构，磁化及消磁均较一般磁性材料容易，电阻率高，所以涡流损耗小，用这种材料卷制成铁芯，可生产出最新型节能变压器，空载损耗较 S9/S11 型配电变压器有明显下降。隧道及沿线设施供配电均采用 S11 非晶合金铁芯配电变压器。

13. 照明系统节能技术应用

LED 称为第四代照明光源，相比普通灯具，LED 节能灯具有寿命长、发光效率高、功耗低、工作温度低、无紫外线辐射、绿色环保，以及高效节能等众多优点。

该工程共 28 座隧道，总长度 43.75km，传统照明能耗巨大。

除特殊照明（如高杆灯等）外，武倘寻高速公路的所有隧道照明、服务区及收费区的场区照明、收费棚照明、加油站顶棚照明、庭院灯照明及室内走廊照明将全部采用 LED 节能灯，并采用照明节能控制系统，每年可节约大量电能。

（1）LED 隧道灯

在隧道的入口段、过渡段、中间段、出口段采用不同功率的 LED 灯替代传统的高压钠灯。

（2）沿线附属设施照明 LED 灯

在全线公路沿线附属设施，以及室内照明，用 LED 型日光灯替代传统方案的普通荧光灯。

14. 施工期集中供电措施应用

武倘寻高速公路全线桥梁、隧道施工通过布设集中电网解决用电问题，即：综合考虑施工期和运营期的电力负荷，确定合理的供电负荷，在施工期由施工单位出资与当地电力部门联合架设高压变电器和配套的电线，来满足施工要求。施工结束后，对施工单位已架设的电线进行资源整合，之后为运营期机电永久使用。同时，项目公司按市场价回收电线及设备。这样既避免了因山区电力不足难以满足施工要求，迫使施工单位大量使用柴油发电机而造成的大能耗、大污染、大投入，同时也为项目公司节约了工程资金，确保了工程的顺利实施。

15. 太阳能技术利用

武倘寻项目区年平均日照时间 2254h，鉴于路线所经区域太阳能较丰富，服务区和沿线附属设施的工作人员及过往旅客全年都有使用卫生热水的需求，本着以人为本，兼顾节能，为武倘寻高速公路全线服务区、停车区、收费站（生活区）配置太阳能热水器。

该项目在武倘寻高速公路服务区、停车区、收费站全部配置太阳能热水器，辅助加热方式为电加热。按每站每天平均 6000L 热水量计算，设计上水温度为 5℃，水箱终止温度为 75℃，水的比热容系数取值为 4.187kJ/kg · ℃，热水密度取值为 0.983kg/L，则项目年均热水耗热量约为：

项目耗热量 = 日均用热水量 × 水的比热容系数 ×（热水温度 – 冷水温度）× 热水密度 ×365

项目耗热量 =6000 × 13 × 70 × 4.187 × 0.983 × 365=8202419.671（J）

将项目耗热量按照热量等价值转换为标准煤，即得到项目节能量（单位：吨标准煤），其计算公式如下：

项目节能量 = 项目耗热量 × 热力折算标准煤的系数 × 10^{-6}

注：热力折算标准煤系数取值为 0.03412tce/MkJ。

项目节能量 =8202419671 × 0.03412 × 10^{-6}=279.87（吨标准煤）

第四章　节水与水资源循环利用技术应用

1. 桥梁全自动智能喷淋养生技术应用

在全线桥梁墩身推荐使用桥梁全自动智能喷淋养生技术，由供给水池、高扬程水泵、智能控制设备、输水管道、喷淋管、排水管道及养护水收集储蓄设施组成。可以控制喷淋时间，可定时、定量、定台座的喷淋，循环利用养护用水以节约资源，节省劳动力，实现智能喷淋养护。

2. 沿线设施污水处理及利用

根据环评报告的要求，采用 AO+MBR 法地埋式一体化设备，使沿线设施生活污水达到《城市污水再生利用—城市杂用水水质》（GB/T 18920—2002）中绿化标准后回用，参见表 6–4–1。

沿线设施污水处理规模及工艺汇总表　　表 6–4–1

序号	项目名称	设计规模	拟采用工艺	选用设备
1	钱家村隧道变电所（进口端）	4m^3	化粪池收集，不外排	G2–4SQF
2	禄劝 1 号隧道变电所（进口端）	4m^3	化粪池收集，不外排	G2–4SQF
3	禄劝 1 号隧道变电所（出口端）	4m^3	化粪池收集，不外排	G2–4SQF
4	禄劝立交匝道收费站、隧管所、养护工区、区域管理中心、路政中队	50m^3/d	AO+MBR 法	一体化构筑物
5	禄劝 2 号隧道变电所（进口端）	4m^3	化粪池收集，不外排	G2–4SQF
6	禄劝 2 号隧道（出口端）	4m^3	化粪池收集，不外排	G2–4SQF
7	新房子隧道变电所（出口端）	4m^3	化粪池收集，不外排	G2–4SQF
8	掌鸠河隧道（进口端）	4m^3	化粪池收集，不外排	G2–4SQF
9	掌鸠河隧道变电所（出口端）	4m^3	化粪池收集，不外排	G2–4SQF
10	普渡河隧道（进口端）	4m^3	化粪池收集，不外排	G2–4SQF
11	普渡河隧道变电所（出口端）	4m^3	化粪池收集，不外排	G2–4SQF
12	东村 3 号隧道隧道变电所（出口端）	4m^3	化粪池收集，不外排	G2–4SQF
13	东村 4 号隧到隧道变电所（出口端）	4m^3	化粪池收集，不外排	G2–4SQF
14	万宝山 2 号隧道变电所（进口端）	4m^3	化粪池收集，不外排	G2–4SQF

续上表

序号	项目名称	设计规模	拟采用工艺	选用设备
15	鸡街 1 号隧道变电所（进口端）	4m^3	化粪池收集，不外排	G2-4SQF
16	鸡街 1 号隧道隧管所、变电所（出口端）	15m^3/d	AO+MBR 法	一体化构筑物
17	鸡街服务区（左幅）	50m^3/d	AO+MBR 法	一体化构筑物
18	鸡街服务区（右幅）	50m^3/d	AO+MBR 法	一体化构筑物
19	鸡街立交匝道收费站、养护工区	25m^3/d	AO+MBR 法	一体化构筑物
20	九龙立交匝道收费站	15m^3/d	AO+MBR 法	一体化设备
21	抓地龙隧道消防泵房（出口端）	4m^3	化粪池收集，不外排	G2-4SQF
22	倘甸 1 号隧道隧管所、变电所（进口端）	15m^3/d	AO+MBR 法	一体化设备
23	倘甸 1 号隧道变电所（出口端）	4m^3	化粪池收集，不外排	G2-4SQF
24	倘甸收费站（含路政交警）	15m^3/d	AO+MBR 法	一体化设备
25	倘甸服务区	50m^3/d	AO+MBR 法	一体化设备
26	治租收费站（含养护工区）	15m^3/d	AO+MBR 法	一体化设备
27	甸沙收费站	15m^3/d	AO+MBR 法	一体化设备
28	天生桥停车区	25m^3/d	AO+MBR 法	一体化设备
29	天生桥收费站	15m^3/d	AO+MBR 法	一体化设备
30	其他 15 处隧道变电所	4m^3	化粪池收集，不外排	12 套 G2-4SQF

3. 水资源敏感区径流污染治理

根据环评报告及工程可行性报告要求，武定至倘甸至寻甸高速公路项目主线 K87+660~K96+160 段涉及《昆明市清水海保护条例》划定的清水海水源保护区塌鼻子龙潭二级保护区；主线 K61+150~K65+200 段涉及事实饮用水源地大箐水库的径流范围；主线 K67+600~K67+920 段、倘甸连接线 TLK0+000~TLK0+230 段和倘甸互通立交约 450m 的匝道涉及事实饮用水源地白龙箐水库的径流范围；主线 K72+420~K76+010 段涉及事实饮用水源地木戛利水库的径流范围。为了避免上述路段发生环境风险时对居民饮用水造成影响，要求对跨河桥梁和路基段设置路桥面径流水收集系统，并设置事故沉淀池。

4. 污水循环利用

在施工中，建设沉淀池集中处理公路泥浆废水，主要实施内容如下：

（1）在施工生产中，桥梁钻孔桩施工产生大量泥浆，在每个桥梁墩位设置泥浆池（泥浆池包括沉淀池、储浆池），在河道外设置多级沉淀池进行沉淀和净化处理，沉淀合格后进行排放。

（2）碎石加工区废水处置与循环利用技术，设置临时沉淀池对清洗水沉淀处理后回收循环使用。全面推行“排水先行”，即在地方交地清表后、填挖施工前先行完成截水沟和排水沟施工，防止水土流失和周边影响，努力保障边坡稳定。

（3）施工生产废水应设沉淀池集中处理，并根据实际情况添加中和剂，在拟设置的 17 处预制场和拌和场各设 1 座（三级）沉淀池，特别是鸡街 1 号隧道出口，除了设置三级沉淀池外，因下游有当地养殖鱼塘，还在沉淀池外加装了一套净水系统，其原理是采用二氧化碳对高 pH 值废水降硬度及中和水质。处理后的出水回用或用来场地洒水抑尘，不外排。施工结束后将沉淀池拆除并覆土植被。其中，位于岩溶地区、事实饮用水源地径流范围和清水海水源保护区内的预制场及拌和场，要求对在其中设置的沉淀池进行防渗处理；位于事实饮用水源地径流范围和清水海水源保护区内的施工生产废水经处理后回用，禁止外排。

第七篇 党建文化篇

概 述

武倘寻高速公路作为滇中城市经济圈高速公路环线的重要组成部分，同时也是国家高速公路网京昆高速公路、武昆高速公路和渝昆高速公路、嵩待高速公路的横向连接线，社会意义特别重大。有鉴于此，指挥部高站位、高标准、高效率推进工程实施，始终把支部建在现场，让党旗飘荡心中，通过开展各类主题活动，充分发挥党的政治优势、组织优势、联系群众优势，同时调动一切力量，让党的光辉在施工现场激情闪耀。

各参建单位坚持党建引领，强化战斗堡垒、推进党建品牌、开展企地共建，创新工作思路和方法，提升工作效能，确保基层党建工作的扎实有效，极大推动了项目各项工作的有序开展。

本篇对武倘寻高速公路建设各方的党建工作和文化建设进行记述。

第一章 党团建设

一、项目公司

（一）党组织建设

2018年1月，云南武倘寻高速公路有限责任公司党支部经投资公司党委批准成立，2018年5月经选举产生党支部委员会，委员会设党支部书记1人、组织委员兼宣传委员1人，纪检委员1人。同时，根据各部门业务及党员分布情况，党支部设立了三个党小组，并在此基础上成立攻坚小组和党员先锋队，增强了党支部活力，推动了攻坚目标的高效完成。

公司党支部在上级党组织的坚强领导下，以习近平新时代中国特色社会主义思想为指导，深入学习贯彻新时代党的建设总要求，坚持把党的政治建设放在首位，全面推进和提升党支部各项工作，党支部先后获集团公司党委、云南省国资委党委“先进基层党组织”称号，并获得云南省“五一劳动奖状”。2019年6月公司党支部被云南交投集团公司党委命名为规范化建设达标党支部，定级为“先进党支部”。武倘寻公司党支部成立以来，充分发挥党支部在各项工作中的战斗堡垒作用，通过不断创新工作机制，加强党支部自身建设，形成了一系列工作亮点。

一是开展支部结对，解决难中之难问题。通过与昆明市征地处党支部开展结对共建，积极借鉴结对党支部征地拆迁和党建工作优势，切实推进项目公司工作。项目实施后，集中解决了一批征迁难题，保障了项目施工建设环境。积极与两个土建合同段党支部结对共建，围绕召开联席会议、举行主题党日活动、选树先进典型、突击队下沉一线、关心凝集一线职民工等开展工作，切实提升结对共建助推“能通全通”工作实效。其中，木板河特大桥在支部结对共建推动后，全幅合龙比原计划提前了一个半月。

二是成立党员先锋队，提升党支部活力。结合项目建设任务及党员分布情况设立了三个党小组，并在三个党小组的基础上设置党员先锋队，分别为建设目标党员先锋队、质量安全党员先锋队、协调服务党员先锋队，三个党员先锋队主要职责涵盖项目建设目标、质量安全、协调保障等项目建设的主要工作，日常活动主要围绕“理论学习＋业务研讨”及“查摆问题＋承诺包干”的方式开展工作。其中，“理论学习＋业务研讨”主要是先锋队成员围绕理论学习情况，结合工作实际，谈体会认识、交流业务知识，既提高了理论武装，又提升了业务能力；“查摆问题＋承诺包干”主要是先锋队成员通过党日活动在施工现场、工作一线查摆问题，由业务工作相关的党员承诺包干和带头落实，既保证了党小组活动的正常开展，又推动了生产建设有序推进和攻坚目标的高效完成。

三是开展党员“双带”活动，推进项目建设。将党员“双带”活动落实到学习和工作中，通过党员公开承诺“双带”内容，引导和要求全体党员带头学习提高、带头遵规守纪、带头攻坚克难、带头发挥作用，并通过自身带头作用带动身边同事和各项工作。同时，每个季度选树学习、质量、安全、攻坚、服务等项目的“双带”典型标兵，通过大力宣传，让“双带”标兵得到广泛传播，成为广大党员和干部职工效仿学习的对象。

四是加强标准化建设，抓牢思想引领。结合驻地实际，见缝插针，规范建设了党员活动室、党建文化走廊、廉政文化走廊、宣传栏等阵地，见图 7–1–1。设置党员积分公示栏、“云岭先锋”党员公开承诺区，16 名党员亮出身份、公开承诺，接受职工群众监督。开设了“餐桌微党课”“党员阵地”微信群、职工课堂、劳模创新工作室等平台，抓牢对党员及其他职工的思想引领。

五是加强队伍建设，推进“能通全通”工程。项目公司党支部利用庆祝建党 99 周年活动之际，与参建单位党组织在施工现场开展主题党日活动，成立了“治租河特大桥施工党员突击队”“摩洛河大桥施工党员突击队”等 6 支突击队，在项目建设工作最困难、通车压力最大、作业面最难打开的地方，组织党员干部带头扎根一线、带头攻坚克难，冲在最前面、干在最前面，有效保障了“能通全通”工程建设目标，参见图 7–1–2~图 7–1–5。

图 7–1–1　在新中国成立 70 周年之际组织全体职工开展升国旗仪式

图 7-1-2　建党 97 周年之际，组织全体党员到红军长征柯渡纪念馆

图 7-1-3　与属地检察院开展“检企共建”廉政建设警示教育专题讲座

图 7-1-4 组织重温入党誓词活动

图 7-1-5 成立控制性工程党员突击队

（二）廉政建设

1. 总体情况

武倘寻公司党支部党风廉政建设组织机构健全、制度建设较为完善、责任制落实到位，日常的监督执纪较为严格；党风政风监督小组成立及时，日常的教育、监督工作开展良好；积极落实党风廉政建设中党支部的主体责任和纪检监察部门的监督责任，廉政教育活动形式多样，成效明显，多次开展警示教育，针对性强；工作开展有创新，积极与地方检察院、纪委、监委等联合开展党风廉政及反腐败警示教育预防活动；修订编印了党风廉政风险防控手册，日常监督覆盖全面，重点工作及敏感环节做到全程监督；对审计检查反馈及巡察整改举一反三的问题正确对待、整改彻底，开展的专项自查和整改工作扎实到位；党风廉政建设工作台账齐全、各项工作按要求开展。

2. 主要特点及成效

一是建立党风廉政责任制，与参建单位、各部门签订了廉政合同和责任书，各部门责任书具有差异化和针对性，项目公司各项工作与党风廉政工作同安排、同落实、同考核。二是制定了项目公司全面从严治党责任清单、中央八项规定实施细则等制度，廉政制度体系建设比较健全。三是与禄劝县人民检察院开展“检企共建”活动，邀请禄劝县纪委、监委领导到项目公司驻地讲授廉政主题党课，到安宁警示教育基地开展警示教育活动，推动预防职务犯罪工作的开展。四是进一步加强监督执纪力度，在合同签订、资金使用、干部人事等方面严格跟踪监督，在重大考评评比及重要工作安排中，加强跟踪审查和监督执纪力度。五是加强日常教育管理工作，坚持党风廉政建设工作抓在日常，广泛运用“四种形态”的第一种方式教育，提醒干部职工，通过廉政集体谈话、廉政提醒谈话、廉政党课、节前廉政教育、发送助廉短信等方式增强干部职工廉洁自律意识。六是加强纪检监察部专业化建设，独立设置纪检监察部，并明确纪检监察部专兼职人员，严格落实集团公司及投资公司纪委关于纪检监察人员“三转”要求，成立了党风政风监督小组，每月针对项目建设中重点工作落实、质量安全、合同履约、矛盾纠纷等问题检查工作落实情况，督促整改落实。七是扎实开展日常自查自纠工作。扎实开展“严禁领导干部违规插手干预工程建设”“违规收送红包”、省属国有企业八项规定精神负面清单、领导干部违规借贷等自查自纠工作。八是积极构建廉政风险防控体系，梳理了项目建设全过程中、各部门廉政风险点 142 个，并制订了对应的防控措施，对项目公司廉政监管起到了积极作用。项目建设以来，未发生干部职工违规违纪的情况。

二、土建一标（图 7-1-6、图 7-1-7）

图 7-1-6　土建一标开展爱国卫生专项活动

图 7-1-7　土建一标到小松园革命烈士陵园开展教育活动

三、土建二标（图 7-1-8~图 7-1-13）

图 7-1-8　支部共建党员突击队

图 7-1-9　消防应急演练“主题党日”活动

图 7-1-10　土建二标项目部观看《政治掮客苏洪波》警示教育

图 7-1-11　土建二标积极开展党员学习

图 7-1-12　党员先锋队

图 7-1-13　党旗进工地

第二章　文化建设

一、项目公司（7-2-1~图 7-2-4）

图 7-2-1　向试验技能竞赛优胜的集体和个人颁发奖状

图 7-2-2　开展“唱响新时代 · 红歌颂祖国”活动

图 7-2-3　组织施工单位开展"七比一创"劳动竞赛

图 7-2-4　开展年度表彰工作，表彰先进，激励全线职工乐于奉献、积极工作

二、土建一标（图 7-2-5~图 7-2-7）

图 7-2-5　土建一标三八妇女节开展“抗击疫情，人人有责”主题活动

图 7-2-6　土建一标开展丰富多彩的职工运动会

图 7-2-7 修桥筑路解民忧，情系灾民送温暖

三、土建二标（图 7-2-8~图 7-2-10）

图 7-2-8 快乐篮球赛

图 7-2-9　巾帼风采

图 7-2-10　歌唱祖国

第八篇　人物篇

概述

为创造历史的人们书写历史。在武倘寻这条100多公里的高速公路的建设施工过程中，先后有1万多名参建者，付出了1千多个日日夜夜的努力。为把武倘寻高速公路建设成一条“优质、安全、舒适、创新”的美丽公路，他们不负重托、不辱使命，攻坚克难、奋力拼搏，解决了一个又一个的问题和困难，完成了一次又一次地创造与创新，实现了创建美丽公路、打造品质工程、服务地方经济的目标，书写了滇中大地高速公路建设史上的新篇章。

建设者中，涌现出了一大批先进集体和个人，有获得云南省五一劳动奖状的团队，还有获得云南省劳动模范的个人，建设者们的事迹值得记载，精神值得弘扬，经验值得传承，他们的名字也应该铭记。

本篇对武倘寻高速公路建设过程中涌现出的建设各方的重要团队、杰出贡献人员和先进人物的事迹、经验、体会进行简要记述。

第一章　项目公司

一、参建人员

（一）项目建设前期

指挥长：杨云东

党委书记：邓有左

党委书记：刘剑波

副指挥长：李辉

副指挥长：马永

指挥长助理：杨发

副总工程师：山丽勐

综合办公室：曹磊（副主任）卯明星（副主任）、赵亮亮、陆春荣

图 8-1-1　滇中城市经济圈高速公路环线武倘寻高速公路通车仪式

资产财务处：郭凌艳（处长）、王建梅、何德新、杨娟

工程技术处：张立峰

安全保通处：杜慧宇（处长）

征迁协调处：王一涵

合同管理处：张有斌（处长）、许湫姗、王轶菲

总监办：曹家宏（主任）、周家映（副主任）、王以安（副主任）、高丽娟、肖坤、范丽江、思锦峰

质量稽查处：李先延（处长）、徐安明

倘甸办事处：和学群（主任）、段现彪（主任）

（二）项目建设过程

领导班子：

董事长、党支部书记：孙武云

总工程师：范新荣

副总经理、工会主席：贺平

副总经理：李建民

副总经理：解斌

集团公司督查督导员：张仕华

副总工程师：孙敬凯

工程技术部：孙敬凯、李正虎、李征航、唐廷柱、期红丽、肖鹏

合同管理部：凤玉波、黄芹、马红昌、欧阳淑、刘加甫

质量稽查部：赵武章、吴炜、满朗红、陆海龙

监管办：蔡建伟、马雪梅、刘宾

安全保通部：杨新志、杨建刚、洪斌、杜建民、罗嘉、孙宝华

征迁协调部：刘松林、董兆念、蒋仕忠、段燕昌、王子彬、马加强、张熙、黄文革

资产财务部：王青、苏栗波、张薇、左聪

纪检监察部：蔡翔

综合事务部：刘成文、邵宗富、王琦、蔡兴富、沈怡航、孙明嫣、何增辉

小车班：依万林、潘祥、广明、李燕宾、尹荣安、严建忠、郑自堂、商兴隆、李发志、染建国、李志阳、王卫、刘明军、卯明贵、杨永辉、刘文斌

工勤人员：角兴锋、陈高琼、李朝芬、李二分、杨加珍

二、优秀建设者

用心用情　建人民满意公路

——云南交投投资公司总经理、武倘寻高速公路建设指挥部指挥长孙武云

2021 年 1 月 10 日，云南武倘寻高速公路正式通车运营，结束了禄劝县不通高速公路的历史，标志着昆明市实现“县县通高速”的目标，为滇中城市经济圈高速公路环线又添上了浓重一笔。作为武倘寻项目指挥长的孙武云也终于长舒了一口气，历时三年半的艰苦打拼，总算为昆明人民交上了一份满意的答卷。

孙武云（右一）

通衢大道多磨砺

武倘寻高速公路既是云南省“五纵五横两环”高速公路骨架路网布局中的第三条横线，即云南省胜境关—富源—沾益—武定—元谋　大姚　宾川—大理—保山—猴桥的重要路段，也是滇中城市经济圈环线高速公路的重要路段，它的建设既补充、完善云南干线公路网的布局，也是滇中城市经济圈环线高速公路闭合成环的重要保证。同时，武倘寻的贯通成为既有北京至昆明高速公路（G5）和银川至昆明高速公路（G85）的横向连接线，大大缓解了原有高速公路交通量趋于饱和所带来的交通拥堵。

正是由于建设意义重大，地理位置极其重要，因此武倘寻高速公路的技术指标特别高，而要在云南的崇山峻岭间修建一条设计速度 100km/h 的六车道高速公路，难度可想而知。

技术员出身一路干到指挥长的孙武云 20 多年一直没离开过高速公路建设现场，因此无论是多长的隧道、多高的桥梁在他看来从技术角度都谈不上有多难。反倒是技

术之外的一些事情让他印象深刻。一是征地拆迁难。由于地处昆明辖区，征地拆迁推进相对困难。二是协调工作难。特别是在项目起止点都有军事设施，使沟通协调难度陡增。为了避让禄劝县的地下防空洞，孙武云光是云南省军区就跑了不下四五次。而终点寻甸路线高程由于超过当地营房，不得不对线型进行调整，并采取遮挡措施，通过加高围墙、增设绿植等方法予以解决。三是环境敏感点多。首先由于地处昆明北部山区，水源点特别多，小河、山泉眼、饮水沟渠都为施工带来了相当大的压力。其次是途经大型种羊基地，对噪声、灰尘、污染等管控措施提出挑战。再次就是跨越河流众多，特别是穿越清水海水库，属二级保护区，环保压力极大。

除此之外，孙武云总结这条路的特点为八多八大，一是影响因素多，设计难度大；二是桥隧工程多；工程规模大；三是不良地质多，施工难度大；四是枢纽立交多，服务范围大；五是干扰路段多，保通压力大；六是生态敏感多，环保压力大；七是建设资金多，融资难度大；八是区域协调多，征迁难度大。

齐心伴靓红色路

面对如此多的困难，孙武云的选择唯有迎难而上。这一方面是由于指挥长重任在肩，职责所在；另一方面很重要的原因，是因为武倘寻线路上的禄劝和寻甸都曾是国家级贫困县，又都是少数民族自治县，武倘寻高速公路的修建，对于巩固脱贫攻坚成果，促进当地发展有着重要的意义。正因如此，即便在拆迁过程中有百姓的不理解，项目公司上下依旧能够做到不厌其烦、百折不挠，最终赢得了百姓的好感和理解，打开了局面，提前半年完成了公路建设任务，为地方经济发展打下了坚实的基础。

为了将武倘寻高速公路打造成为一条别具特色的公路，孙武云也是煞费了一番苦心。考虑到公路沿线是红军长征曾经走过并战斗过的地方，结合交投集团对于美丽公路的具体要求，在讲求节简、突出重点的思路下，他要求项目公司深挖革命历史、长征精神、红色文化，以红色为基调，将红旗、马灯、送亲人去当兵等红色元素融入景观设计中，不但以点睛之笔传承了红色基因，打造了红色公路的经典设计，而且节约了投资，杜绝了铺张浪费，取得了极佳的效果。

抓住管理“生命线”

作为工程建设的第一责任人，孙武云对于管理这个词有着独到而精准的理解，特别是 2021 年年初履任云南交投投资公司总经理以后，随着职务的变化，身上的担子更为沉重，孙武云对管理的思考站位也更具宏观性、前瞻性。他把工程建设的管理关键总结两条生命线，一条是设计生命线，一条是管理生命线。这两条线缺一不可，与交投公司的生存发展、前途命运都息息相关。

所谓设计生命线，就是要从规划设计阶段开始进行投资控制，要求管理者特别是指挥长必须深入项目，保证在设计源头对路线方案、起止点设置等关键环节给予了解和把控，而不是如以往一样被动接受设计方案，照本宣科。他之所以把设计看得如此之重，源于多年工程现场的经验。以武倘寻为例，经过他的设计优化，就直接为项目节省投资近10亿元。而在升任总经理后的一次基层项目走访中，仅凭短短不足20分钟的“走马观花”，便利用午饭间隙将方案进行了调整完善，节省投资超过300万元。这些在别人看来足以拿来吹嘘的经历，在孙武云看来只能算作教训。因为他知道，可能每个项目都会存在相应的问题，单靠一个孙武云，只能是杯水车薪。而每个指挥长或者管理者如果都能够用心用情，时刻关注成本控制，不做局外人，那么以云南交投每年投资七八百亿元的规模来核算的话，哪怕是节省1%，也是七八亿元，这将是个天文数字。

在控制好设计过程，奠定好项目基础之后，管理生命线就显得尤其重要。孙武云表示，目前云南的公路建设并非百分百国家投资，绝大多数投资均来自交投集团，以武倘寻为例，每公里国家最多补贴2000万元，而要想在这种情况下赢利，就要求管理者精打细算，考虑如何节约成本，创造更多利润。比如建桥墩做施工方案，管理过程就要考虑如何优化、桥墩怎么建、砂石材料哪里买、施工组织要怎么安排等，这些看似非常细节的内容，实际上特别考验一个团队尤其是指挥长的管理水平，而以往粗放的管理方法，往往会造成材料浪费、人员窝工、机械闲置的情况发生，最终的结果则是成本难以控制，利润无从谈起。

信息管理促质变

虽然明确了工作目标，但是他深知，高速公路工程项目建设周期过程长，工作庞杂、千头万绪，要想让管理问题落在实处，实现管理水平质的变化，完全凭借人力肯定无法完成，特别是对于事后原因分析更是无从下手，因此，必须做到过程中的动态管控，提升信息化管理水平是必然选择。

孙武云表示，云南交投投资公司将在未来实施项目的全过程信息化管理，这其中除了质量、安全、进度等这些常规管理关注点以外，重点会将成本管理纳入其中，以此来作为成本管控的重要抓手。如果出现成本异常，系统会自动预警，管理者借此可及时作出反应，避免行动迟滞甚或根本没有察觉，造成资源的浪费和不必要的成本支出。同时，在这个信息化管理系统中，BIM管理也将作为重要支撑融入其中，比如可以利用BIM的现场监控，接入到信息化管理过程中，从而实现对于重点工程、节点工程的实时监督。管理者可以通过手机移动端对于施工进度、安全管理、质量管理、成本控制等进行可视化管理，从而做到心中有数，防微杜渐。

此外，为了营造充分的竞争环境，提升工程质量和管理水平，使企业利润最大化，投资公司还将引入第三方参与建设过程，并邀请第三方对于各项经济指标进行测算，形成能者上、平者让、庸者下，优胜劣汰的竞争机制，提高精细化管理水平，努力向管理要效益。

回看武倘寻项目，孙武云表示心中还存有一些梗有点“过不去”。在他看来，管理如果能够再精细一些，像诸如收费站雨棚的设计等如果能够再精简一些、实用一些，那么项目建设管理的成本肯定还会降很多，公司也将会有更多的资金用于未来的发展。不过好在云南的交通基础设施建设正处在大发展的关键时期，现在调整思路还不算晚，相信随着云南高速公路的不断延伸、路网密度的不断加大，云南人民交通出行的满足感将会大幅提升，云南交投投资公司的明天也将更具活力和希望！

严把技术关，推进标准化

——武倘寻项目公司总工程师范新荣

武倘寻项目是滇中城市经济圈高速公路环线的重要组成部分，高质量建好武倘寻项目是云南省委省政府的要求，也是全省人民的期待。技术保障是建好该项目的基础，做好技术服务保障工作是范新荣的职责所在，范新荣作为项目总工程师，自1992年参加工作以来，一直在公路战线工作，始终与公路打交道，大部分时间在一线和基层，经验丰富。

范新荣

变更设计、优化设计工作方面，范新荣对武倘寻公司审批权限范围内的变更设计严格坚持“四方会审”制度，在武倘寻公司、设计单位、监理单位、施工单位现场勘察的基础上，经四方研究讨论形成一致意见后方才确定技术方案。严格变更设计审批工作，防止肢解或提高变更设计类别规避审批或规避审批风险的行为发生，确保变更设计工作规范化。为最大限度地实现公司降本增效的目标，最大限度降低工程建设成本，增加投资收益，在确保工程质量和工程安全的前提下，范新荣积极执行项目公司控制投资的原则，牵头开展好优化设计工作，严格控制工程变更设计和工程造价，从而降低了工程建设成本，共节约投资约 1.35 亿元。

推广新技术、新工艺、新材料、新设备的应用方面，在范新荣的牵头下，武倘寻项目立项批复《高烈度区中等跨径钢 - 混组合梁式桥设计、施工及养护关键技术研究和示范》《高烈度区中等跨径钢 - 混组合梁式桥质量检验方法与评定标准研究》《环氧沥青超薄罩面成套关键技术研究》《热固高性能环氧沥青排水路面的关键技术研究》《基于行车安全的隧道入口减光构造物与鱼刺型减速标线设计方法及工程应用》5 个科研课题及 BIM 技术推广应用，应用到武倘寻项目中推进正常。

在施工建设方面，范新荣紧抓以工地建设标准化和施工工艺标准化为重点，强化现场关键环节的控制，规范工地硬件设施的设置。对驻地建设、混凝土拌和站、梁板预制场、钢筋加工场、小型预制场、工地实验室等场所全面推行标准化建设，强化施工单位人员标准化意识宣贯与培训工作。督促、检查总监办、施工单位、第三方试验、检测单位建立完善的质量管理和保障体系，并确保质量管理保障体系正常运行，不断强化参建人员质量意识，强化工程质量管理，促使工程质量管理标准化、规范化、程序化。加强工程质量稽查工作，对质量问题采取“零”容忍的态度，坚决按管理办法的规定处理，实行全过程、全方位的质量控制，确保工程建设质量始终处于受控状态。

在提升工程品质方面，范新荣以钢筋保护层、墩柱竖直度、钢筋层间距、混凝土强度等控制为重点，持续加大管理力度，不断强化督促检查工作，切实解决以往工程钢筋保护层合格率偏低、混凝土强度不稳定、竖直度超标等易发问题，提升工程品质。制定品质工程创建实施方案，深入贯彻“优质耐久、安全舒适、经济环保、社会认可”的建设理念，在第三方专业咨询机构的指导帮助下，深化人本化、专业化、标准化、信息化和精细化，着力推进四新技术的广泛应用；质量管理以保障工程耐久性为基础，体现建设与运营维护相协调、工程与自然人文相和谐，工程实体质量、功能质量、外观质量和服务质量均衡发展；安全管理以工程本质安全和风险可控为目标，促进结构安全、施工安全和使用安全协调发展；工程建设坚持可持续发展，体现生态环保、资源节约和节能减排取得显著成效。

范新荣团结和带领武倘寻公司技术部门人员和各参建单位，主动担当、积极作为，科学谋划、精心组织，以身作则、率先垂范，创新方式、全面发力，扎实开展、有声有色，助推了生产建设，顺利建成了武倘寻高速公路项目。

吃苦在前，奉献当先

——武倘寻项目公司副总经理、工会主席贺平

贺平

武倘寻项目途经的滇中北部地区经济社会发展相对落后，为更好地服务和拉动地方经济社会发展。2017 年 1 月进驻武倘寻项目后，贺平凭借丰富的经验积极投身于项目筹备、开工及推进生产建设各环节的工作中。在项目建设前期做了大量艰苦细致的工作。项目前期工作复杂繁重，“哪里有困难，我就去哪里。”这是贺平经常讲的一句话，每每遇到急难险重的任务，贺平总是主动请缨，发扬退伍军人“吃苦在前、奉献当先”的良好品质，夙夜在公，屡次圆满完成各项目标任务。

武倘寻高速公路主线有桥梁 90 座共 29.59km（单幅为 59.18km），隧道 28 座共 43.79km（单幅为 87.58km），桥隧比为 69.73%，途经区域山高谷深，安全生产风险高、责任重、压力大，贺平主动挑起了分管安全生产的重担。工作中，他始终坚持“以人为本”的理念，带领项目全线 10000 多名参建职工，认真贯彻落实“安全第一，预防为主，综合治理”的方针，始终把安全生产工作放在首位，严守安全生产的红线和底线。

武倘寻高速公路单幅隧道长超过 87km，超过全线总里程的 2/5，隧道开挖地质条件复杂、安全风险高，贺平积极协调与国家隧道救援中铁二局昆明队签订应急救援协议，并委托救援队对全线隧道施工管理人员、班组长等 35 名人员开展隧道坍塌应急救援培训实操，并组织 200 余人开展隧道坍塌综合应急救援演练。2019 年 5 月，甸沙隧道右幅掘进至 1000m 时，隧道掌子面上方断面层突发异响，现场安全员在结合培训掌握的知识，立刻组织洞内施工的 40 余人撤离，人员全部安全撤离的 13 秒后，4000 多立方米的泥浆涌出，淹没了 100 多米已打通的隧道，此次隧道突泥未发生一人伤亡。

项目建设后期，施工节奏快、工程专业多、人员设备多，面临的安全生产风险空前巨大，安全保通工作更是成为抓好安全生产工作的关键。贺平牵头组织 19 家单位签订交叉施工协议，部署全线 23 个便道道口保通工作，带领保通小组驻守施工工地，协调各专业单位车辆安全运输工作、调解施工矛盾等工作。在施工一线，除了提要求、做安排，更多的要做指导、做服务，坚决遏制安全生产事故发生，项目开工至建

成，未出现安全生产责任事故，维护了各参建方职民工的生命财产安全。

治租河特大桥是武倘寻高速公路的控制性工程，因受多方面因素影响，工程进度严重滞后，2020 年 7 月后，形成了项目能不能实现省委省政府“能通全通”工程建设目标就看治租河大桥能否按时合龙的情况。“功成不必在我，功成必定有我”，贺平对主要领导说了这样一句话后，主动联系施工单位党组织，成立了由自己担任组长的治租河特大桥施工“党员突击队”。成立突击队以后，贺平组织优秀的党员技术骨干来到施工现场，专项跟班解决施工现场实际困难，与施工、监理等参建单位不断优化施工方案，引进先进工艺工法和施工设备，从图纸核校、原材料试验、临时设施、安全技术交底等方面着手，有序、高效推进项目建设。同时，为关心和凝聚一线职民工，贺平主动协调施工单位，给工人们每日结算工资，一日三餐餐点给工人运送至施工点。12 月的傍晚，100 多米高的大桥上寒风凛冽，贺平就组织人员为施工人员送上面包、牛奶、暖宝宝等生活用品，给一线工人送上了温暖。最终，治租河特大桥提前一个月实现了全幅合龙。

使命在肩，奋斗在前。贺平作为班子成员中的年轻干部，总是带领党员骨干，在工作最困难、通车压力最大、作业面最难打开的地方，带头扎根一线、带头攻坚克难，冲在最前面，干在最前面，为武倘寻项目实现省委省政府“能通全通”工程建设目标打下了坚实基础。

精抓细管，迎难而上

——武倘寻项目公司副总经理解斌

武倘寻高速公路施工前期，因工作需要，解斌被项目公司派到现场管理机构——倘甸办事处任主任，主要负责武倘寻高速公路土建二标施工范围内的质量、安全、进度、技术等管理。土建二标全长 50 多公里，投资 80 多亿元，办事处承担了整个项目近一半的管理工作。

解斌

2018 年因人员变动，解斌回到禄劝指挥部接任指挥部副总工程师，又接手了科研课题、BIM 数字化管理、环水保等工作，除了对土建二标的日常工作进行管理外，还接手了前任副总工程师的工作。任职副总工程师不到半年，就将各项工作推进落实得井井有条。

某次，土建二标所施工的倘甸6号隧道出口右洞，掌子面在施工中突然大量涌水，靠近掌子面初期支护工字钢变形侵陷，接到信息后，他第一时间要求将施工人员、机械撤离到隧道外。赶到施工现场后，在保证安全的前提下带领监理、设计代表、项目分部总工、施工班组负责人到掌子面查看情况，及时制订了处置方案，并在保证安全、质量的前提下现场组织完成处置了危险段落。

隧道内纵向排水管定位安装往往是最容易忽视的位置，高程定位不顺畅、管子阻塞通常都是导致隧道二衬渗水的关键问题。为了在过程中解决，他要求施工单位根据隧道纵坡采用钢筋定位纵向排水管标高，并固定于初支面，每次进入隧道，该项工序都是他必检的内容。虽然只增加了这个小小的工序，却有效地避免了工人随意安装排水管的隐患，保证了排水管后期排水顺畅，有效地提高了二衬的工程质量。

随着项目管理向精细化深入，文明施工也成了管理过程中的重点，特别是隧道内文明施工问题显得尤为突出。以往隧道在放炮过后、出渣过程中，洞内因灰尘、路面泥浆污染等导致整个施工环境恶劣，为改善施工环境，他要求现场不仅要随时清扫洞内路面，有条件的还必须洒水清洗。施工过程中，因违反操作规范，施工人员和现场管理人员发生过小的摩擦，但他仍坚持严格要求。他经常跟现场的管理人员说："虽然清扫、清洗的次数增多会增加你们的管理成本，但随着项目管理的高标准严要求，文明施工一定会常态化，你们要尽快改变以往的想法，更何况隧道洞内施工环境好了，工程质量才能得到更好的保障，对你们自己的身体健康也有好处啊"。

锚杆锚索框格梁的施工不仅要保证内在质量，还要保证很好的外观效果，所以

在施工过程中平顺、规整的控制至关重要。为了得到很好的控制，他要求项目部在施工框格梁前必须在挖方坡面插杆挂线，标准定位，现场监理工程师验收后方可开始施工。刚开始施工工人因为增加工序不愿意做，但随着解斌每次到现场，不但严格要求项目部管理人员、监理认真督促，还不断和施工工人讲解该工作的重要性和目的。最终随着一个个框格梁的施工完毕，不仅质量得到保证，外观也整齐划一地展现出来，大家才最终理解了他的做法。

诸如此类看似不起眼的小变革，为创建品质工程奠定了良好的基础，在质量检查中武倘寻项目多次得到上级单位的一致好评便是最好的证明。

因项目途经县区多、途经保护区敏感点多、基本农田多等因素，导致临时用地、取（弃）土场选址问题困难重重。特别是路线穿越清水海二级保护区——昆明市重要的水源地，涉及该区域的协调工作更是难上加难。过程中，他与清水海相关的行政主管单位、部门对接近 30 余次，根据要求委托第三方编写专题报告 7 份，并组织了专家评审上报，但每次都铩羽而归。在该协调问题上，他曾经灰心过，打过退堂鼓，但最后还是以“咬定青山不放松”的韧劲，和“舍我其谁”的气概和勇于担当的精神，一直坚持推进清水海环水保方案和协调报批工作。经过不懈努力，挡在项目公司前面两年的“拦路虎”终于被他打退，为全面打开公司 2020 年的建设新局面奠定了坚实基础。

2020 年春节假期前，刚刚被任命为项目公司副总经理的解斌主动向班子请战——请求自己留守值班，在此期间新型冠状病毒感染的肺炎疫情在全国肆意蔓延，从 1 月 24 日至 2 月 14 日，原本 7 天的值班变成了 22 天。22 天里，解斌带领 4 名值班人员把项目疫情防控的各项工作做得扎实有力，项目公司全体职工及参建项目值班值守人员实现了零感染。疫情初期，禄劝县当地防疫物资非常紧张，为让先行返岗职工安全顺利进驻项目公司，解斌积极主动向交通运输局报告请求帮助协调解决防疫物资（口罩、消毒液、酒精），通过协调，至 2 月 14 日，终于争取到位了 300 只口罩、220kg84 消毒液、235kg 酒精和 50kg 漂白粉，满足了项目公司返岗人员的防疫需求，为有序推进项目复工生产做好了准备。

坚韧不拔、砥砺奋进

——武倘寻项目公司副总经理李建民

武倘寻高速公路项目 2017 年 8 月正式开工建设，武倘寻指挥部及土建项目部征迁协调处全体职工在李建民的带领下，发扬“坚韧不拔、砥砺奋进”的武倘寻精神提前开展征地拆迁工作，为武倘寻项目工程建设正常推进打下了坚实基础。

李建民

武倘寻高速公路途经昆明市、楚雄州四县的多个居民区，其中还涉及彝、回、苗等多个少数民族村庄，项目同时经过了云南省种羊场、清水海水源保护区等多个保护区，征地拆迁工作及施工协调难度极大，面对纷繁复杂的征迁工作局面，征地拆迁工作一改往日“等、靠、要”的传统思想，在李建民的带领下积极主动地行动起来，全体征迁同志投入到征地拆迁工作中。

众所周知，征地拆迁工作是高速公路建设中的非常难啃的硬骨头，其中涉及征迁动员、征迁政策宣讲、征迁情况测定和征迁补偿等一系列工作，还牵涉与各级地方政府协调、与征迁户协调和与项目部协调等多方协调，同时还要处理随时可能出现的堵路阻工、闹事等突发情况。为扫清项目建设最大的“拦路虎”，李建民要求征迁工作人员在征地拆迁工作中积极发挥“110”式的响应和“120”式的服务理念，在面对工作中随时出现的困难时必须做到快速反应、及时支援和贴心服务，深入一线、深入农户，进村入户、协调各方、上山下坝、越沟迈壑，以拔钉子、割瘤子的方式对征地拆迁工作中的痛点难点进行处理，注重服务好、保障好、指挥好、监管好。征迁工作人员白天开展征地拆迁工作、处理突发事件、协调村民堵路阻工保障施工建设的正常进行，晚上整理征地拆迁和用地报批等相关资料，保障林地、土地报件工作顺利推进。就这样征地拆迁难点被逐个攻破，武倘寻高速公路征地拆迁工作成绩显著，为施工建设创造了良好的施工条件。

在分管征地拆迁工作的同时，李建民紧抓附属工程交安标施工进度，2020 年交安标进场施工后，工期极为紧张，李建民积极协调交叉施工矛盾，一手抓安全管理，一手抓施工进度，将目标任务分解落实到具体责任人，确保每天对交安施工各标段进行现场核查，确保施工人员设备时刻处于饱和状态，为武倘寻项目顺利建成通车提供了保障。

迎难而上 保驾护航

——武倘寻项目公司征迁协调部部长刘松林

刘松林（右二）

建设一条高速公路，是工作，是任务，更是一次难得的成长体验。随着高速路从无到有，项目建设者也随之得到了满满的收获。

在武倘寻高速公路建设指挥部，刘松林主要负责征地拆迁工作。征地拆迁工作是个复杂烦琐的工作。相比其他项目，武倘寻高速公路项目涉及需征地面积大，沿线征迁工作涉及县、乡、村多，房屋拆迁工作量大，户数多。再者，项目经过较多少数民族村庄，因民族风俗、生活习性、语言障碍等，给征地拆迁工作又增添了难度。但是，“时间就是命令”“工期就是铁律”，在项目建设过程中，刘松林坚持“110 式响应，120 式服务”，主动深入施工现场为施工单位排忧解难，为项目的建成起到保驾护航的作用。

2020 年 4 月 15 日，因鸡街一号隧道进口工程施工，三丘田村水源点断裂，导致三丘田村生活用水中断。生活用水没有保障，村民情绪激动，三四十名村民对武倘寻高速公路施工现场进行了阻工堵路，致使七八辆沥青运输车无法通行，严重影响了武倘寻高速公路的施工进度。因武倘寻高速公路通车在即，所有工程都在抢工期。本着尽快恢复施工的原则，刘松林及时赶到现场，晓之以理动之以情地对村民进行了规劝，确保了施工的正常进行；同时积极对接协调乡镇相关职能部门，保障水源点修复期间村民的饮水需求，并在 3 天内完成了村民生活用水的正常供给。

按计划武倘寻项目应于 2021 年 1 月 10 日举行通车仪式，但 2021 年 1 月 9 日晚 23 时，交安标在施工过程中造成机电标已施工完成的通信光缆断裂。接到消息后，刘松林立即赶到现场组织施工，连夜组织开展修复工作，凌晨 4 时才完成临时修复，保障了武倘寻高速公路的顺利通车。

刘松林表示，在武倘寻项目建设奋斗过的几年，将成为未来宝贵的精神财富，伴随着自己走好未来的路！

用心做事，践行“武倘寻精神”

——武倘寻项目公司质量稽查部部长赵武章

赵武章（右一）

作为武倘寻高速公路项目团队的一员，质量稽查部部长赵武章特别自豪，也有很多工作管理中的经验和心得值得一说。

一、提高设计质量

一是加强地质勘察工作。在设计之前把地质情况“搞清楚、弄明白”，指导设计，尽量减少在施工过程中出现较大的地基沉陷、坍方、突泥涌水等较大变更。二是强化初步设计图审查。对路基高填深挖、特殊结构桥梁、特大桥梁、特长隧道设计方案重点审查，并提出因地制宜，适合当地气候条件，地理环境，方便施工的技术方案。三是减少设计错误。加强工程技术管理人员业务素质培养，发扬“传帮带”的氛围和风气，使新进工程技术管理人员快速积累经验，善于变通，不搞死搬硬套照图施工的一套。

二、周密计划、统筹安排

一是编制实施性施工组织设计。编制的重点内容为分项、分部、单位工程的工期计划，根据工期计划合理布置三场一驻地场所、拌和站场所、施工场所的人员机械配置。二是均衡施工。加强进度管理，定时不定时督促检查纠偏，及时解决施工过程中出现的困难和问题，避免影响施工进度。三是建立健全的激励机制。按照工期计划定期考核，表扬先进，鼓励后进，形成你追我赶的施工氛围，保障各项工程按计划工期完成。

三、强化质量管理

一是优化施工图设计，组织设计、施工、监理共同研究，适当调整完善施工图设计，确保工程质量可控。二是紧盯重点、难点、关键工程。对路基高填深挖、软基处理；桥梁钢筋焊接、混凝土工程、预应力钢绞线张拉和压浆；隧道防排水、二衬钢筋和混凝土进行重点管控。三是加大机械投入。贯彻以机械化换人，自动化减人的思想提高生产率，减少施工误差，提升施工质量；减轻管理负担，提高管理效益。四是充分交流。要求质量管理人员深入施工一线督查检查指导施工，让一线工人理解质量的重要性。五是养成回头看的好习惯。不让问题处理走过场，确保施工队伍不存有侥幸心理。

四、狠抓安全管理

一是加大日常工地巡查的频率，注意查看特种设备检修和操作人员持证情况，发现问题及时整改。二是经常与监理、施工单位管理人员现场交流安全生产相关知识，灌输“安全就是最大效益”理念，提升安全意识，规范安全生产施工行为。三是经常深入施工一线，开展现场安全教育，牢固树立“安全第一、预防为主”的思想，营造“人人管安全，安全为人人”的和谐生产氛围。

五、重视团队合作

一是凝聚参建者人心，抓住关键少数，影响大多数，形成团队合力。二是让每一位参建者都有集体意识、大局意识，个人利益服从集体利益工作，为集体贡献最大力量。三是强调在合作中绝不能逞强好胜，争夺名利。四是树立“一家人”思想，做到换位思考，互相理解，互相支持，显现团队的主人翁责任感。

总之，赵武章用心做事，努力工作，攻坚克难，践行“坚韧不拔、砥砺奋进、团结奉献、精细严实、追求完美”的武倘寻精神，秉承着为项目建设作出积极贡献的初心，为项目建设奉献出了自己的一份力量。

第二章　土建一标

一、参建人员

项目经理：洪刚

项目总工程师：罗绍文

项目安全副经理：武逵

项目综合办公室主任：孟超

项目拆迁负责人：秦飞

项目合同、成本负责人：陈克芬

项目现场安全负责人：方云智

项目试验负责人：赵云

项目资料、质检负责人：丁艳

项目物资、材料、设备负责人：赵家政

图 8-2-1　土建一标集体合影

项目工程部负责人：罗剑均

项目财务部负责人：查俊文

项目质量稽查部负责人：刘龙杰

二、优秀建设者感言

1. 项目经理洪刚

项目管理是一项综合性很强的工作，项目经理既要精通施工技术，更要精通管理。一个优秀的工程离不开一个优秀的管理团队，只有优化管理人员结构，分工协作，勇于进取，具有强烈的责任心，才能克服最艰巨的任务，成就最优秀的项目工程。能为云南高速公路建设出一份力，我及所有参与施工的人员都感到无比的光荣和自豪，因为从工程进场到工程竣工每一个时间段，全程都有我们。感谢武倘寻高速公路建设项目，也感谢我们的团队和领导！

洪刚

2. 项目总工罗绍文

参加武倘寻高速公路建设的这几年，项目部的安全、工程、合同部门所有员工都奉献出了他们夜以继日的努力，攻克了一个又一个难题，坚守着每一个重要的岗位。在大家不懈的努力下，终于按时保质地完成了工程计划。今后无论谁行驶在武倘寻高速公路这条路上，我们都能自豪地说，这条长长的公路上，有着我们付出的汗水。

罗绍文

3. 项目安全副经理武逵

作为武倘寻高速公路的一名参建者，能为家乡的交通事业出一份微薄的力量，当武倘寻高速公路建设通车后，我可以自豪地、大声地说，那条高速公路我曾经参加建设，我知道许多建设过程中的故事、认识了很多敬业爱岗的建设者，理解每一座桥梁、每一座隧道建设过程中那一段艰辛而感人的往事。

武逵

在项目工程建设者中我作为安全人，有着刀子嘴、豆腐心，当我们严厉批评违章行为的时候；当我们在应急演练中流汗的时候，一直都坚信："流汗总比流血好，安全才是幸福的法宝"。

人在路上、心在路上，路在心上！把安全放在心上，把安全践行到施工的每一个环节，安全启航、安全到站，下一站继续。

4. 项目物资、材料、设备负责人：赵家政

赵家政

玉带盘山，云中穿。作为武倘寻高速公路的参建者，每每行驶在这条美丽公路上，心中都能泛起莫名的情愫。这里的山水见证着武倘寻筑路人挥洒的血汗，这里的道路留下了我们的欢笑。时光匆匆，光阴荏苒，这匆匆几年中有为缺席女儿成长而暗自伤神；有为物资供应不及时影响施工进度辗转反侧；有为项目节点工程顺利完工的心绪澎湃……但是，现在的我感谢以往遇到的困难与挑战，因为这些经历铸就了现在的我，得到了十足的成长，结识了一群同甘共苦、志同道合的兄弟。筑路人，我们永远在路上。

第三章　土 建 二 标

一、参建人员

项目经理：张兴波

项目总工程师：朱自林

项目生产副经理、副总工：木玉泉

项目安全副经理：杨建伟

项目综合办公室主任：杨晓艳

项目征迁副经理：潘明友

项目合同、成本负责人：杨超

项目现场安全负责人：杜兴峰

项目试验负责人：闫荣伟

项目物资、材料、设备负责人：王勇

项目工程部负责人：张经武

项目财务部负责人：杨普润

图 8-3-1　土建二标集体庆祝中华人民共和国成立 70 周年

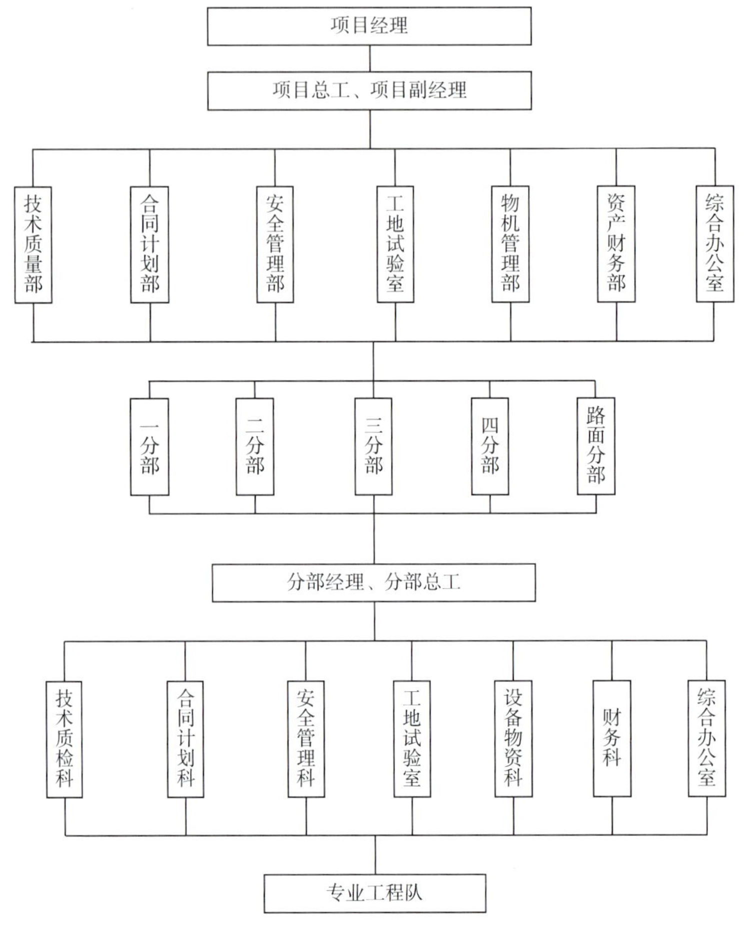

图 8-3-2　项目部组织结构框图

二、优秀建设者

1. 项目经理张兴波

“喊破嗓子，不如作出样子”是他不断践行带头尽职的真实写照。项目全体职民工在他的亲力亲为、起而行之的工作作风影响下，恪尽职守，履职尽责，完成了上级单位下达的各项工作任务，一个集体因一个带头行动者获得了活力与团结。

张兴波

“抓工程技术，一丝不苟；抓工程进度，一着不让；抓工程质量，一点情面不讲；抓工程安全，一刻也不放松”，张兴波通过多项管理举措，促进了安全、质量、进度和文明施工等各项工作的全面提升。他曾亲自主持制订多个项目的创优规划、质量计划，认真研究施工组织设计方案，把施工工艺、工期计划，具体的安全管理、各项保证措施等写进方案，成立领导小组及时纠偏。由于制度到位，措施得力，工程施工中克服了大量不利客观因素的影响，最终高效高质地实现了项目按期竣工。

2. 项目总工朱自林

朱自林

在武倘寻高速公路土建二标项目部担任党支部书记、总工程师、常务副经理以来，他始终坚持到一线工地上去做工作，做到情况在一线工地掌握、决策在一线工地形成、问题在一线工地解决。在深入工作过程中认真对照各分部的施工组织设计，一丝一毫地管理组织施工，遇到工程技术难点，现场剖解问题，给出解决方案。对待安全隐患，当场指出，毫不留情记录在案，按时整改。针对施工的改进创新，积极鼓励支持，共同探研策划。面对武倘寻项目工程体量大、战线长、控制性工程多、施工难度大等特点，沉下身心编制工作计划，理顺工作思路，落实工作计划实施。他用工作效率和实干赢得各方的工作认可，极大地调动项目部全体参建员工的积极性和创造性，无论是项目的标准化建设、平安工地建设，还是项目工程质量管控、安全预控，均取得了突出的业绩，即按质保量地完成了项目部及各分部年度各项目标任务，也为武倘寻项目打造品质工程做实了基础。

3. 项目安全副经理杨建伟

杨建伟

武倘寻项目自开工以来，杨建伟兢兢业业，认真落实上级的指示精神，把贯彻“安全第一、预防为主、综合治理”方针落实到具体的每一项工作中。思想上坚持科学发展、安全发展的理念，在日常工作中，凡是能去工地一线，绝不偷懒，带领整个项目部安全人员上工地，守安全，积极开展安全大检查，对发现的问题要求及时整改，把各类事故苗头消灭在萌芽状态。他把落实施工安全专项整治活动作为工作重中之重，经常讲安全重点整治，整治后才能吸取教训。他把现场施工安全、驻地安全、危险物品管理及特种设备管理等作为重点整治内容，加大对安全基础薄弱环节的重点整治，确保施工、生活安全。

在从事安全管理工作期间，杨建伟认真分析安全生产形势，积极采取措施，充分利用各种方式，确保施工安全生产，完善安全措施，确保安全无事故，受到职工一致好评，圆满完成了年度安全生产任务。

4. 项目生产副经理、副总工木玉泉

2017 年 7 月，木玉泉担任武倘寻项目生产副经理，自 2019 年 5 月起兼任常务副总工。面对武倘寻项目工程体量大、战线长，特长隧道、特大桥等工程多以及项目采取新型管理模式组织施工等挑战，他深知好的政治和业务素质是做好本职工作的前提和必要条件，排除万难，努力钻研。近几年来，他始终把学习放在重要位置，努力在提高自身综合素质上下功夫。一方面不断加强政治理论学习，另一方面不断深化对业务工作相关的规范、法规、施工技术、安全法规、制度等探索。做好项目施工组织管理，理顺工作思路，积极协调，有效调动各分部参建员工的积极性和创造性，较好地完成了项目施工任务。

木玉泉

第四章　监理一标

一、参建人员

总监：资新

副总监：王逸庶

总监办主任：廖旭初

计量及合同专业监理工程师：储兵、曾锡英、唐玉昌

试验检测专业监理工程师：申道荣

测量专业监理工程师：张明翠

结构专业监理工程师：李焰炬、罗鸿、向刚强

路基专业监理工程师：唐鸿宇

路面专业监理工程师：杨兴志

图 8-4-1　第一总监办合影

桥梁专业监理工程师：吴军、谢德昌、罗时曦

隧道专业监理工程师：彭德伟、张伟

交通工程专业监理工程师：杨宁

景观绿化及水环保专业监理工程师：文帆川

安全及专业监理工程师：田德朝

监理员：许泽、张奇、禾永智、李明会

一驻地办高监：张元天

二驻地办高监：马立璞

三驻地办高监：喻文俊

中心试验室主任：潘龙

二、建设者感慨

三年多来，通过严格管理和有效控制，结构工程混凝土回弹强度检测合格率100%，桥梁下部构造钢保合格率93%以上，梁板钢保合格率95%以上，隧道二衬钢保合格率85%以上。通过监理抽检评定汇总，单位工程合格率100%，土建1合同段得分98.23分，绿化1合同段得分98.1分，绿化2合同段得分98.2分，交安1标评定为合格，交安2标评定为合格。

1. 体会

自开工以来，在指挥部及上级部门的正确领导和支持下，在沿线各级地方政府和各族人民群众的支持配合下，第一总监办全体监理人员紧紧围绕工程质量、安全、进度、投资、环保、廉政、综治七大控制目标，充分发挥全体员工的团结协作、积极主动的协作精神，严格执行监理程序和指挥部的相关要求，各标段的施工任务完全按照指挥部、总监办要求的目标节点时间，按质按量顺利地完成施工任务。通过几年的努力、几年的艰辛、几年的汗水，换来了满意的成果。通车在即，胜利在望。在几年的监理工作中，我们感触太深，体会甚多，受益匪浅，收获

图 8-4-2　质量监理检查（一）

丰硕。总之，我们体会如下：

在云南武倘寻高速公路建设指挥部正确领导和大力支持、指导下总监办的监理工作得到支持和鼓励，为监理工作的开展奠定了良好基础。

图 8-4-3 质量监理检查（二）

指挥部领导同志经常亲临现场，及时指导监理工作，尤其是在施工中出现问题时，提出了建设性和指导性意见，为及时快捷地处理好质量问题提出具体方案和要求，每逢重点和关键性工程实施前，指挥部、总监办领导不顾路途辛劳、酷暑，深入施工现场，与我们共同分析、研究解决措施；监管办、工程处、合同处、安全保通处、稽查处及总监办领导除定期巡视、指导各驻地办施工监理工作外，还全过程参加总监办及各驻地办各种技术、管理活动，及时传达指挥部、总监办的各项指示，从而保证了各标段施工有组织、有计划的开展。

2. 质量、安全管理

指挥部全面加强质量、安全控制，是实现总监办各标段工程安全、优质的必要支撑。

在总监办管辖范围内各标段施工监理过程中，遵照指挥部的要求，一直把质量、安全放在监理工作的首要位置上，努力实现质量创优、安全无事故目标。总监办根据现场施工具体情况，制定了各种规章制度、管理办法、检测手段，严格落实到监理工作中去，使监理工作有章可循，有法可依，对监理管理工作起到很好的效果。特别是依据指挥部提出的“质量提升年活动，实现五个提升”的目标，使质量责任制文件具有针对性和可操作性；同时总监办根据质量提升年责任制和平安工地建设活动的要求完善了安全责任制，采取每天巡视和定期集中检查相结合的方式，对各项安全生产措施落实情况进行全面检查、监控，确保各合同段工程施工安全、优质。如路基工程、桥梁工程、隧道工程等项目施工完后，经有关检测和质监部门的检测验收，基本符合设计及合同要求，受到各级领导的好评。

3. 以人为本，提高人员的素质

所有的工程建设都是由人创造出来的，工程质量、安全生产等人是主要因素。只

图 8-4-4　质量监理检查（三）

有组织了高素质的团队，高素质的人才，才能管理好和控制好施工质量和安全生产。同时在工作过程中，一定要进行再教育，组织学习和培训，不断提高全体员工的业务水平，提高大家的职业道德水准。

4. 既要严格监理，又要热情服务

严格和热情既对立，又统一，责任和利益也是对立和统一的。在施工过程中，对施工质量，安全生产等工作要严格要求，不容许出现丝毫差错。对违规现象，质量不合格现象等坚决不放过，要有对国家和人民负责的高度的责任感。但在施工过程中出现了质量问题，我们要帮助施工单位一起查找原因，分析原因，寻找处理和解决方案，把问题处理好。急他们之所急，想他们之所想，进行有原则和谐处事。使大家心往一处想，劲往一处使，不断形成齐抓共管的大好局面，这样工程质量、安全生产等才能得到有效的控制。

5. 狠抓事前控制、事中检查，事后验收、用数据说话、以理服人

一切管理工作，都要做到事前控制，预防为主，防患于未然。在施工过程中，一定要依照标准、规范及合同文件，正确地行使我们的监理权利。要经常深入工地现场，掌握现场第一手资料，采取科学的量测及试验手段，用数据去说话。对工地上出现的异常情况，要认真分析原因总结经验，拿出自己的意见，决不能模棱两可，似是而非。只有这样，才能服人，才能把工作做好。

6. 清正廉洁是监理工作的根本

“心底无私天地宽”。一切管理工作都要把党和国家利益放在首位，把业主的利益放在首位，坚决防止“卡、拿、索、要”现象。要做到清正廉洁，奉公守法，只有这样，工作才能很好地进行下去，政令才能通畅，质量才能保证。

虽然在武倘寻高速公路的建设中我们在监理工作中取得了一定的成绩，也得到了业主的好评，但与各级领导的要求还有一定的差距。我们的业务还有待提高，人员的素质还有待加强，我们将在今后的工作中认真总结经验，吸取教训，稳健提高，更好地为公路建设服务。

第五章　监 理 二 标

一、参建人员

第二总监办监理人员：

总监：李文刚

总监办主任：张书林

计量工程师：袁飚、张泰铭

中心实验室主任：李小宁

试验专监：吕金鑫、宋鹤、刘彩云

测量专监：郑永济

桥梁专监：卢尚龙、张百丽、宋小键、李军锐

结构专监：谢新伟

隧道专监：杜亚红

安全专监：许家明

图 8-5-1　第二总监办参建监理人员

绿化专监：张百丽

路面专监：邓建勇

试验员：马草原、巩锴、刘宗保、李云松、刘晓龙、靳志亮、张贵磊、孙大宾、顾士秋、冯俊领、张林林

第一驻地办监理人员：

驻地高监：李金锁

计量工程师：程险峰

试验专监：耿立军

测量专监：王凤义

路基专监：王政

桥梁专监：陈育新、刘云正、王占刚、罗喜春、张立民、李忠友

隧道专监：张明、刘亮、李金伟、秦雷、张梁霞、王瑞明、翟庭瑶

安全专监：吉会强

环保专监：张纬维

路面专监：张红军

绿化专监：张纬维

交安专监：郑玉明

第二驻地办监理人员：

驻地高监：王召现

计量工程师：杨 亮

试验专监：邓家元

测量专监：陆兴明

结构专监：张鹏程、庞伟峰、刘振岭、李明利、杜乐、吴宏伟

路基专监：陈鹏展

桥梁专监：卢尚龙

隧道专监：冯银良、丁帅、陈春海、魏宁、孟祥明

安全专监：陈欣

环保专监：宁宝生

路面专监：朱波

交安专监：呼振稳

第三驻地办监理人员：

驻地高监：兰金林

计量工程师：史保聚

试验专监：兰国仓

测量专监：伏颖庆

路基专监：李海军

桥梁专监：张兴文、熊伟、齐保杰、张会堂

隧道专监：张恩涛、兰世俊、贺传德

安全专监：李俊伟

路面专监：李广平

绿化专监：齐青红

交安专监：兰国创

第四驻地办监理人员：

驻地高监：邓忠海

计量工程师：卢其发

试验专监：熊 伟

测量专监：辛宏伟

结构专监：刘旭潮

路基专监：黄力武

桥梁专监：杨宏伟、戴灿荣、詹绍银

隧道专监：王贵华、唐加成

安全专监：何敬轩

环保专监：李红云

路面专监：杨映彭

交安专监：吴春龙

二、参建者感慨

1. 第二总监办总监李文刚

为全面完成监理任务，履行好监理合同，圆满完成项目监理任务，最终实现优质工程目标，在建设过程中我感受颇深。

优化监理内部管理体系，打造规范化、制度化、科学化管理团队。我们锁定了管理目标，就是全体监理人员必须紧紧围绕总监办的工作指导思路展开工作，只为一个共同目标，打造规范化、制度化、科学化管理团队，提升标准化施工，建设一个“品质工程、绿色工程”。经过参建人员的共同努力，不计个人利益和牺牲，团队的坚守和付出，我们圆满完成了意义重大的扶贫路工程。

科学决策、科技引领、优化管理是关键。武倘寻高速公路施工难度大、技术要求高，常规的施工工艺已经满足不了施工要求，对此总监办充分发挥监理优势，从制度入手，从标准化管理为切入点，科学决策，科技引领，积极推行工艺标准化，以样板引路等思路，科学、有效地推进了工程施工，提高了工程施工质量。优化管理，依托标准化建设为基准，推行首件制、隐蔽验收制、联检制、模板验收制、标准化建设验收制等制度，积极推广技术应用，充分利用微发明、微创新、微改造的科技引领，突出重点工程、难点工程，狠抓一般工程的施工管理，从工艺工法入手，推广和使用了墩柱钢筋保护层卡具、隧道仰拱钢筋定位模具、预制梁钢筋模具、桩基环切法、混凝土凿毛机等工艺，使路基、桥梁、隧道工程的整体施工质量、各项实体检测指标的合格率明显提升，施工中得到项目指挥部及施工单位的大力支持，施工质量和安全得到了社会的一致认可，这也是对我们艰辛付出的认可，我们深感欣慰。

相信不久的将来，武倘寻高速公路将是一条扶贫路、致富路，为沿线百姓带来更加辉煌的效益，就像一条七彩飘带，在滇北发出它耀眼的光彩。

2. 第二总监办主任张书林

面对技术难度高、施工体量大等特点，作为监理参建者也激起了我们的热情与挑战。精心部署、谋划在先，牢固树立“品质工程、绿色工程”理念，在总监办的领导下积极与参建各方在管理、技术、标准上获得极大的管理突破，在管理上首先统一了思想和认识高度，积极推动了标准化，特别是针对技术复杂、新工艺和质量标准要求高的分项工程编制了监理实施细则、管理办法，深入一线了解施工工艺、施工工法，通过首件、试验段等进行总结，编制如隧道钢筋保护层厚度、台背回填等作业指导书，形成了一套检测标准和规范，对云南省钢混组合梁的标准规范制定奠定了基础。通过技术支持、管理优化、推动实施等监理手段和措施，优质、高效地实现了通车目标。

施工过程的安全管控，一直是我们管理的重点。总监办的防范措施首先从体系、制度上着手，完善并确保安全管理体系落实到位；其次加强了专项施工方案的审查和落实，从安全技术和方案实施过程中加大管控力度；着重安全风险辨识，加大施工过程的检查力度，督促施工单位加强安全交底和培训，认真落实安全的管理职责；积极推动平安工地示范创建；增强结构安全的排查，如支架体系、挂篮体系、隧道初支等的管控力度；加大教育培训，增强监理、安全管理人员的责任意识、技术能力等。事实证明，项目施工无安全责任事故也是我们最大的收获。

武倘寻高速已经通车，实现了质量优质、安全可控的目标，行驶在宽敞、舒适、优质的高速上，与其他参建者一样，内心不断涌出喜悦与自豪。

3. 第一驻地办高监李金锁

何其有幸，参与武倘寻高速公路的建设，时光穿梭，转眼 4 年。没有豪言壮语，没有颂歌赞词，作为一名平凡的监理人，在武倘寻高速公路工作的四年里，感触颇深。武倘寻高速公路项目体量大、线路长、结构复杂、桥隧比高，又是《品质工程》《绿色交通》示范工程，这就需要所有参建者付出更多努力，与太阳为伍、与星辰作伴、与时间赛跑。80 后的我，以前只知道公路人辛苦，自进入武倘寻项目后，才真正体会到。

虽然我们这批建设者已奔赴另一个工地，但这条路的存在，使得当地人民摆脱了祖祖辈辈没有高速的历史，交通便利了，经济自然上去了，“天地之间有杆秤，老百姓就是那定盘的星”，有这些就足够了！

4. 第二驻地办高监王召现

非常荣幸参加了武倘寻高速公路建设。

第二总监办第二驻地办管段内有倘甸 6 号隧道、治租河特大桥、甸沙隧道三个全线控制性工程。在指挥部正确的领导下，在总监办指导下，在全体驻地办各监理人员的共同努力下，第二驻地办严格贯彻落实项目建设的各项要求，通过各种有效监理手段，不畏艰难，不怕吃苦，全程跟踪，圆满完成了各项监理任务。

武倘寻高速公路建设历时 3 年半。在我心里，它是艰苦的 3 年，是难忘的 3 年，是充实的 3 年，是感动的 3 年，是快乐的 3 年！作为工程人，我为成为武倘寻高速公路的一名参建者而自豪！

5. 第三驻地办高监兰金林

第三驻地办全体监理人员在工作中主动克服各种困难，积极创造条件，严格履行投标承诺，认真履行监理职责，开展监理服务工作。

在安全生产管理方面始终坚持“安全第一，预防为主、综合治理”的安全生产方针，坚持“一岗双责”的原则，各监理人员及安全专监双管齐下，最终实现了“零伤亡”“零事故”的目标。

在工程质量方面严格要求，第三驻地办始终深入工地一线指导现场施工，加强项目部、施工人员培训学习。针对工作中的重点、难点问题提前谋划，组织人员召开专题会议进行分析解决，严格按照三检制度进行质量控制。

毫无疑问，第三驻地办对第二合同段三分部工程项目进行了有效监管和控制，为武倘寻高速公路顺利通车提供了保障。

6. 第四驻地办高监邓忠海

武倘寻高速公路的建成通车让昆明实现了“县县通高速”，能成为武倘寻高速建设的一份子我感到无比的自豪。

回想建设过程中的点点滴滴，作为监理标段的监理负责人，心中一直以指挥部“严把质量关，打造品质工程”的项目建设理念为中心，为打造优质、耐久、安全舒适、经济环保、人民满意的品质工程添砖加瓦，这一切都是值得的、有意义的。在此感谢指挥部、施工项目部，以及无数的公路参建者，我们一直在“路”上，愿祖国繁荣昌盛。

大 事 记

2015年7月31日昆明市人民政府与云南省公路开发投资有限责任公司签订武倘寻高速公路合作框架协议书。

2015年9月1日省交通运输厅批复同意成立武倘寻高速公路建设指挥部及武倘寻高速公路有限公司。

2015年12月23日举行武倘寻高速公路（禄劝连接线）开工仪式。

2016年10月27日武倘寻高速公路获得云南省发改委可行性研究报告批复。

2016年3月昆明市人民政府、楚雄州人民政府等与云南省公路开发投资有限责任公司签订项目投资建设运营协议书。

2016年3月31日云南武倘寻高速公路建设指挥部举行揭牌仪式。

2016年4月14日云南武倘寻高速公路有限公司召开第一次股东大会。

2016年5月19日云南省原副省长丁绍祥调研实地调研武倘寻高速公路。

2017年2月9日武倘寻高速公路初步设计获省交通运输厅批复。

2017年2月23日武倘寻高速公路参与全省“五网”建设重点项目开工仪式。

2017年4月25日孙武云获云南省“劳动模范”称号。

2017年5月22日武倘寻高速公路两阶段施工图设计获省交通运输厅批复。

2017年5月24日武倘寻高速公路启动土建、监理、检测施工招标工作。

2017年6月2日武倘寻指挥部与云南省种羊繁育推广中心签订拆迁补偿协议。

2017年7月6日—7日武倘寻高速公路开展土建、路面、检测合同谈判。

2017年7月25日武倘寻高速公路签订土建、路面施工合同。

2017年11月6日武倘寻指挥部召开传达学习党的十九大精神会议。

2017年11月17日孙武云被任命为云南武倘寻高速公路有限责任公司董事长、云南武倘寻高速公路建设指挥部指挥长。

2017年11月25日武倘寻高速公路有限公司组织学习传达云南交投集团公司第一次党代会会议精神。

2017年12月29日云南武倘寻高速公路有限责任公司进行增资扩股，增加“云南公投阳光公路投资合伙企业（有限合伙）”及“云南交农交通产业基金合伙企业（有限合伙）”两个股东，注册资本金由 1 亿元增加至 1.737376 亿元。

2018 年 1 月 22 日岔河隧道左右幅顺利贯通，为武倘寻高速公路 28 座隧道中首座贯通的隧道。

2018 年 5 月 3 日武倘寻高速公路有限公司党支部选举产生第一届委员会。

2018 年 7 月 1 日武倘寻高速公路有限党支部获云南省国资委“优秀基层党组织”称号。

2018 年 8 月 21 日云南交投集团投资有限公司组织全省 26 个高速公路项目到武倘寻高速公路开展质量、安全施工现场观摩。

2018 年 9 月 30 日武倘寻高速公路开展机电、消防、绿化、交安招标。

2018 年 11 月 6 日云南交投集团公司张从明总经理调研武倘寻高速公路。

2019 年 1 月 28 日武倘寻高速公路首座 T 形刚构桥普渡河大桥全幅中跨合龙。

2019 年 6 月 17 日武倘寻高速公路有限公司党支部被集团公司命名为第一批规范化建设达标党支部，定级为“优秀”。

2019 年 6 月 18 日武倘寻高速公路有限公司获“云南省五一劳动奖状”称号。

2019 年 9 月 28 日武倘寻高速公路有限公司开展“庆祝中华人民共和国成立 70 周年”系列活动。

2019 年 12 月 20 日孙武云劳模创新工作室被命名为“云南省劳模创新工作室”。

2020 年 4 月 1 日武倘寻高速公路取得自然资源部建设用地批复。

2020 年 3 月 24 日云南省委常委、昆明市委书记程连元率队调研武倘寻高速公路。

2020 年 5 月 20 日武倘寻高速公路沿线建筑设施、伸缩缝、交工检测合同签订。

2020 年 5 月 20 日武倘寻高速公路启动路面施工转序工作。

2020 年 6 月 14 日武倘寻高速公路木板河特大桥顺利完成全幅中跨合龙。

2020 年 9 月 30 日武倘寻高速公路 28 座隧道单幅总长 87554m 全部贯通。

2020 年 10 月 28 日—29 日交通运输部 2020 年公路建设市场秩序与服务质量督查组检查武倘寻高速公路。

2020 年 10 月 30 日武倘寻高速公路治租河特大桥主桥全幅合龙。

2020 年 12 月 10 日武倘寻高速公路 9112 片梁板全部制作完成。

2020 年 12 月 29 日云南交投集团公司党委书记、董事长苏永忠调研武倘寻高速公路。

2021 年 1 月 8 日武倘寻高速公路通过交工验收。

2021 年 1 月 10 日武倘寻高速公路建成通车。

图书在版编目 (CIP) 数据

云南省武倘寻高速公路工程档案 /《国家交通重大工程档案》编辑部编著 . —北京 ： 人民交通出版社股份有限公司，2021.12

（国家交通重大工程档案）

ISBN 978-7-114-17754-5

Ⅰ . ①云… Ⅱ . ①国… Ⅲ . ①高速公路—道路工程—工程档案—云南 Ⅳ . ① U415 ② G275.3

中国版本图书馆 CIP 数据核字 (2021) 第 256223 号

Yunnan Sheng Wu-Tang-Xun Gaosu Gonglu Gongcheng Dang'an

书　　名：云南省武倘寻高速公路工程档案

著 作 者：《国家交通重大工程档案》编辑部

责任编辑：韩亚楠　齐黄柏盈

责任校对：刘　芹

责任印制：张　凯

出版发行：人民交通出版社股份有限公司

地　　址：(100011)北京市朝阳区安定门外外馆斜街3号

网　　址：http：//www.ccpcl.com.cn

销售电话：(010)59757973

总 经 销：人民交通出版社股份有限公司发行部

经　　销：各地新华书店

印　　刷：北京地大彩印有限公司

开　　本：787 × 1092　1/16

印　　张：17.25

字　　数：289千

版　　次：2021年12月　第1版

印　　次：2021年12月　第1次印刷

书　　号：ISBN 978-7-114-17754-5

定　　价：218.00元